KOTRA자료 23-070

2024

한국이 열광할 세계 트렌드

2024 한국이 열광할 세계 트렌드

초판 1쇄 발행일 2023년 10월 12일
초판 3쇄 발행일 2023년 11월 15일

지은이 KOTRA

발행인 윤호권
사업총괄 정유한

편집 신수엽 **디자인** 디박스 **마케팅** 명인수
발행처 ㈜시공사 **주소** 서울시 성동구 상원1길 22, 7층(우편번호 04779)
대표전화 02 - 3486 - 6877 **팩스(주문)** 02 - 585 - 1755
홈페이지 www.sigongsa.com / www.sigongjunior.com

글 ⓒ KOTRA, 2023

ISBN 979 - 11 - 7125 - 190 - 2 03320

*시공사는 시공간을 넘는 무한한 콘텐츠 세상을 만듭니다.
*시공사는 더 나은 내일을 함께 만들 여러분의 소중한 의견을 기다립니다.
*알키는 ㈜시공사의 브랜드입니다.
*잘못 만들어진 책은 구입하신 곳에서 바꾸어 드립니다.

WEPUB 원스톱 출판 투고 플랫폼 '위펍' _wepub.kr
위펍은 다양한 콘텐츠 발굴과 확장의 기회를 높여주는
시공사의 출판IP 투고·매칭 플랫폼입니다.

2024

한국이 열광할 세계 트렌드

KOTRA가 엄선한 비즈니스 게임 체인저

KOTRA 지음

알키

일러두기

* 환율은 1USD=1,300원, 1CAD=970원, 1AUD=860원, 1SEK=120원, 1GBP=1,650원,
  1CZK=60원, 1JPY=9원, 1EUR=1,400원, 1KES=10원, 1CNY=178원으로 표기하였으며
  10의 자리 이하는 버림하였습니다.

기회는 수많은 변화 속에서 탄생한다

최근 세계 경제의 화두를 꼽으라면 생성형 AI를 빼놓을 수 없을 것이다. 비즈니스 실무는 물론 예술 작품 창작에도 활용되면서 화제의 중심이 되고 있다. 기술의 진보는 IT에서만 볼 수 있는 현상이 아니다. 4차 산업혁명으로 산업 간의 경계가 허물어지고 융합되며 에너지, 의료, 엔터테인먼트, 뉴 모빌리티에 이르기까지 모든 분야가 변하고 있다.

이런 변화의 흐름 속에서 비즈니스 시장을 예측하는 일은 점점 어려워지고 있다. 혁신적인 기술은 우리의 일상을 변화시키고, 새로운 가치관과 라이프 스타일이 기존에 없었던 시장을 만들어내고 있다. 이에 기업들은 전도유망한 시장을 선점하기 위해 발 빠르게 새로운 비즈니스 모델을 선보이는 중이다.

개인의 취향에 맞춘 제품과 서비스는 나노 단위로까지 세밀해지고 있으며, 발전된 AI는 인간의 조력자를 넘어 고도의 사고를 필요로 하는 경영자로까지 올라서고 있다. 로봇은 교육자가 되어 감정적으로 인간과 교류하고 있으며, 성공적인 시험 운행을 바탕으로 상용화를 앞둔 뉴 모빌리티는 미래 도시에 대한 기대감을 고조시키고 있다. 지속 가능한 기술 혁신도 속속 발표되고 있다. 농업과 축산업의 미래를 밝혀줄 효율적이고 친환경적인 애그테크는 물론, 다양한 곳에서 활용되며 진화하고 있는 친환경 에너지는 앞으로 우리의 생활양식에 많은 영향을 미칠 것으로 보인다.

가치관의 변화가 새로운 기술과 비즈니스 시장의 탄생을 야기하기도 했다. 팬데믹이라는 인류 공통의 경험은 건강과 안전에 대한 사람들의 관심을 불러일으켰고, 다양한 관련 제품들이 발표되며 눈길을 사로잡고 있다. 이상 기후 현상을 겪으며 높아진 기업의 사회적 책임에 대한 대중의 눈높이와 강화되는 규제는 기업에게 패러다임 전환을 요구하고 있다. 팬데믹 동안 억눌렸던 여행에 대한 욕구는 공고해진 친환경 소비 트렌드와 맞물려 지속 가능한 형태의 여행 상품으로 이어지고 있다.

이와 같은 다양한 변화를 지켜보며 《2024 한국이 열광할 세계 트렌드》는 그 속에 담긴 비즈니스 인사이트를 발굴하고자 했다. 특히 기술과 일상의 변화의 중심에 선 '게임 체인저'를 포착하는 데 주력했다. 전 세계 84개국 129개 도시 해외무역관 직원들은 직접 발로 뛰며 현장을 취재하고, 전문가들과 만나며 이야기를 나눴다. 그렇게 찾은 260여 개의 아이템들 중 창의적인 영감을 불러일으킬 사례만을 심혈을 기울여 선별해 책에 담았다.

1부 '퓨처테크'에서는 AI와 배터리 기술 등 급속도로 발전한 기술로 달라질 우리의 일상을 살펴보았다. 2부 '뉴노멀 라이프'에서는 가치관과 행동

양식의 변화가 야기한 새로운 비즈니스들을 알아본다. 3부 '그린 이코노미'에서는 점점 중요해지고 있는 친환경 비즈니스의 동향에 대해 살펴보았다. 4부에선 '도시와 인간'에 대해 이야기한다. 뉴 모빌리티에서부터 새로운 도시개발 트렌드, 인간의 동반자가 되어가는 로봇을 통해 미래 도시를 예견해본다.

미래란 마치 풍운조화(風雲造化)와도 같다. 바람과 구름이 어디로 흘러갈지 알기 어려운 것처럼 미래 또한 쉽사리 예견할 수 없다. 그러나 적극 노력한다면 해답을 찾는 것도 결코 불가능한 일만은 아니다. 대한민국은 언제나 변화 속에 숨어 있는 기회를 포착해 세계 경제를 선도하는 국가로서의 역량을 발휘해왔다. 지금까지의 경험을 바탕으로 세계 경제의 흐름을 읽고 미래를 준비한다면 한걸음 앞서 미래 비즈니스 시장을 선점할 수 있을 것이다.

'한국이 열광할 세계 트렌드'라는 제목으로 10년 넘게 책을 출간하며 전 세계의 KOTRA 무역관은 우리 기업과 국민의 미래와 성장을 위한 정보를 제공하기 위해 노력해왔다. 이 책을 읽는 독자들이 디지털 전환과 글로벌 가치사슬의 재편 속에서 유용한 인사이트를 얻어 새로운 기회를 찾는 시간을 맞이하길 바란다. 끝으로 매년 KOTRA가 있는 힘껏 현장에서 찾은 세계 트렌드에 관심을 가져주시는 독자들과 이를 좋은 책으로 만들어준 출판사 관계자들에게 진심을 담아 감사 인사를 드린다.

KOTRA 사장 유정열

PART1

퓨처 테크
Future Tech

PART2

뉴노멀 라이프
New Normal Life

PART4

도시와 인간
City & Human

뉴 모빌리티 | 진화하는 이동수단

공간의 재정의 | 플렉서블 워커와 도시 재생

로보틱스 | 도시의 구성원이 된 로봇

1

PART

Future
Tech

퓨처 테크

온리유 비즈니스

큐레이션을 넘어 개인으로

더 이상 '모두를 위한 상품'은 없다. 단순히 '맞춤형 상품'으로도 부족하다. 이제 소비자들은 오로지 '나'만을 위한 상품을 원한다. 새로운 기술은 나노 단위로 분류되는 개인의 취향을 만족시키는 제품들의 탄생을 가속화하고 있다. 천차만별인 '1인'의 건강 상태나 생활방식에 최적화된, 과거에는 상상도 할 수 없었던 제품이 등장하고 있는 것이다. 일대일 팬덤 비즈니스 시장처럼 '과연 가능할까'라는 생각을 들게 하는 서비스 영역까지 진출 중인 초개인화 비즈니스를 만나보자.

내게 필요한 모든 것을 한 알에,
개인 맞춤형 젤리 영양제

런던

"요즘 몸이 시원찮은데 무엇을 먹어야 하나?"

운동할 시간이 부족한 현대인들은 건강 걱정에 몸에 좋다는 것을 이것저것 찾아본다. 그중에서도 영양제는 마치 삼시세끼 먹는 밥처럼 익숙한 식품으로 자리 잡았다. 현대인들의 영양제 사랑은 대단하다. 누구나 영양제로 가득한 바구니 하나쯤은 갖고 있을 것이다. 심장에 좋은 오메가3, 피로 방지용 비타민C, 마그네슘과 철분까지 하루에도 대여섯 알의 영양제를 입속에 털어 넣는 사람이 부지기수다. 코로나 19 팬데믹 이후 면역력에 대한 관심이 높아진 것도 영양제 열풍에 한 몫했다.

건강기능식품 시장은 지속적으로 성장하고 있다. 2022년 기준 세계 건강기능식품 시장 규모는 약 67조 원에 달한다. 국내 시장 규모도 2016년 3조 5,000억 원에 불과했던 게 2022년 기준 6조 원이 넘는 수준으로 성장했다.

멜리사 스노버Melissa Snover도 그런 전형적인 요즘 사람 중 한 명이었다. 하루는 출장을 가기 위해 공항 검색대를 통과하는데, 실수로 영양제가 든 가방을 떨어트렸다. 여러 영양제를 매일 챙겨 먹는 그녀였기에 가방을 떨어트린 순간 수많은 알약이 바닥으로 흩어졌다. 정장에 하이힐 차림으로 조그만 알약들을 주우며 그녀는 생각했다.

'이렇게 많은 알약을 먹지 않고도 같은 효과를 볼 수는 없을까?'

정신없이 알약을 주웠던 일은 멜리사가 개인 맞춤형 젤리 영양제 생산기업 노리시드Nourished를 창업하는 계기가 되었다.

◆

더 건강하게, 더 편하게, 더 저렴하게

시중에 널리 판매되는 멀티비타민처럼 여러 영양소를 한 알에 담아내는 시도는 이미 오래전부터 있었다. 그러나 노리시드는 기존의 멀티비타민이 개인마다 필요한 영양소와 복용량이 다르다는 사실을 고려하지 않았다는 점에 주목했다. 게다가 비타민은 시간이 지날수록 효능이 감소하는데, 멀티비타민은 여러 공정을 거쳐 생산되기 때문에 유통과 소비까지 비교적 오랜 시간이 걸린다. 시중에 판매되는 멀티비타민의 경우 실제 복용할 시점에는 생산일로부터 최대 18개월까지 지나 있을 수 있다.

노리시드는 달랐다. 우선 개인의 건강 상태와 생활 패턴을 고려해 꼭 맞는 일곱 가지 영양소를 선별해 필요한 양만큼만 담았다. 한 알의 젤리에 필요한 영양소가 모두 담겨있어 보관과 휴대가 쉽고 물과 함께 복용할 필요가 없어 편리하다. 게다가 먹기 편한 젤리 형태인데, 이는 비타민D와 프로바이오틱스 등 특정 영양소의 흡수를 도와 더 탁월한 효과를 낸다. 또한 모든 공정이 버밍엄에 있는 생산 공장에서 이뤄지기 때문에 생산을 마침과 동시에 배송을 시작할 수 있다. 갓 구워낸 빵을 먹듯 갓 만든 비타민을 먹을 수 있는 것이다.

노리시드의 영양제는 모두 자연에서 유래된 성분이며 비건vegan이다. 천연 감미료인 에리트리톨과 말티톨을 사용해 단맛을 냈기 때문에 당뇨 환자들도 걱정 없이 영양제 젤리를 즐길 수 있다. 거기에 가격은 젤리 한 알당 1.29파운드(2,100원)로 일곱 가지 영양제를 따로 사먹는 것보다 훨씬 저렴하다.

효과적이고 저렴한 맞춤형 영양제를 내세운 영국의 스타트업 노리시드는 2019년에 창업해 2020년 스타트업스Startups 선정 영국 100대 스타트업 15위를 기록했고, 2023년엔 6위로 올라서며 빠르게 성장 중이다. 또 같은 해 영국에서 가장 명망 있는 상이자 뛰어난 기업에 주어지는 '국왕상The King's Awards for Enterprise' 혁신 부문을 수상하며 혁신성을 인정받았다. 노리시드의 빠른 성장은 그만큼 개인 맞춤형 서비스와 상품에 대한 소비자들의 관심이 높아지고 있음을 의미한다.

◆

커피 한 잔 값으로 일곱 가지 영양제를

전통적인 생산 방식으로는 개인에 맞추어 각기 다른 성분을 담은 다양한 함량의 영양제를 만들어주기란 불가능하다. 그러나 노리시드의 경우, 소비자가 자신만을 위한 고유한 영양제를 주문하면 생산 공장에서 바로 '인쇄'된다. 노리시드가 이러한 영양제를 만들 수 있는 이유는 바로 이 인쇄에 있다. 3D 프린터를 활용해 영양소를 쌓아 올리는 방식으로 젤리를 만들기 때문에 수많은 조합을 손쉽게 만들 수 있다.

일곱 가지 영양제를 쌓아 하나의 젤리로 만든다는 아이디어는 어쩌면 간단하지만, 현실화하기까지 큰 노력이 필요했다. 노리시드는 먼저 일곱 가지 영양제를 젤리 형태로 인쇄할 수 있는 특수한 3D 프린터를 고안했다. 연구 끝에 탄생한 맞춤 제작 3D 프린터는 7개의 프린터 헤드를 갖고 있고, 영양제와 같은 열가소성(열을 가하면 녹고 차갑게 하면 굳는 성질) 물질을 고체로 만들 수 있는 융합 증착 모델링 FDM, Fused Deposition Modeling 기법을 사용한다.

다음으로 젤리를 인쇄하기 위해서는 잉크 제형의 영양제가 필요하다. 이를 위해 노리시드는 연구를 통해 잉크처럼 사용될 수 있는 젤

봉입 제형gel encapsulation formula을 개발했고, 이 제형의 영양제를 3D 프린터에 장착했다.

맞춤형 상품은 시간과 노력이 배로 들어가는 만큼 더 비싸다. 그러나 나에게 딱 맞기 때문에 결과는 훨씬 만족스럽다. 기성복 정장보다 맞춤 정장이 두세 배는 비싼데도 사람들이 찾는 이유다. 그러나 노리시드는 첨단 기술을 활용하고 공정 과정을 최소화해 생산 단가를 낮췄고, 맞춤형은 비싸다는 고정관념을 깼다. 덕분에 소비자들은 커피 한 잔도 안 되는 값에 매일같이 7종 영양제를 즐길 수 있다.

노리시드 젤리가 만들어지는 모습   출처 | 노리시드

온리유 비즈니스

'1만 시간의 법칙'이라는 말이 있다. 한 분야에 통달하려면 적어도 1만 시간을 투자해야만 한다는 것이다. 노리시드는 개인 맞춤형 영양제를 만들기 위해 18개월간 10만 시간을 투자했다. 이 10만 시간의 연구가 있었기에 각기 다른 니즈를 모두 수용하면서도 신속하게 그들만의 제품을 만들 수 있게 됐다.

◆

나만의 맞춤 영양제 주문하기

그렇다면 이제 나만을 위한 젤리를 직접 만들어보자. 방법은 간단하다. 홈페이지에 들어가 '진단하기 Take a Quiz'를 클릭하면 내 현재 건강 상태 및 생활 패턴을 체크하는 설문이 시작된다. 나이, 성별, 평소 운동량 같은 기본적인 정보부터 얼마나 피곤함을 느끼는지, 잠은 얼마나 자는지, 끼니 사이마다 어느 정도로 배고픔을 느끼는지, 술은 얼마나 자주 먹는지, 스마트폰은 얼마나 사용하는지 등을 상세하게 묻는다. 3분 정도 소요되는 설문을 마치고 나면 내가 답한 정보를 바탕으로 나에게 맞는 일곱 가지 영양소를 골라 추천해준다. 그다음 향과 맛을 고르고 나면 나만을 위한 맞춤 영양제가 완성된다.

젤리를 주문하고 나면, 일주일 뒤쯤 한 달 치 젤리를 담은 박스가 도착할 것이다. 배송에서부터 노리시드의 섬세함이 보이는데, 박스부터 개별 포장지까지 재활용 가능한 재료를 사용해 환경을 고려했다.

포장을 열어보면 일곱 가지 영양제가 층층이 쌓여있는 젤리가 나온다. 한 입 먹어보면 일반적인 젤리와 같은 맛이라 마치 과자를 먹는 것 같은 느낌을 준다.

노리시드의 젤리는 일회성으로 주문하거나 구독할 수 있는데, 구독을 하면 매달 새로 만든 신선한 젤리를 먹을 수 있다. 또 구독하는 동안 건강 혹은 생활 패턴에 변화가 생기면 다시 설문을 진행하고 현재 상태에 알맞은 영양소 및 복용량으로 변경할 수 있다.

영양제는 과다 복용하면 오히려 역효과가 날 수 있다. 특히 성장기 아동에게 성인 복용량은 적합하지 않다. 그래서 노리시드는 유아와 청소년을 위한 별도의 제품군도 판매한다. 부모는 성장기 아이들에게 적합한 영양소와 복용량에 따라 만들어진 완제품을 구매하거나

영양소뿐 아니라 향과 맛도 개인 맞춤형으로 제작해주는 노리시드   출처 | 노리시드

어린이용 설문조사를 통해 내 아이에게 맞춰진 영양제 키트를 만들 수 있다. 성장기 아이들에게는 균형 있는 식단이 중요한데 체질에 따라 먹지 못하는 음식이 있을 수 있고, 편식하는 경우도 많다. 이럴 때 노리시드의 맞춤형 영양제는 큰 도움이 된다. 알록달록한 젤리에 좋아하는 맛과 향을 고를 수 있어 아이들도 거부감 없이 영양제를 먹을 수 있다.

◆

영국 혁신 생태계, 노리시드를 탄생시키다

노리시드의 성공 비결은 일상 속 사소한 불편을 포착하고 사업으로 발전시킨 것이고, 노리시드가 차별화한 지점은 영양제 제조에 3D 프린팅 기술을 활용했다는 것이다. 노리시드 같은 혁신 기업이 탄생하고 성장하는 데에는 영국의 혁신 토양이 큰 역할을 하고 있다.

영국은 세계지식재산권기구WIPO, World Intellectual Property Organization가 매년 발표하는 글로벌혁신지수GII, Global Innovation Index 순위에서 3년 연속 4위를 차지할 정도로 혁신 역량과 성공 사례가 풍부하다. 특히 런던은 글로벌 스타트업 조사기관인 스타트업게놈Startup Genome이 매년 발간하는 「세계 스타트업 생태계 리포트」에서 2022년 실리콘밸리를 바짝 추격해 2위를 차지하며 창업 성지로 자리매김했다. 영국은 세계 금융의 허브다. 풍부한 가용자본이 있고, 정부 지원이 탄탄하다. 또한 혁신적인 기술 수용도가 높아 세계적으로 손꼽히는 스타트업 생태계를 구축할 수 있었다. 게다가 연구 기반이 탄탄한 제약 바이오 시장까지 보유하고 있어 노리시드 같은 기업이 꽃피우기에 최적의 환경이다.

혁신 생태계 안에서 노리시드는 개인 맞춤형 영양제를 넘어 사업 범위를 확장 중이다. 2023년 초 노리시드는 유명 스킨케어 브랜드 뉴트로지나와 협업해 '스킨360 Skin360' 프로젝트를 진행했으며, 인공지능 기술과 3D 프린팅 기술을 활용해 개인의 피부 고민을 해결할 수 있는 영양제 추천 및 맞춤 제작을 하고 있다. 앞으로도 다양한 분야에 자사 기술을 접목해 무수히 많은 개인화 솔루션을 제공할 것으로 보인다.

◆

맞춤에는 한계가 없다

영양제는 한국에서 유망한 품목 중 하나다. 지난 2022년 10월에 한경 비즈니스가 16~43세 응답자 100명을 대상으로 진행한 설문 결과를 보면, 94퍼센트가 영양제를 복용한다고 답했다. 한국은 세계에서 유례없이 빠르게 노령화가 진행되는 국가 중 하나다. 건강 관리에 대한 젊은 세대의 관심 또한 매우 높다. 얼마 전 통계청에서 발표한 「세계와 한국의 인구 현황 및 전망」에 따르면 2022년 기준 65세 이상 인구는 전체의 17.5퍼센트이며, 2040년에는 34.4퍼센트로 증가할 거라고 한다. 10명 중 약 4명이 노인인 초고령사회가 되는 것이다. 건강

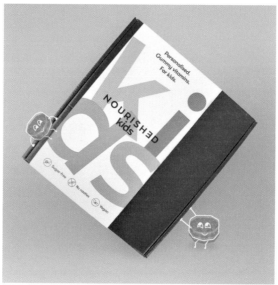

어린이용 노리시드 젤리   출처 | 노리시드

관리에 대한 관심 증가와 더불어 초고령사회에 돌입하면서 영양제 시장은 자연스럽게 커지고 있다. 한국이 해외 건강제품 온라인 몰인 아이허브의 국가별 매출 순위 3위에 오른 것이 이와 무관하지 않다.

영양제의 효과를 보려면 꾸준히 먹어야 한다. 그래서 간편하게 여러 가지 영양소를 섭취할 수 있는 노리시드의 파급력은 앞으로 더욱 커질 것으로 보인다. 웨어러블 기기의 출현이 헬스케어 시장에 격변을 몰고 왔듯이 노리시드의 출현 또한 건강기능식품 시장에 큰 변화를 몰고 올 것으로 기대된다.

남현경(런던무역관)

| 온리유 비즈니스 |

주거 환경을 바꾸는
움직이는 가구 로봇의 등장

◆

도쿄

　퇴근 후 집에 돌아와 털썩 앉은 소파에서 한 발자국도 움직이고 싶지 않은 수요일 저녁 8시. 매일 저녁 1시간씩 영어를 공부하겠다고 다짐했지만, 선뜻 책을 가져올 엄두가 나지 않는다. 오늘은 공부를 건너뛰어볼까 생각하던 그 순간, 영어책과 볼펜이 놓여있는 선반이 천천히 움직인다. 선반이 공부하라고 떠미는 것 같으니 무거운 몸을 움직여서 책을 펼친다. 가구가 단지 수납을 위한 사물이 아니라 생활의 동반자로 다가오는 순간이다.

　우리는 가구란 움직이지 않고 그 자리를 지키고 있는 사물이라고 생각한다. 가끔 생활 환경을 바꾸고 싶을 때나 무거운 가구를 힘겹게

옮기고는 한다. 어쩌다 한 번 있는 일이다. 가구는 스스로 움직이지도 않으니 정해진 자리에 쭉 있을 것으로 생각한다. 그런데 이 통념을 뒤집는 일이 벌어지고 있다. 가구는 움직이지 않는다는 인식과 함께 주거 공간의 개념마저 바꾸는 가구가 나타났다.

◆

모든 사람들을 위한 로봇을 만들다

2023년 2월 도쿄, 가정용 로봇의 새로운 장을 여는 제품이 나타났다. 자율주행 기술을 응용한 로봇을 개발하고 있는 프리퍼드로보틱스 Preferred Robotics는 사람의 지시에 따라 움직이는 가정용 로봇 '카챠카 Kachaka'를 공개했다. 카챠카를 개발한 프리퍼드로보틱스는 인공지능과 딥 러닝 기술을 개발하는 기업인 프리퍼드네트웍스Preferred Networks

의 자회사이다. 프리퍼드네트웍스는 2014년 설립된 기업으로 현재는 기업가치 3,500억 엔(3조 1,500억 원)이 넘는 유니콘 기업이다.

프리퍼드로보틱스는 '모든 사람에게 로봇을(すべての人にロボットを, Robots for

카챠카의 본체　　　　출처 | 프리퍼드로보틱스

Everyone)'이라는 목표를 내걸고 업무용 자율주행 청소 로봇을 개발해 왔다. 공장, 창고, 매장 등 업무용 공간에서는 자율주행 로봇이 도입 되고 있지만 정작 가장 많은 사람이 도움을 필요로 하는 가정에서는 활용하지 못하는 현실에 주목한 회사다.

프리퍼드네트웍스 경영진은 모든 사람이 로봇을 사용하는 세상을 만들기 위해 사회 속 가장 작은 단위인 가정에서부터 시작해야 한다 고 생각했다. 합리적인 가격으로 매일 사용할 수 있는 로봇 개발이 필 요하다는 판단이었다. 사실 일상에서 로봇은 쓰임새가 무궁무진하 다. 집안일을 할 동안 아이를 돌본다거나 독거노인의 일상을 보살피 는 로봇 등 상상할 수 있는 사용 범위는 매우 넓다. 그중 청소용 로봇 은 이미 일상에 자리잡았다. 프리퍼드로보틱스는 집 정리를 돕는 로 봇 시스템 개발을 시작으로 가정용 로봇 개발에 착수했고 생활 속에 자연스럽게 스며들도록 가구와 로봇을 접목하게 되었다.

◆

첨단기술을 품은 가구, 우리의 일상으로 들어오다

프리퍼드로보틱스가 공개한 가정용 로봇 카챠카는 업무용 자율주 행 로봇에서 사용하고 있는 음성 인식, 잡음 제거, 주변 장애물을 인 지하는 화면 인식과 충돌 예측 등 다섯 가지 딥 러닝 기술을 담고 있 다. 4개의 마이크가 탑재된 카챠카는 한 사람의 음성만 인식하지 않는다. 가족 모두의 목소리를 인식할 수 있고, 다양한 소음 속에서도 자신을 부르는 소리를 인식할 수 있다.

또한 카챠카가 자랑하는 최고의 기술로는 자체 그래프 기반 SLAM Simultaneous Localization And Mapping을 꼽을 수 있다. 활동 공간 안에 새로운 기물이 추가되거나 사람이 있을 경우, 그와의 거리를 파악해서 경로를 생성한다. 이전에 가보지 않은 경로이더라도 목적지까지 정확히 도달하는 내비게이션 기능을 탑재하고 있다.

카챠카의 생김새는 카메라와 마이크가 탑재된 본체와 물건을 놓을 수 있는 선반으로 이루어져 있다. 로봇 본체와 선반은 분리할 수 있으며, 본체와 선반이 체결될 때 나는 '딸깍(카챠카)' 소리에서 제품명

전용 앱을 통해 움직임을 설정할 수 있는 카챠카   출처 | 프리퍼드로보틱스

온리유 비즈니스

을 따왔다.

사용자가 카챠카를 움직이게 하려면 앱을 이용하면 된다. 로봇과 연동된 앱에 집의 구조와 거실, 주방, 안방 등 공간의 용도를 등록할 수 있다. "카챠카, 거실로 가구를 가지고 와줘"라고 부르면 거실을 향해 움직이며, 지시에 대해 답변을 하기도 한다. 앞서 말한 내비게이션 기술 덕분에 경로 안에 있는 장애물을 실시간으로 파악하며 안전하게 이동할 수 있다.

◆

로봇으로 삶의 질을 높이다

일본의 신축 아파트 크기는 10년 전과 비교했을 때 10% 작아졌다. 반면에 집값은 갈수록 비싸졌다. 우리나라도 크게 다르지 않다. 국토교통부가 2022년에 발표한 「2021년도 주거실태조사 결과」에 따르면, 1인당 주거 면적은 33.9제곱미터이다. 특히 절반 이상이 1인 가구인 청년(만 19~34세)의 경우 27.5제곱미터로 10평이 채 되지 않는다. 수도권으로 범위를 좁히면 1인당 주거 면적은 더욱 줄어든다.

대도시에 사는 사람들은 멈추지 않는 집값 상승 때문에 한정된 공간에서 효율적으로 살기 위한 방법을 찾고 있다. 카챠카는 아주 훌륭한 조력자가 될 수 있다. 특히 효율적으로 공간을 활용하는 동시에 스타일리시한 분위기를 내고 싶어 하는 소비자의 마음을 잡을 것이다.

언제나 같은 자리에서 공간을 차지하던 가구가 자유자재로 움직인다면 공간의 활용법이 달라진다. 책장을 실은 카챠카를 부르면 안방은 서재가 되고, 커피 테이블을 실은 카챠카가 오면 어디든 카페가 된다. 가구가 움직이는 것만으로 공간의 용도가 얼마든 달라질 수 있다. 용도가 고정되어 있던 전통적인 주거 공간의 개념이 새롭게 바뀌게 되는 것이다.

프리퍼드로보틱스는 카챠카를 스마트 퍼니처Smart Furniture, 즉 똑똑한 가구라고 소개한다. 카챠카는 부르면 올 뿐만 아니라 스스로 움직이기도 한다. 스마트폰 앱으로 시간과 목적지, 이동 주기를 설정하

카챠카를 체험할 수 있는 도쿄 프리퍼드로보틱스 매장　　　　　　　출처｜프리퍼드로보틱스

　　　　　　　　　　　　　　　　　　　　　　　온리유 비즈니스

면 정해진 조건에 따라 움직이는 스케줄 기능도 탑재되어 있다. 매일 같은 시간에 책이나 약을 가져와 생활 습관을 지키는 데도 도움을 준다. 이쯤 되면 똑똑한 집사와 함께 사는 것과 다를 바 없다.

가사는 매일 같은 일의 반복이다. 가정용 로봇 보급을 목표로 개발된 카챠카는 사소하지만 반복되는 가사 노동 부담을 덜어주는 존재로도 빛을 발한다. 실제로 판매 전 테스트에서 카챠카는 식사 전후에 가장 많이 사용되었다. 접시, 조미료, 물티슈 등을 놓아둔 카챠카를 식사 공간으로 옮기고, 식사가 끝나면 빈 그릇을 싣고 싱크대 앞으로 가는 식이다. 고된 가사 노동을 덜어주는 똑똑한 도우미는 이밖에도 여러

상차림 보조 등 다방면으로 활용 가능한 카챠카　　　출처 | 프리퍼드로보틱스

일을 돕는다. 자녀의 귀가 시간이 되면 카챠카는 현관에서 대기하고 있다가 책가방을 방까지 옮겨준다. 또 시간마다 햇빛이 잘 들어오는 장소로 식물을 옮길 수도 있다. 이처럼 사소하고 눈에 띄지 않는 집안일을 가구가 대신한다면 집은 더욱 편안한 공간으로 느껴질 것이다.

◆

새로운 동반자로 거듭나는 가정용 로봇

국제로봇협회 International Federation of Robotics 에 따르면, 2023년 가정용 로봇의 글로벌 판매량은 2018년에 비해 4배 가까이 증가할 전망이다. 시장조사기관 마켓츠앤드마켓츠 MarketsandMarkets 도 가정용 로봇 시장이 2022년 11조 6,000억 원에서 2027년 23조 3,000억 원으로 커질 것으로 예측했다.

인구의 약 30퍼센트가 65세 이상인 고령화 시대에 접어든 일본은 일손 부족으로 산업 현장에서 일하는 로봇 개발에 박차를 가하고 있다. 식당에서 음식을 가져다주는 서빙 로봇, 안내소에서 길을 안내해주는 로봇 등 서비스형 로봇도 어렵지 않게 볼 수 있다. 다만 아직 가정에서의 로봇 사용은 로봇 청소기를 빼면 생소한 것이 현실이다. 그러나 카챠카를 시작으로 고령 인구를 돌보는 가정용 로봇에 도움을 받을 미래가 그리 멀지 않은 듯하다.

물론 고령 세대만 가정용 로봇이 필요한 게 아니다. 가정용 로봇은 다양한 세대와 계층에서 수요가 있다. 가령 거동이 불편한 이용자를 위해 물건을 가져오거나 정해진 시간에 약을 가져오는 것이 가능하다. 따라서 보조가 필요한 신체 장애인이나 편리함을 추구하는 젊은 세대도 관심을 가질 가능성이 매우 크다. 결국 가정용 로봇은 모든 사람들의 불편을 해소하는 존재로 거듭날 것이다.

최효정(도쿄무역관)

'최애' 스타와 나를
연결해주는 플랫폼

두바이

눈발이 휘날리는 가운데 비닐봉지로 만든 유니폼을 입은 소년이
서 있다. 유니폼에는 세계 최고의 축구선수 리오넬 메시의 이름과 등
번호가 적혀 있다. 당당하게 포즈를 취하고 있는 이 소년은 바로 무르
타자 아흐마디Murtaza Ahmadi. 소년이 리오넬 메시로부터 받은 특별한
선물에 대한 이야기는 지금까지도 회자될 만큼 큰 화제였다.

2016년 1월, 흰색 비닐봉지에 하늘색 물감을 칠해 입고 아르헨티
나 국가대표처럼 찍은 사진이 소셜 미디어를 통해 퍼져나갔다. 이 사
진이 유명해지며 전 세계인들은 소년을 찾으려 뜨거운 관심을 쏟았
다. 소년의 유니폼에 쓰여있던 메시 본인이 유니세프를 통해 소년을

만나고 싶다는 의사를 전달하면서 아프가니스탄의 한 시골 마을에 살
던 5세 소년은 하루아침에 세계적인 유명 인사가 되었다. 당시에는
메시의 리그 참가 일정 등으로 만남이 이루어지지 않았고, 유니폼과
축구공만을 전달하며 소년의 춘몽은 끝난 것처럼 보였다. 그러나 꿈
은 이루어진다고 했던가. 2016년 말 카타르에서 열린 FC 바르셀로나
의 친선 경기에 소년과 가족들이 초청되었다. 그토록 동경하던 메시
와의 극적인 상봉이 이루어지면서 지켜보는 사람들에게 진한 감동을
주었다. 소년이 메시에게서 떨어지지 않아 경기가 지연될 뻔하면서
큰 웃음을 안기기도 했다.

하지만 감동적인 만남 이후 무르타자의 현실은 더욱 비참해졌다.

비닐봉지로 만든 유니폼과 경기에 초청된 소년의 모습 　　　　　출처 | FC 바르셀로나

소년이 메시로부터 재정적 지원을 받았을 것으로 추측한 탈레반은 납치 위협을 가했다. 지속적인 위협 때문에 학업을 그만두고 파키스탄 국경 지역으로 피신한 소년은 스페인으로 망명 신청을 했다가 거절당하기도 했다. 다시 돌아온 고향 가즈니Ghazni 지역은 아프가니스탄을 장악한 탈레반의 무장 공격으로 폐허가 되었다.

현실은 고달프고 가혹하지만, 엄마보다도 더 사랑한다고 했던 '최애' 스타와의 만남은 무르타자 아흐마디의 기억 속에 평생 간직될 것이며, 힘든 순간마다 돌이켜보는 추억이 될 것이다.

◆

한 사람을 위한 순간을 창조하고 행복을 배달한다

이집트에서 시작되어 중동과 북아프리카 지역에서 선풍적 인기를 끌고 있는 온라인 플랫폼 민리Minly는 이런 슬로건을 갖고 있다. '한 사람을 위한 순간을 창조하고 행복을 배달한다Create moments, Deliver happiness.' 민리는 아랍어 '민(from)'과 '리(to)'의 합성어로, 스타로부터 팬에게 긍정의 기운을 뿌린다는 의미를 담았다. 이 서비스를 한마디로 요약하면, '좋아하는 스타를 지목하면 그가 나의 요청대로 영상이나 메시지를 보내주는 것'이다. 민리에 등록된 셀럽들은 가수, 영화배우, 스포츠 스타 등 1,000여 명에 이르는데, 이 중 한 명을 선택하여 책정된 요금을 지불하면 된다. 요금은 셀럽의 유명세나 개인 의사에 따라

상이하지만, 최대한 많은 사람이 이용할 수 있도록 합리적인 가격을 책정하고 있다.

민리에는 이집트의 유명 가수인 타머 호스니Tamer Hosny, 배우이자 무용가인 피피 압두Fifi Abdou, 이집트의 국민 여배우 도라 자루크Dorra Zarrouk를 비롯해 중동과 아프리카 지역 대표 셀럽들이 대거 등록되어 있다. 특히 아프리카 네이션스컵Africa Cup of Nations에서 네 번이나 이집트를 우승으로 이끈 전설적인 골키퍼 이삼 엘하다리Essam El Hadary의 인기가 높다. 엘하다리는 프랑스풋볼이 선정한 아프리카 역대 최고의 축구선수 11위에 올랐는데, 한국인들에게도 유명한 디디에 드로그바Didier Drogba가 4위, 프리미어 리그에서 큰 인기를 누리고 있는 모하메드 살라Mohamed Salah Ghaly가 17위에 올랐음을 감안하면 얼마나 대단한 인기인지 짐작할 수 있다.

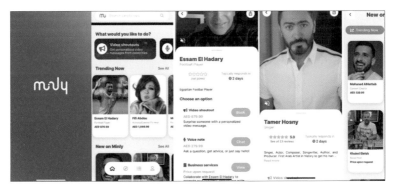

다양한 스타들을 만나볼 수 있는 민리

출처 | 민리

엘하다리의 서비스 요금은 영상 편지Video Shoutout가 199.99달러(25만 9,900원), 음성 메시지Voice Note가 59.99달러(7만 7,900원)로 책정되어 있다. 영상 편지 서비스를 선택할 경우, 원하는 내용의 영상을 받을 수 있다. 음성 메시지 서비스를 선택하면 질문에 대한 답변이나 인생 조언, 혹은 간단한 인사 등의 녹음 파일을 받게 된다. 비즈니스 협업을 희망한다면 문의를 통해 특별가로 이용할 수도 있다. 가령 개인의 행사나 브랜드를 위한 컬래버레이션에 유명 인사를 활용하고 싶을 때 플랫폼에서 간단한 신청서를 작성하면 민리 팀이 연결해준다.

민리의 사용법은 간단하다. 먼저 모바일 앱이나 웹사이트에 접속해 원하는 스타의 이름을 검색한다. 가수, 배우, MC, 요리사, 인플루언서와 같은 직업군으로도 분류되어 있으며 음악이나 영화의 장르에 따른 인물 검색 기능도 추가될 예정이다. 내가 좋아하는 스타를 찾았다면 원하는 내용을 요청사항에 입력하면 된다. 누군가의 생일을 축하하고 싶다면 이름을 넣어 생일 축하 노래를 불러달라고 할 수도, 입시에 실패해 가슴 아픈 친구에게 응원의 메시지를 보내달라고 할 수도 있다. 또는 행복한 가정생활을 위한 조언도 구할 수 있다. 차별이나 폭력을 담아 문제가 있는 내용의 경우 민리 측에서 가이드라인을 제시한다.

민리는 상상에서나 있을 법한 일을 현실에서 이루어준다. 좋아하는 스타와 개인적으로 소통을 하게 해준다. 여러 사람이 아니라 오로지 나 한 사람을 위한 순간을 창조하고 행복을 배달하는 것이다.

온리유 비즈니스

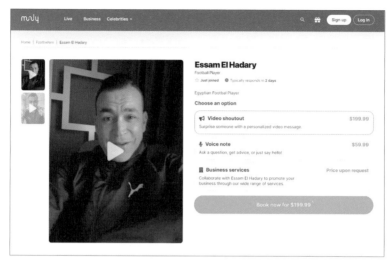

유명 스포츠 스타의 영상 편지를 받을 수 있는 민리의 서비스

출처 | 민리

민리 모먼트

출처 | 민리

극대화된 초개인화 서비스를 제공하는 플랫폼, 민리

소셜 미디어를 보는 시간이 TV 시청 시간을 초과한다는 말이 나올 만큼 중동과 북아프리카 지역의 소셜 미디어 활용은 지난 10년간 폭발적으로 증가했다. 그럼에도 아직 크리에이터들이 콘텐츠를 만들 때 개인에 맞춘 경험을 제공하는 것은 매우 어렵다. 대중매체에서 생산하는 콘텐츠와 다름없이 소비자들은 누구에게나 똑같이 전달되는 메시지에 일방적으로 노출될 뿐이다. 그렇지만 소셜 미디어의 사용이 계속적으로 증가하는 흐름 속에서 민리는 한계를 극복하며 차별화에 성공했다. 스타와 팬 간 소통의 새로운 장을 열며 초개인화 경험을 제공하는 대표적인 플랫폼으로 자리잡았다.

민리 창립 멤버 4인의 인터뷰에 따르면, 민리의 비즈니스 모델 발굴은 코로나19 팬데믹이 한창이던 2020년에 시작되었다. 부정적 기운이 만연한 이집트에 긍정과 즐거움을 불러일으키기 위해서였다. 누군가 어려움을 겪고 있거나 고난의 순간을 지나고 있을 때, 어떻게 행복을 가져다줄 수 있을지에 대한 고민에서 시작된 것이다. 그리고 민리가 찾아낸 열쇠는 가장 좋아하는 스타와의 특별한 순간이었다. 이것은 평생 기억될 것이며, 힘든 고비를 이겨내는 원동력이 될 것이란 생각이었다. 셀럽들도 팬들과 직접 소통하고, 부수입을 창출하거나 기부도 할 수 있는 윈-윈 모델로 긍정적으로 받아들였다. 이를 바탕으로 민리는 소비자와 그들이 좋아하는 스타 사이에 끼어드는 존재 없이 한 사람만을 위한 경험을 제공하는 초개인화 서비스의 기반을 구축했다.

창립 멤버 모두를 한데 불러 모은 사람은 아흐메드 압바스Ahmed Abbas였다. 그는 콘텐츠 제작과 서비스를 전문으로 하는 풀스택Full-stack 미디어 회사인 디지세이DigiSay의 창립자다. 그는 세계 최대 미디어 회사 픽싱버짓FixingBudget의 모하메드 엘시나위Mohamed El-Shinnawy와 최고기술책임자CTO 타렉 엘가나이Tarek El Ganainy, 사우디 방송국 콘텐츠 스트리밍 플랫폼 샤히드Shahid 출신 타렉 호스니Tarek Hosny까지 미디어와 콘텐츠 분야 전문가 3인을 합류시켰다. 뉴욕의 비시벤처캐피털BC Venture Capital로부터 투자를 유치하기도 했다.

창립 멤버들은 민리의 최대 강점으로 초개인화 서비스의 극대화를 꼽았다. 유사 플랫폼들이 론칭하면서 스타와의 쌍방 소통이 일종의 트렌드로 자리를 잡아가고 있지만, 민리의 경우 최적의 플랫폼을 구현하여 최상의 경험을 제공할 수 있는 모든 인프라를 갖추었다는 것이다. 설립자 4인은 각자의 재능과 경험을 토대로 유행으로 그치지 않을 완벽한 도구를 준비했다는 자신감이 있었다. 매년 수천만 명에게 독특하고 임팩트 있는 서비스를 전달하겠다는 그들의 목표에는 민리의 존재 이유와 나아갈 방향이 고스란히 담겨있다.

◆

다양한 셀럽 네트워크를 확보한 민리의 무한한 성장 가능성

사실 민리에 앞서 아랍에미리트UAE에서 인기를 끈 앱으로 울로 Oulo가 있다. 2020년 카말 나자Kamal Nazha가 설립한 울로는 300여 명의 셀럽들로부터 받는 특별한 경험이라는 콘셉트로 운영되었다. 울로는 특히 이라크와 사우디아라비아에 걸친 걸프 지역에서 큰 인기를 얻었다. 현지에서 인기가 많은 레바논이나 요르단이 있는 레반트 지역의 셀럽 네트워크가 두터웠기 때문이다.

민리의 울로 인수 소식은 2021년 12월 언론 보도를 통해 알려졌다. 인수 가격은 공개되지 않았지만 360만 달러(46억 8,000만 원)의 투자금 조달seed round을 완료한 지 6개월 만에 이루어진 인수였기 때문에 이 투자금이 울로의 가치를 산정하는 잣대로 활용되기도 했다. 민리는 인수합병을 통해 울로의 최대 강점이었던 레반트 지역 셀럽을 대거 흡수하면서 출시 1년 만에 이룬 13만 명의 사용자와 1천여 명의 셀럽 네트워크 확보라는 인상적인 성장세를 확대하기 위한 발판을 마련했다. 민리의 CEO인 엘시나위 또한 민리의 성장과 시장 확대는 울로 없이도 가능했지만, 인수를 통해 가속화되었다고 밝혔다. 아울러 울로 인수를 계기로 더욱 독특하고 잊을 수 없는 초개인화된 서비스를 계속해나가겠다는 의지를 천명했다.

민리의 수익 모델은 플랫폼 안에서 이루어지는 거래에 대한 소액의 수수료이며, 대부분의 수익은 셀럽에게 직접 전달되는 것으로 알려져 있다. 셀럽은 팬들과 소통할 수 있고, 부수입까지 창출할 뿐 아니라 이 중 일부는 이집트푸드뱅크Egyptian Food Bank에 기부할 수 있다. 일석삼조의 효과로 더욱 많은 셀럽들이 민리와 함께할 것으로 보인다.

중동지역의 역내 인구는 5억 7,000만 명에 달한다. 이 중 3분의 1 이상이 18세~30세인 젊은 층이다. 취향에 딱 맞는 제품이나 경험을

울로와의 인수합병으로 네트워크를 확장한 민리   출처 | 민리

위해 지갑을 열 준비가 되어있는 아랍에미리트 소비자 특성은 더 많은 사용자를 민리로 유인할 가장 큰 호재로 평가되고 있다.

민리는 다양한 셀럽 네트워크를 확보하여 소비자가 플랫폼에 접속했을 때 적어도 좋아하는 스타 중 한 명이라도 찾을 수 있도록 노력을 기울이고 있다. 최고의 플랫폼을 구축하려는 야심에 전문성까지 갖춘 민리의 성장 가능성은 매우 크다고 볼 수 있다.

◆

초개인화 시대의 초개인화 솔루션

멀게만 느껴지는 초개인화 서비스는 어쩌면 이미 우리 일상에 자리잡았다. 스타벅스는 1만 7,000가지 커스터마이즈 옵션을 제공하며, 넷플릭스는 알고리즘을 활용해 '취향 저격 콘텐츠'를 추천해준다. 통신사들은 인터넷 사용량과 통화량을 분석해 맞춤형 요금제를 제안하고, 카드사는 자주 가는 장소에서 더 많이 할인받을 수 있는 신용카드를 권한다.

국내에도 스타와 팬을 연결해주는 플랫폼이 이미 서비스되고 있다. SM엔터테인먼트의 '디어유 버블'은 스타와 구독자 간 다대일 채팅 서비스를 제공하며, 하이브 또한 유사한 서비스인 '위버스 DM'을 론칭했다. 그렇지만 국내 서비스들은 앞서 소개한 해외 제품과 비교하면 팬덤 커뮤니티의 성격이 짙다. 초개인화 솔루션에 대한 수요가 높아지는 환경에서 앞으로는 민리처럼 초개인화 서비스를 지향하는 새로운 형태의 비즈니스가 등장할 것으로 기대된다.

규모의 경제나 다품종 소량 생산의 시대는 가고 초개인화의 시대가 왔다. '영앤리치', '은퇴 노인', '30대 워킹맘', '소녀팬'처럼 한 덩어리로 소비자를 분류하는 서비스는 더 이상 통하지 않을 듯하다. 리틀 메시에게 찾아온 선물처럼, 가장 좋아하는 스타가 나만을 위해 준비한 영상 메시지가 더이상 꿈이 아닌 시대가 됐다. 이제는 우리도 다양한 분야에서 각기 다른 취향과 니즈에 맞는 초개인화 솔루션을 고민해 볼 시점이다. 예컨대 매일 저녁, 내 기분에 따라 BTS 멤버가 번갈아가며 불러주는 자장가는 어떤 느낌일까?

박미진(두바이무역관)

AI 경영자

인간을 대체할 AI

미래 사회의 핵심 중 하나가 바로 AI다. AI는 먹지도 쉬지도 않고, 감정에 휘둘리지도 않는다. 인간처럼 생각하지만 방대한 데이터를 처리하는 속도는 인간과 비교할 수 없을 만큼 빠르다. 이미 글로벌 기업들은 다양한 분야에 AI를 활용하고 있는 상황이다. AI에게 경영 컨설팅을 받는가 하면 점포 운영과 재고관리에도 AI를 활용하고 있다. MBA 졸업생과 AI가 경쟁할 날도 머지않은 것이다. 경영적인 측면뿐 아니라 먹거리 같은 의외의 분야에서도 AI를 도입하려는 움직임이 보이고 있다. AI가 점령하고 있는 비즈니스 현장과 AI가 만들어낼 뜻밖의 기회를 만나보자.

인공지능이
경영 컨설팅까지 해준다

◆

소피아

인공지능 알파고가 바둑기사 이세돌을 이겼을 때만 해도 사람들은 경악했다. 드디어 인공지능이 인간의 능력을 대체할지, 아니면 그보다 더 뛰어난 면모를 보일지 기대와 두려움이 한데 섞인 시선으로 바라보았다. 그런데 몇 년 지나지 않은 지금 인공지능은 당연한 듯 우리 곁에 머물고 있다. 스마트폰으로 외국어를 번역할 때도, 논문이나 소설을 쓸 때도 인공지능의 힘을 빌린다. 불과 몇 년 전만 해도 아득한 공상 과학의 영역이라고 여겼던 것을 생각하면 놀랍기만 하다.

2016년 6월, 다보스 포럼 의장인 클라우스 슈밥Klaus Schwab 교수가 '제4차 산업혁명Industry 4.0'이라는 용어를 처음 사용했을 때를 기억하는가? 로봇이나 인공지능 같은 '초연결' 및 '초지능' 관련 신기술들이 미래를 이끌 것이라며 시끌벅적했다. 하지만 그때만 해도 우리의 현실과는 거리가 멀어 보였던 게 사실이다. 눈에 보이는 기술이 아니다 보니 더욱 막연하게 느꼈다.

기업의 움직임도 별반 다르지 않았다. 사물인터넷IoT, Internet of Things, 인공지능AI, Artificial Intelligence, 가상현실VR, Virtual Reality과 같은 최첨단 기술 분야에 주도적으로 투자하는 기업은 구글이나 메타(구 페이스북)와 같은 글로벌 IT 기업이나 혁신적인 스타트업 위주였다. 대부분의 기업들은 이 변화의 중요성을 인지하긴 했지만, 매출과 경영유지가 우선이라 미래 기술에 대한 투자를 선뜻 하지 못했다.

그러나 2020년부터 코로나19로 팬데믹이 시작되면서 상황은 갑작스럽게 변했다. 기업들은 비대면 근무를 확대하고 혁신 기술을 활용한 효율적 경영을 적극적으로 도입하기 시작했다. 바이러스 확산을 최소화하기 위해 화상 회의를 하고 생산 공정을 자동화하는 등 기업 경영에 변화의 붐이 일어난 것이다. 클라우스 슈밥 교수가 제4차 산업혁명을 정의했다면, 코로나19 팬데믹은 그것이 더 빨리 이뤄지게 만든 트리거였던 셈이다.

데이터 마이닝과 머신 러닝에서 인사이트를 얻다

그럼 제4차 산업혁명의 핵심 기술은 무엇일까? 바로 인공지능과 관련된 '빅데이터'와 '머신 러닝'이 대표적이다. 그전까지 효율적으로 활용하지 못했던 인터넷상의 수많은 데이터, 즉 빅데이터에서 유용하고 가치 있는 정보를 찾아 가공하고 분석하는 기술이 '데이터 마이닝'이다. 그리고 데이터 마이닝의 기반 기술이 '머신 러닝'이다. 간단히 말해 머신 러닝은 컴퓨터가 어떤 패턴을 지속해서 학습해나가는 기술을 의미한다.

즉 데이터 마이닝은 연관 관계를 가진 의미 있는 데이터를 찾기 위

머신 러닝의 종류

구분	개요
지도 학습 (Supervised Learning)	사용자가 데이터와 결과를 모두 입력하고, 컴퓨터가 이를 계속 판단하면서 학습하는 방식
비지도 학습 (Unsupervised Learning)	사용자가 데이터를 입력하지 않고, 컴퓨터가 스스로 데이터 내에서 규칙을 찾아 분석하는 기술
강화 학습 (Reinforcement Learning)	최초에 특정 데이터를 입력해두면, 컴퓨터가 지속해서 '관찰-행동-보상'을 반복하며 시행착오를 줄여나가는 기술

출처 | 아부다비 투자진흥국

AI 경영자

한 머신 러닝 기술의 일부인 것이다. 기술의 발전으로 수많은 데이터 간의 연관 관계가 밝혀지고 군집화되어 의미를 갖게 되면서 다양한 연구의 자료로 활용되고 있다.

고전적인 연구 방식은 가설을 세운 뒤 관련된 통계표본을 직접 수집하거나 기존의 통계표본을 활용하는 방식으로 진행되었다. 하지만 이 방식은 비용이 많이 들뿐더러 통계표본의 오류 확률도 높아 비효율적이라는 단점이 있었다. 이제는 빅데이터와 데이터 마이닝을 활용해 효율성을 최대화하면서도 이미 존재하는 데이터를 최대한 활용할 수 있게 되었다. 그전에는 데이터 안에서 발견하지 못했던 인사이트를 확장해나가는 것이 가능하다. 이런 원천 기술을 활용한 새로운 기술들의 개발도 계속 진행되고 있다.

◆

복잡한 경영 환경을 해결해줄 인공지능 경영 컨설팅

복잡한 경영 환경 속에서 다양한 변수를 고려하여 경영 전략을 수립해야 하는 기업들이 매우 반기는 서비스가 있다. '에스시아이오에스 에이아이ScíosAI'다. 2010년부터 인공지능 기술을 개발해온 이 기업의 CEO 안드레이 아네프Andrey Anev는 미국의 컨센트릭Concentric에서 최고기술책임자CTO로 일하며 인공지능 기술 개발을 담당했다. 그러면서 성장하는 인공지능 산업을 직접 체감해왔다.

그는 '행위자 기반 모형ABM, Agent-Based Model'에 집중했다. 이는 여러 행위자가 상호작용하며 결과가 만들어지는 복잡한 환경에서 사용되는 모형이다. 어떤 상황에 수많은 행위자가 있고, 한 행위자의 행동으로 결과가 달라질 수 있을 때 적합하다.

행위자 기반 모형은 주로 경제학과 경영학 등에서 활용되고 있다. 그러나 이 모형은 뚜렷한 한계도 갖고 있다. 첫 번째로 행위자의 주관적이고 비이성적인 선택이 수학적으로 반영되기 어렵다. 두 번째로 모형 수식에 큰 영향을 받기 때문에 정확한 초깃값 입력이 필요하다. 세 번째로 행위자 간 상호작용 모두를 계량화하여 모형화하기는 어렵다. 그러나 안드레이 아네프는 행위자 기반 모형을 인간보다 빠르고

SciosAI 개발자들. 왼쪽부터 에밀리아 우주노바, 나데즈다 페트로바, 안드레이 아네프, 마야 마테바, 이반 발체프

출처 | Scios

AI 경영자

정확한 인공지능과 융합한다면 경영 활동의 불확실성을 줄이는 효율적인 컨설팅 도구가 될 수 있다고 믿었다. 그는 머신 러닝을 통해 위의 한계를 보완하고, 데이터 마이닝으로 의미 있는 데이터를 확보해 모형의 정확도를 높이면 기업 경영에 도움이 되는 정보를 제공할 수 있다고 생각했다.

가령 A사가 음료를 판매할 때 얼마를 할인하면 판매량이 올라갈지를 예측하는 상황이다. A사는 음료의 가격을 낮추면 판매량이 증가할 것을 전제하고 있지만, 경쟁사인 B사도 A사의 전략에 대응해 할인 판촉을 진행할 수 있다. 이때 자사만 고려하여 기획한 판매 전략으로는 매출 증가를 보장할 수 없다. 이렇게 복잡한 상황에서 인공지능을 활용하면 효율적이다. 변수가 지속해서 바뀌고 상호작용하며 영향을 미치고 그것이 실시간으로 반영되는 세계를 컴퓨터로 구현할 수 있다. 빠르게 변수를 계산해 효율적인 '최적점 Optimization'을 실현하는 것이다. 그러면 가장 효율적인 전략을 확인할 수 있다.

안드레이 아네프는 최고기술책임자로 근무하던 컨센트릭으로부터 이 무형 자산을 구매하고 퇴사한 후 창업했다. 지금까지 글로벌 자동차 제조사인 토요타나 음료 기업인 코카콜라, 생활용품 제조사인 유니레버, 스포츠용품 제조사인 나이키도 이 서비스를 이용했다. 심지어 세계 최고의 항공우주 기관인 미항공우주국NASA까지 이 인공지능 기술로 모의실험을 수행했다. 거대 글로벌 기업들의 데이터를 흡수하면서 SciosAI의 모델은 더욱 정교해지고 있다. 이들은 약 300개 이상의 소비재 기업을 위한 모형을 제공하고 있으며, 지금까지 포춘 500대 기업들을 포함해 약 60개 이상의 기업이 모의실험을 진행했다.

실제로 기업 경영에 도움이 된 사례를 한번 살펴보자. 전문의약품 중심의 한 제약사가 일반의약품으로 시장을 확대하고자 했다. 보통 전문의약품 마케팅은 의사나 약사 같은 의료 전문가를 대상으로 이루어진다. 거기에 익숙했던 제약사는 경쟁이 치열한 소매용 약국 대상 마케팅 경험이 없어 방향을 못 잡고 있었다. 그래서 이 기업은 최적의 마케팅 전략을 찾기 위해 SciosAI를 활용한 모의실험을 진행했다. 먼저 현행 마케팅 전략을 그대로 대입하여 실험을 해보니 결과는 목표 매출 대비 -4.9퍼센트를 달성할 것으로 예측됐다. SciosAI는 대안을 제공했다. 먼저 매체를 통한 마케팅과 매장 내 오프라인 마케팅을 비교한 예상 매출 증가율을 산출했다. 매체를 통할 경우 목표 매출 대비 0.2퍼센트의 증가가 예상됐으며 매장 내 마케팅을 추진할 경우 목표 매출 대비 3.1퍼센트 증가가 예상됐다. 이 분석을 참고하여 매장 내에 홍보물을 설치하고 할인 판촉 등을 추진했고 제약사는 결과적으로 유례없는 성공을 기록했다.

안드레이 아네프는 "경영 컨설팅의 추세는 IT 기술을 활용해 예측의 정확도를 높이고, 산업 전문 컨설턴트들의 개별 분석을 통해 기업에 분석 결과와 추진 방안을 직접 제시하는 것"이라고 설명했다. 이어서 그는 "우리 프로그램은 많은 데이터와 모형을 통해 다양한 변수를 고려한 객관적인 선택지를 제공하지만, 그 선택지의 추진과 분석은

 SciosAI 개발자들. 니콜라이 밀코프, 마야 마테바, 에밀리아 우주노바, 이반 발체프

기업에 위임하므로 컨설턴트들이 수행하는 직무와 완전히 겹치진 않는다"라고 말했다. 빠르고 정확하게 예측하는 인공지능의 장점을 활용하더라도 결과에 대한 분석과 세부 전술은 기업의 몫이라는 뜻이다.

◆

인공지능을 통해 디지털 세계에 재현된 현실 시장

SciosAI는 '예측 분석 Predictive Analytics'과 '디지털 트윈 Digital Twin' 기술을 보유하고 있다. 예측 분석이란 머신 러닝을 통해 데이터를 분석한

후, 이를 기반으로 미래를 예측하는 기술이다. 디지털 트윈이란 현실 세계를 가상 세계 속으로 마치 쌍둥이처럼 복제하는 기술을 의미한다. 디지털로 구현된 세계에서 모의실험을 진행하면, 변수에 반응해 산출되는 결과들을 하나하나 확인해 볼 수 있다.

모의실험 모델은 제품 출시부터 디자인, 마케팅 전략 수립, 제품 가격 설정, 고객충성도 유지 등 경영에 필요한 다양한 분야에 접목되어 쓰인다. 수많은 기업의 데이터를 머신 러닝으로 학습한 컴퓨터가 디지털화된 세계를 확장하고 있으며, 데이터 간의 연관 관계를 더욱 정교하게 정립하고 있다. 최신 거시 경제 데이터를 빠르게 수집하면서 경제 추세도 업데이트하고 있다.

여기서 중요한 부분은 고객, 즉 소비자를 디지털화하는 것이다. 디지털 세계에서의 소비자 또한 현실 세계의 소비자 특성과 동일하게 비합리적이고 충동적인 선택을 할 수 있어야 한다. 또 최신 경향에 맞는 소비성향이 적시에 반영되어야 빠르게 변화하는 현실을 충실히 재현할 수 있다. 예를 들어 2022년에 소비자 특성을 재현하기 위해 2020년의 데이터를 쓴다면 아무래도 트렌드와는 사뭇 다른 결과가 나올 수 있다. 그래서 기업들은 최신 데이터를 수집하기 위해 노력한다. 소비 환경이 온라인으로 집중되면서 기업들은 과거보다 훨씬 쉽게 최신 데이터를 모을 수 있다. SNS 등을 통한 소비가 늘어나면서 다양한 온라인 플랫폼을 통해 최신 데이터를 구매할 수 있기 때문이다. 이 데이터를 프로그램에 입력한 후 머신 러닝을 실시하고, 의미 있는

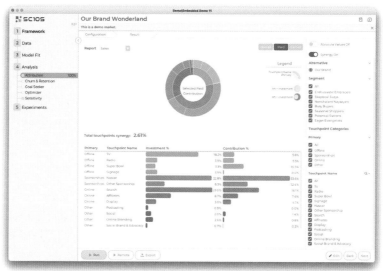

ScilosAI 프로그램 인터페이스

출처 | Scios

데이터들을 모아 디지털 세계에 반영한다.

　SciosAI 팀은 모의실험 모형의 정확한 설계를 위해서 고객 기업을 대상으로 2달에서 1년간 인공지능에 대한 교육을 시행한다. 또 고객 맞춤화Customization를 위한 소통을 늘리고 있다. 고객 기업이 인공지능 활용도를 높여 데이터 중심의 조직이 되도록 적극적으로 지원한다.

　SciosAI는 원래 보유 데이터가 충분한 대기업들이 주로 이용했다. 자사만의 특유한 변수가 모델에 충분히 반영되어야 정확한 예측이 가능하기 때문이다. 하지만 최근에는 산업별 데이터를 판매하는 데이터 전문기업과 협업해 보유 데이터가 충분치 않은 회사라도 프로그램을 십분 활용할 수 있도록 시스템을 개선하고 있다.

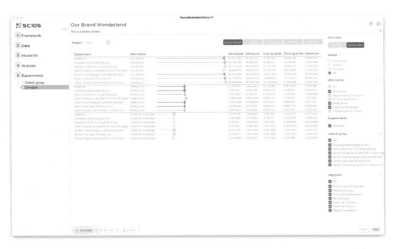

SciosAI 프로그램 인터페이스　　　　　　　　　　　　　　출처 | Scios

안드레이 아네프는 인공지능 모형의 정확도와 관련해 "과거 정확도일 뿐, 빠르게 변화하는 현재를 계속해서 학습하고 있는 지금의 인공지능과는 또 다르다"라고 얘기했다. 그는 MIT시스템다이내믹스그룹 MIT System Dynamics Group 대표인 존 스터만John Sterman 의 말을 인용해 "복잡한 상황에서 모의실험을 미리 해보지 않으면 항상 예상치 못한 결과를 얻게 되며, 결과는 부정적일 것"이라며 모의실험의 정확도보다도 모의실험을 한다는 행위 자체에 의미가 있다고 했다. 예측하고 문제를 발견하는 데 드는 비용이 마케팅 실패로 인한 비용보다 적기 때문이다.

◆

인공지능, 제대로 알고 비판적으로 바라봐야 한다

빅데이터를 기반으로 한 챗GPT 등이 인공지능 분야의 화두다. 빠르게 발전하는 인공지능 기술을 기업 경영에 어떻게 활용할지가 기업인들의 관심사다. 직원들에게 활용을 장려하기도 한다. 하지만 실제로 사용해보면 한계도 느낄 수 있다. 틀리거나 편향적으로 답변하는 때도 많아 주의가 필요하다. 이런 답변을 그대로 경영에 반영한다면 결과가 왜곡될 우려가 있다. 인공지능을 잘 활용하려면 인공지능의 학습 방식과 현실적인 한계를 명확히 이해하고 비판적으로 바라봐야 한다. 안드레이 아네프도 "단점을 이해하고 접근해야 효율적인 활용이 가능하고, 충분한 교육이 선행돼야 한다"고 강조했다.

다국적 대기업들은 2000년 중반부터 디지털 방식의 의사결정을 간헐적으로 활용했다. 우리 기업들도 인공지능을 활용한 경영 컨설팅을 적용해본다면, 제한된 자원을 가장 효율적으로 분배하여 미래 예측 가능성을 높일 수 있을 것이다. 경영 컨설팅까지 인공지능이 해주는 시대, 과연 인공지능 앞에서 자유로운 사람이 있을까. 앞으로 우리 생활에 더 깊숙하게 들어올 인공지능을 어떻게 맞이해야 할까?

박민(소피아무역관)

인공지능이 격변을 일으키는
독일 소매업계

프랑크푸르트

요즘은 어딜 가나 인공지능을 쉽게 만날 수 있다. 앱으로 택시를 호출하면 알고리즘에 따라 승객에게 최적의 서비스를 제공한다. 생성형 인공지능인 챗GPT가 나오면서 AI의 능력을 더욱 실감할 수 있게 됐다. 교육 현장은 한동안 시끌시끌했다. 학생들이 비슷한 내용의 리포트나 논문을 제출하는 경우가 늘었기 때문이다. 챗GPT에 질문과 키워드 등을 입력하면 그럴듯한 결과물이 나오니 저마다 사용하는 것이다. 신문 기사도 챗GPT가 작성한다고 하니 말 다했다.

챗GPT 덕에 인공지능에 대한 관심이 어느 때보다 뜨겁다. 생성형 인공지능 서비스는 다양한 궁금증을 해소해줄 뿐만 아니라 글쓰기나 코딩, 번역, 이미지 생성 등 업무 활용도가 높아 인공지능에 대한 접근성을 크게 향상시키고 있다. 이미 우리 일상이나 산업 현장에서 다양하게 활용되고 있는데, 대표적인 예가 바로 소매업계다.

누구나 슈퍼마켓 곳곳에 설치되어 있는 카메라를 본 경험이 있을 것이다. 대부분의 사람들은 도난 방지용 CCTV라고 생각하고 지나친다. 하지만 실상은 조금 다를 수도 있다. 독일 로스토크의 바르노프 공원 인근에 있는 에데카 센터Edeka Center 매장 곳곳에는 소형 카메라가 달려 있다. 카메라는 건너편 상품 선반을 바라보며 사진을 찍는 중이다. 카메라와 연결된 소프트웨어는 인공지능의 도움으로 이미지를 데이터로 변환한다. 이 슈퍼마켓의 총괄 책임자 쉬테판 쿠네우스Stephan Cunäus는 그 데이터를 통해 선반 어디에 빈틈이 있는지, 매진된 제품이나 잘못 놓인 제품은 없는지 실시간으로 파악하고 있다. 인공지능 덕분에 직원들은 더 이상 재고를 확인하기 위해 매장을 돌아다닐 필요가 없어졌다. 카메라 1대당 약 200유로(28만 원)의 설치 비용이 드는데 작업 시간을 절약할 수 있어 비용은 빠르게 회수되었다고 한다.

온라인 쇼핑 검색 기능이 갈수록 똑똑해지는 데에도 인공지능의 역할이 크다. 특히 코로나19 팬데믹으로 비대면 소비가 확산되면서 늘기 시작한 스마트 스토어Smart Store는 인공지능을 접목해 원격 및 실시간 관리가 이뤄지는 차세대 매장으로 주목받고 있다. 독일도 예외는 아니다.

◆

인공지능으로 스마트하게 변신하다

독일 소매업계는 일찍이 인공지능의 잠재력을 인식했다. 인공지능에 대한 독일 소매유통기업의 기술 개방성은 2023년 3월 발표된 이에치아이유통산업연구소EHI Retail Institute의 연구 조사에서도 드러난다. 「2023년 유통업계 내 기술 트렌드」조사는 독일어권 국가에 약 6만 개 지점을 보유한 92개의 대형 소매 체인을 대상으로 했다. 대상 기업의 절반 이상이 향후 3년간 가장 중요한 기술 트렌드로 인공지능을 꼽았다. 기업의 3분의 2 이상이 이미 인공지능을 사용하고 있고, 1년 사이 사용자 비율이 56퍼센트에서 69퍼센트로 증가했다. 9퍼센트의 기업은 향후 2년 안에 인공지능을 도입할 계획이다.

인공지능은 이제 기업이 프로세스를 디지털화하는 일에서부터 고객 맞춤형 개인화 서비스에 이르기까지 많은 영역에서 도움을 준다. 특히 '이미지 인식'은 소매유통업에서 효율성을 크게 향상시키고 있다. 상품 진열대를 모니터링하며 빈 선반을 감지해 직원들이 더 빠르고 정확하게 물건을 채우게 하는 식으로 상품 가용성을 단시간에 증가시킨다.

수천 개의 매장을 보유한 대형유통기업의 경우에는 인공지능이 상당히 큰 지렛대 효과를 가져올 수 있다. 예측 모델은 상품의 재고 관리와 진열을 컨트롤하고, 알고리즘은 합당한 가격을 정하며, 자가 학습 시스템은 직원을 적절히 배치한다. 이에치아이의 이사 울리히 쉬파안Ulrich Spaan은 현재 인공지능이 매장의 빈 선반을 체크하는 용도로 주로 사용되긴 하나, 그 외에도 날씨 등 수많은 외부 요인을 고려해 어떤 상품을 언제 어디에 발주하고 배송해야 하는지 예측하는 일도 가능하다고 했다. 앞으로 데이터가 쌓이면서 예측은 점점 더 정확해질 것이라고 덧붙였다.

독일의 경우 전체 소매유통기업 중 20퍼센트가 인공지능을 활용해 가격을 책정하고 있다. 그리고 절반에 가까운 42퍼센트가 자율 계산대를 도입하거나 무인 매장을 테스트하고 있다. 또 17퍼센트의 기업은 주로 고객 상담에서 인공지능을 사용하는 중이다. 이 영역은 챗GPT와 같은 챗봇의 급속한 발전으로 앞으로 더 확대될 것이다.

독일을 대표하는 주요 소매유통기업들은 이미 인공지능으로 높은 절감 효과를 보고 있다. 메트로Metro (대형유통), 레베REWE (슈퍼마켓 체인), 두글라스Douglas (화장품 유통), 로쓰만Rossmann (드러그스토어), 에데카Edeka (슈퍼마켓 체인), 잘란도Zalando (온라인 유통), 오토그룹Otto (통신 주문 판매유통) 등이다. 이들 기업은 공급망 최적화나 프로세스 디지털화에서부터 고객과의 대화에 이르기까지 인공지능을 활용해 실질적인 이익을 챙기고 있다. 전 세계적인 인구 감소 및 고령화와 더불어 독일에서도 문제인 노동력 부족의 대안이 된다. 투자 대비 실효성이 높은 것도 보급 속도가 빨라지는 주요인으로 볼 수 있다. 컨설팅 기업 이와이파르테논EY-Parthenon의 파트너 마티아스 구플러Matthias Guffler는 응용 분야에 따라 15~30퍼센트의 비용 절감이 가능할 것으로 전망한다. 또 IT 제공업체인 심포니에이아이리테일SymphonyAI Retail은 인공지능 시스템으로 공급망 관리를 지원하는 회사라면 재고 관리를 35퍼센트 이상 효율화하고 물류 비용을 15퍼센트가량 줄일 수 있을 것으로 예측한다.

◆

내일의 쇼핑을 오늘 가능하게

최근 독일에서는 계산 과정이 자동화된 스마트 스토어 모델이 속속 도입되고 있다. 얼마 전까지만 해도 독일 내에서 무인 계산 시스템을 갖춘 매장은 한정적이었다. 쾰른과 베를린에 있는 레베, 뮌헨의 네

레베의 픽앤드고 매장　　　　　　　　　　출처 | 레벤스미텔차이퉁

토 Netto MD, 하일브론 Heilbronn의 한 캠퍼스에 있는 매장 숍 박스 shop.box 등으로만 알려졌으나 점차 확대되고 있다. 레베와 네토에는 일반 계산대가 있고 자율 계산대를 대체 결제 수단으로 사용하며, 직원이 상주하고 영업시간이 정해져 있다. 반면 하일브론의 숍 박스는 연중무휴 무인 매장이며, 아직은 테스트 형식으로 운영되고 있다.

레베는 독일 전역에 약 3,700개의 매장과 16만 명 이상의 직원을 둔 명실상부 대표 슈퍼마켓 체인이다. '내일의 쇼핑을 오늘 가능하게 한다'라는 미션을 내걸고 독일 슈퍼마켓 중 최초로 '픽앤드고 Pick & Go' 시스템을 도입했다. 2021년 5월 쾰른에서 처음 시범 운영을 한 데 이어 2022년 11월 베를린에 400제곱미터 규모의 픽앤드고 형태의 대형 매장을 열었다. 이어 2022년 12월 뮌헨에 세 번째 매장을, 2023년 3월 쾰른에 600제곱미터 규모의 네 번째 매장을 연달아 오픈했다.

쾰른과 베를린에 있는 레베 픽앤드고 매장은 일반 계산대와 셀프 계산대가 함께 있는 하이브리드 시스템인 데 비해 뮌헨의 매장에는 아예 계산대가 없다. 쇼핑 후 바로 상점을 떠날 수 있는 완전 무인 매장이다. 쇼핑 전 고객은 스마트폰에 앱을 다운받아 등록을 해야 한다. 그리고 결제 수단을 지정해야 하는데 페이팔, 애플 페이, 구글 페이, 신용 카드 중 선택할 수 있다. 주류나 담배 등은 구매에 연령 제한이 있으므로 개인정보와 전자결제수단을 기재한 뒤 연령 확인 절차를 거친다. 무인 매장의 경우 현재 만 18세 이상만 이용이 가능하다.

쇼핑 전 앱을 열면 큐알코드가 생성되며, 이것을 입구의 리더기에

갖다 대면 매장 입구의 차단기가 열린다. 매장에 설치된 카메라 및 인공지능 컴퓨터 시스템이 고객에게 쇼핑에 대한 'Journey ID' 번호를 부여한다. 시스템은 각 사용자를 이 일련번호와 신체적 특성으로 기록하며, 생체 데이터는 저장하지 않는다. 고객의 팔이 선반에 닿을 때의 모든 움직임은 행동으로 인식된다. 바나나에 손을 뻗거나 요구르트를 다시 진열대에 놓는 등의 모든 행동이 감지된다. 시스템은 또한 선반에서 꺼낸 제품의 정확한 수량을 등록한다. 낱개로 판매되는 빵이나 과일 역시 카메라와 저울을 통해 계산되는데, 고객이 저울 위에

레베의 스마트 박스
출처 | 레커랜드

제품을 놓으면 자동으로 인식된다. 모든 가판대에 내장된 무게 감지 센서는 고객이 제품을 진열대에서 집자마자 그것을 인식한다.

뮌헨 매장의 가장 큰 혁신은 샐러드 바에서 고객이 골라 담은 샐러드도 무인 계산을 할 수 있다는 점이다. 인공지능 시스템이 카메라를 통해 어떤 재료가 담겼는지 인식하기 때문이다. 뮌헨 매장에서 판매되는 제품의 수는 약 4,000종 정도인데, 두 번째 픽앤드고 매장인 퀼른 매장의 경우 무려 1만 3,000종에 달한다. 계산할 때에는 가족이나 친구가 고른 제품을 함께 결제할 수 있다. 고객이 매장을 떠난 지 약 10분이 지나면 휴대폰 앱으로 알림이 온다. 앱을 통해 제품이 정확히 계산되었는지 확인할 수 있고 비용은 자동 청구된다. 영수증 내역이 일치하지 않는 경우, 구매 후 24시간 이내에 앱을 통해 정정을 요청할 수 있다. 레베 디지털REWE digital의 혁신담당매니저 아니카 퓌스Anika Vooes는 "레베는 오랫동안 검증된 일에 새로운 기술을 접목하여 하나로 통합하고자 한다"고 말하며 이를 통해 "쇼핑 경험을 지속 가능하게 변화시킬 것"이라는 포부를 밝혔다.

한편 레베는 2022년 3월 독일 비스핑엔Bispingen 지역에 있는 전력 회사 에엔베베EnBW의 급속 충전 파크에 '레베 레디REWE ready'라는 이름의 스마트 스토어도 개장했다. 전기차 운전자를 위한 연중무휴 상점이다. 현재 약 35제곱미터 규모의 컨테이너에서 230여 종의 제품을 판매하고 있다. 주요 판매 제품은 요거트나 아이스크림, 샌드위치나 시원한 음료수 등 즉시 소비할 수 있는 것들이다.

레베 레디의 매니저인 미하엘 마이어-존넨부르크Michael Mayer-Sonnenburg는 최근 이러한 상점의 수요가 스낵이나 음료 등 이동 시 필요한 물품을 중심으로 증가했으며 흥미로운 성장 기회로 보고 있다고 말했다. 또한 소비자와 고객의 요구를 충족시킬 수 있도록 무인 상점 분야에서 다양한 솔루션을 개발하고 테스트하고 있다고 덧붙였다.

이런 스마트 스토어를 포함해 레베는 현재 '레베투고REWE To Go' 브랜드로 총 네 가지 솔루션을 개발해 테스트 중이다. 다양한 상황과 장소에서 24시간 비접촉식 쇼핑이 가능한 스마트 박스Smart Box, 충전 파크에 설치된 것과 같은 스마트 스토어, 병원 등에 연계된 스마트 키오스크Kiosk와 스마트 자동판매기Smart Automat 등을 운영한다. 이 테스트의 주요 목적은 언제든 쇼핑이 가능하고, 빠른 구매가 가능하며, 사람과 접촉하지 않아도 되는 서비스를 구축하는 데 있다. 특히 팬데믹 이

레베의 스마트 키오스크 　　　　　　　　　　　　　　　　출처 │ 레베

후 소비자들에게 '비대면'이 중요한 포인트로 부상하면서 테스트의 주요 목적은 여전히 중요하다고 한다.

독일 대형유통기업 레커랜드Lekkerland가 유통 분야 자동화 솔루션 개발 기업 레이트버드Latebird와 함께 개발한 이 솔루션은 2022년 3월 이에치아이유통산업연구소에서 수여하는 '레타상RETA Award, Retail Technology Award'에서 '최고의 고객 경험' 부문을 수상했다. 기업 담당자는 어떤 솔루션이 어떤 채널에서 우세할지는 궁극적으로 소비자에게 달렸다고 하며, 그 미래가 어떤 모습일지 기대된다고 말했다. 앞으로도 소매 분야에서 인공지능과 머신 러닝의 미래 잠재력이 향상될 것이라는 데에는 의심의 여지가 없어 보인다. 이에치아이의 이사 쉬파안은 "무인 상점은 여전히 드문 케이스이나 모든 곳에서 실험 중이고, 모두가 경험을 쌓고 싶어 하며, 중기적으로 유망하다"고 전한다. 예를 들어 기차역이나 공항과 같이 사람들의 왕래가 잦고 신속한 판매가 중요한 소규모 상점에서 잠재력이 높다.

◆

디지털 뷰티의 세계로 안내하는 인공지능

뒤셀도르프에 본사를 둔 화장품과 향수 전문 유통기업 두글라스 Douglas는 최근 '렛 잇 블룸Let it bloom (꽃을 피우게 하자)'이라는 구호 아래 4개년 성장전략을 발표했다. 두글라스는 2026년까지 순 매출을 2022

년 대비 13억 5,000만 유로(1조 8,900억 원)가 더 오른 50억 유로(7조 원)로 늘리고자 한다. 두글라스는 이러한 목표를 달성하기 위해 비용 절감과 표준화 도입, 효율성을 위한 공급망 재정비와 IT 인프라 최적화 등을 수행할 예정이다. 그 연장선상에서 두글라스는 지난 1년 동안 수요 예측에 인공지능을 도입해 테스트해왔다. 여기에는 알고리즘이 데이터 세트의 패턴을 인식하고 이로부터 솔루션을 개발할 수 있는 머신 러닝이 사용된다.

두글라스에 따르면 이미 긍정적인 효과가 뚜렷하게 나타나고 있다. 원래 이 회사의 수요 예측은 늘 계절적 요인을 따르는 특성이 있었으나 이제는 새로운 추세까지 반영한다. 예를 들어 인플루언서가 특정 제품을 홍보하는 케이스와 같은 강력한 트렌드가 추가되었다. 또 팬데믹과 인플레이션이 촉발시킨 변화로 과거의 패턴은 더 이상

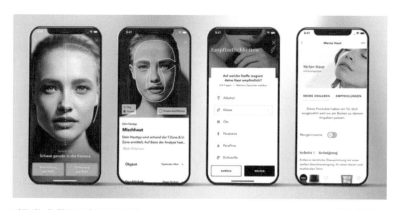

인공지능을 활용 중인 두글라스 앱

출처 | 인터넷월드

유효하지 않기 때문에 개별 제품에 대한 수요 예측이 더욱 어려워졌는데, 머신 러닝이 큰 도움을 주고 있다. 데이터의 신호를 빠르게 감지하고 학습하며, 공휴일이나 일기 예보 등 다양한 변수를 예측에 포함할 수 있기 때문이다.

두글라스는 인공지능을 활용하여 더 정밀한 수요 예측을 할 수 있게 됐다. 하지만 초개인화 시대에 걸맞은 수요 예측은 갈 길이 멀다. 두글라스의 제품이 갖는 구매 속성 때문이다. 인공지능은 데이터베이스가 허용하는 만큼 지능적이어서 고객이 더 자주 구매할수록 데이터가 쌓여 예측률이 상승한다. 그러나 두글라스의 제품 특성상 고객이 띄엄띄엄 주문하는 경향이 있으므로 인공지능을 사용해 고객 접근 방식을 개인화하기는 어렵다고 한다.

한편 두글라스는 대만의 인공지능 및 증강현실 기술기업인 퍼펙트 코퍼레이션Perfect Corp.과도 협업하여 피부 유형을 분석하는 디지털 툴을 처음 도입했다. 피부 분석은 고객의 개인정보나 선호도를 저장할 수 있는 개인화 서비스 '뷰티 프로파일Beauty Profile' 기능 중 일부다.

뷰티 스튜디오나 전문가를 통한 피부 분석은 일반적으로 비용이 많이 드는 일이다. 오랜 시행착오 끝에 자기에게 맞는 적절한 스킨케어 제품을 찾을 때까지 큰 비용을 치르게 된다. 그런데 두글라스의 고객은 디지털 분석을 통해 피부 유형에 맞는 제품을 빠르고 쉽게 찾을 수 있다.

두글라스 앱은 스마트폰 카메라로 얼굴을 스캔해 피부 유형 외에도 구체적인 피부 특성을 판단한다. 알레르기 및 기피 성분과 관련된 설정은 사용자가 직접 입력할 수도 있다. 고객은 개별적인 요구 사항이나 선호 사항을 기재하고 추가 분석 도구를 사용할 수 있다. 또 제품을 추천받거나 관련 조언도 얻을 수 있다. 이러한 디지털 자문 서비스는 고객의 구매 결정을 지원할 뿐만 아니라 기업에 이익을 가져다준다. 사전 분석을 통해 잘못된 구매가 감소하면 반품도 저절로 줄어들 것이기 때문이다.

◆

피팅룸의 이유 있는 변신

코로나19 팬데믹이 우리 일상에 가져온 변화는 여러 가지겠지만, 무엇보다 우리 삶의 디지털화를 크게 앞당겼다는 사실에 모두가 공감할 것이다. 팬데믹 이전에도 인공지능은 사용되고 있었으나 이제는 수준이 달라졌다. 고객이 직접 활용할 수 있는 서비스가 본격적으로 확대되고 있기 때문이다.

독일의 온라인 패션 유통기업인 잘란도Zalando도 예외가 아니다. 잘란도가 지난 몇 년 새 100명 이상의 인공지능 전문가를 고용하고, 아마존Amazon 출신의 인공지능 전문가 랄프 헤르브리히Ralf Herbrich를 영입해 데이터 분석 및 기계 학습 책임자로 삼은 건 결코 우연이 아니다.

의류 산업의 가장 큰 문제는 개인에게 맞춤화되지 않은 기성품을 판매한다는 점이다. 옷이 각각의 소비자에게 정확하게 맞을 수가 없다. 자연히 패션 유통기업의 큰 골칫거리는 반품이다. 특히 온라인 판매를 주력으로 삼는 경우 반품률을 낮추기 위해 많은 자원을 투자해야 한다. 구매자들이 온라인으로 주문할 때 여러 가지 치수를 주문하고 맞지 않는 옷을 반품하는 일이 다반사이기 때문이다. 기업 입장에선 엄청난 추가 비용을 부담해야 하는 일이다. 패션 경제 매거진 텍스틸비르트샤프트Textilwirtschaft에 따르면, 평균 반품률은 수년 동안 약 50퍼센트 선을 유지하고 있고, 온라인 소매기업이 각 반품 품목에 대해 부담해야 하는 비용은 평균 11유로(1만 5,400원) 이상이라고 한다.

잘란도의 인공지능 도입도 이런 고민과 맞닿아 있다. 온라인 쇼핑을 하는 고객이 자신에게 맞는 핏fit을 찾는 건 쉬운 일이 아니다. 그래서 잘란도는 다양한 소스의 데이터를 사용해 고객이 가능한 정확하게 옷을 선택할 수 있도록 예측 변수를 도출하고자 한다. 이와 관련해 잘란도가 도입한 것 중 주목할 만한 기술은 검색 알고리즘이다.

잘란도는 일찍이 고객이 색상이나 치수, 스타일과 같은 다양한 기준에 따라 검색을 세분화할 수 있는 '적응형 검색 알고리즘'을 통합했다. 인공지능 기술을 사용자 경험UX 디자인 프로세스에 녹여 맞춤형 쇼핑 경험을 제공하는 것이다. 고객은 정교한 알고리즘의 도움으로 원하던 결과에 쉽고 빠르게 도달할 수 있다. 또한 컴퓨터 비전 기술을 사용해 제품 이미지를 평가하고, 고객 선호도와 데이터 기반 인식을 토대로 제품 필터링 시스템도 강화했다. 인공지능은 제품 추천 기능

바디 스캔 기술의 예시

출처 | 텍스틸비르트샤프트

잘란도의 가상 피팅룸

출처 | 잘란도

을 위해 사용자 데이터를 평가할 뿐만 아니라 지속적으로 신뢰할 수 있는 데이터를 생성한다. 이 과정에서 고객의 이전 구매 및 반품 패턴을 기반으로 치수와 핏에 대한 조언을 할 수도 있다. 또 고객 개인에게 맞추어 특정 항목에 대한 권장 사항을 제공하기도 한다. 잘란도에 따르면, 알고리즘을 통한 제품의 치수 제안에 대한 고객의 평가는 약 50퍼센트에서 '좋음'으로 나타난다. 이 외에도 잘란도는 다양한 고객 대면 앱에서 인공지능을 기반으로 하는 이른바 '3D 바디 스캔'을 제공하고 있다. 이 솔루션은 신체 측정 기능을 사용한다. 사용자는 자신의 스마트폰으로 신체 사진을 두 번 찍고, 앱은 그 측정값을 내놓는다. 치수 권장 사항을 전달받는 것이다.

더 나아가 잘란도의 인공지능 기술은 3D 모델링을 사용해 가상으로 옷을 입어볼 때 더욱 빛을 발한다. 잘란도는 반품률을 줄이기 위한 해답을 가상 드레싱 Virtual Dressing 기술에서 찾았다. 잘란도는 3년 전 아바타 청바지로 첫 시범 프로젝트를 수행했다. 교환 요청이 가장 많은 품목 중 하나가 청바지였기 때문이기도 하지만, 적합한 치수를 찾기 어려운 제품이기 때문이었다. 청바지에는 통합된 치수 표준이 없다.

가상으로 청바지를 입어볼 수 있게 하는 프로젝트는 성공적이었다. 그 경험을 토대로 잘란도는 2023년 4월 유럽 내의 모든 잘란도 패션 스토어에 가상 피팅룸을 도입했다. 증강현실 AR, Augmented Reality 기술의 도움으로 고객은 키와 몸무게, 성별을 입력해 3D 아바타를 생성한다. 이 아바타를 통해 정확한 시뮬레이션이 가능하다. 고객은 다양한 브랜드의 청바지에 대해 다양한 핏을 확인할 수 있다. 텍스틸비르트 샤프트가 가상 드레싱 기술을 두고 업계의 산발적인 시도에 그치고 있다고 쓴 데에 비하면 매우 과감한 행보였다.

잘란도는 지난 6년 동안 최선의 방법으로 인공지능을 활용해왔다. 이러한 노력을 통해 잘란도의 상품 반품률이 최대 11퍼센트까지 감소하는 등 실질적인 효과도 가시화되고 있다. 잘란도는 인공지능이 기업의 지속 가능성과 수익성 모두에 긍정적인 영향을 미칠 것으로 기대하고 있다.

잘란도의 행보에 대한 온라인 패션 업계의 기대감도 크다. 자신들의 성공 비결을 '혁신적인 기술과 패션 산업에 대한 깊은 이해의 결합'이라고 전하는 잘란도는 2,300만 명의 고객에게 30만 개에 이르는 아이템을 제공하며 쇼핑을 새로운 디지털 경험으로 탈바꿈시켰다. 이로써 독일 내 온라인 패션 분야만이 아니라 인공지능 솔루션 분야를 개척하는 선도기업으로서 이미지를 쇄신해가고 있다.

◆

인공지능 소프트웨어 기업의 유럽 진출에 청신호

앞서 소개한 사례에는 공통점이 있다. 스타트업을 위시한 해외 기업과의 협업이 그것이다. 기술 개방성을 기반으로 인공지능을 도입하는 기업에서는 다양한 신기술 가운데 각 기업에 맞는 솔루션을 선택해 테스트해나가고 있는 것으로 보인다.

드러그스토어 체인인 로쓰만Rossmann은 소프트웨어를 사용해 각 지점의 물량 보충 계획을 최적화하고 있는데, 사용되는 소프트웨어는 미국 스타트업 심포니에이아이가 개발했다. 심포니에이아이의 유럽 대표인 두샨 르니츠Dusan Rnic는 그들이 공급망 최적화에서 매장 이미지 인식까지, 유통업체를 위한 인공지능 소프트웨어를 개발했으며 수십 개의 유럽 유통업체와 협력하고 있다고 전한다. 레베의 픽앤드고 프로젝트에는 이스라엘의 컴퓨터 비전 기술 전문기업 트리고비전Trigo Vision Ltd.의 기술력이 사용되고 있다.

트리고비전의 소프트웨어는 슈퍼마켓의 환경과 움직임을 디지털 방식으로 모사하는 3D 모델을 생성한다. 또한 착오 구매나 반품을 줄이기 위해 개인화 전략을 추진 중인 두글라스는 현재 대만 기업인 퍼펙트 코퍼레이션과 협업해 앱을 통한 피부 분석 서비스를 제공하고 있다. 또 가상 피팅룸을 테스트 중인 잘란도 역시 2008년 설립된 영국의 스타트업 메테일Metail의 기술을 활용하고 있다. 메테일은 의류를 디지털화하고 아바타를 모델링하기 위해 자체 개발한 기술에 대해 이미 특허를 취득했다. 잘란도의 바디 스캐닝 서비스는 스위스 취리히의 소프트웨어 기업 피젼Fision이 개발한 기술이다. 잘란도는 2020년 말 피젼을 인수해 자사의 가상 드레싱 팀에 통합시켰다.

해외 기업의 진출도 눈에 띈다. 폴란드에 본사를 두고 있는 유통기업 차프카Żappka는 이미 폴란드에서 50개의 연중무휴 스마트 스토어를 운영하는 선두 주자로 알려져 있다. 이 회사는 2022년 8월 베를린 인근 테슬라 공장에 그랩앤드고 매장을 개장하며 독일에 처음 진출했다. 스마트 스토어 개념이 지속적으로 발전하고 있는 단계지만 기존의 독일 기업들이 새로운 시도를 하는 것을 꺼리는 데 비해 차프카는 과감한 도전을 했다. 차프카의 진출은 독일 유통업계 내 큰 변화를 불러일으키고 있다.

◆

미래를 위한 열쇠를 만든 독일 정부

인공지능 분야의 발전은 속도가 빠르며, 큰 폭의 성능 향상과 더불어 다양한 분야에서 광범위하게 사용할 수 있는 점 때문에 많은 관심을 받고 있다. 독일 정부는 디지털화의 원동력인 인공지능 연구에 자금을 지원하며 기술을 개발하고 활용하는 데 남다른 노력을 기울이고 있다. 아직은 해외 기업과의 기술 협업이 우세해 보이지만, 기업에서 활용도가 늘고 있는 것도 이러한 정책적 뒷받침 덕택으로 보인다.

독일 정부는 인공지능을 '미래의 세상을 위한 열쇠'라고 부르며, 앞선 2018년에 이미 인공지능 전략**KI-Strategie, AI-Strategy**을 발표했다. 이 전략은 인공지능 연구와 개발을 둘러싼 글로벌 경쟁에서 독일의 입지를 강화하는 데 목표를 두고 있다. 이에 따라 혁신 동력으로서의 연구개발, 기술 상용화, 창업 촉진, 노동시장 구조 개혁, 전문 인력 확보,

데이터 제공 및 편리한 데이터 사용 표준 마련, 글로벌 네트워크 구축 등 총 12개의 행동 영역을 선정해 다양한 지원 프로그램과 이니셔티브, 협력 사업을 펼쳐나가고 있다. 또 모니터링을 통해 독일 내 인공지능 보급 현황도 파악하고 있다. 이 외에도 독일은 인공지능 전문가 교육뿐만 아니라 국내 고용을 유지하기 위해 연구 환경을 조성하고, 우수한 연구 환경을 토대로 창업을 장려하며 인공지능 기반 비즈니스의 발전을 촉진하고자 한다. 그리하여 인공지능 역량을 집결하고, 전반적인 인공지능 사용을 확대하며 유럽 내에서 인공지능 생태계를 확장해나가는 데 중점을 두고 있다.

독일 정부는 인공지능 전략 실행을 위해 2025년까지 총 50억 유로(7조 원)를 지원할 계획이다. '공익을 지향하는 인공지능 시스템의 책임 있는 개발과 사용'을 강조하며, 궁극적으로 'AI Made in Europe'을 구현해 내고자 한다. 제2의 'Made in Germany' 신화가 탄생할 수 있을지 귀추가 주목된다.

◆

인공지능, 일상의 디지털 파트너로 성장 중

인공지능은 오늘날 시대를 아우르는 트렌드이자 전 세계 기업의 도전 과제로 부상하고 있다. 일각에서는 인공지능이 인간을 대체할지도 모른다는 우려에서부터 온갖 오용에 따른 부작용과 논란을 진단하기도 한다. EU는 인공지능이 초래할 수 있는 사회적 위험을 예방하고, 신뢰할 수 있는 인공지능 기술 개발을 위해 세계 최초로 인공지능을 규제하는 인공지능법AI Act 제정을 준비하고 있다.

인공지능이 이미 널리 쓰이고 있는 듯 보이는 독일 소매업계에서도 여전히 활용을 망설이는 이들이 많다. 독일 바덴-뷔르템베르크 직업교육훈련 대학의 뤼쉔Stephan Rüschen 교수와 슈마허Julia Schumacher 연구원은 다른 나라에 비해 독일 소비자는 새로운 기술을 사용하고 받아들이길 더 꺼린다고 전한다. 그러나 테스트 횟수는 계속 늘어나고 있으며, 기술적 진보는 다소 지연되더라도 "미래는 독일에서도 조만간 발생할 것"이라고 낙관하고 있다.

인공지능 활용에 대한 입장은 다양하나 한 가지는 확실해 보인다. 인공지능의 사용은 계속 늘고 있고, 이러한 시대의 흐름을 거스르기는 어렵다는 것이다. 실제로 우리의 업무를 더 효율적으로 관리하고, 고객을 위한 서비스를 개선하고, 기업 매출을 향상시키는 데 가시적인 도움을 주며, 무엇보다 투자 대비 실효성이 크다면 기업으로선 도입을 고려하지 않을 수 없다. 유통업계에서도 예외는 아니다. 반복적이고 단순한 업무는 인공지능이 대체 가능한 세상이다. 물론 아직은 과도기이고, 개인정보 노출의 위험도 간과할 수 없으며, 사람이 없는 매장은 여전히 어색하고 불편할 수도 있다. 그러나 이와이 파르테논의 구플러가 "인공지능은 소매업에 매우 큰 기회"이며, "판매자는 인공지능을 통해 여러 도전에 더 잘 대응할 수 있다"라고 말한 바 있듯이 인공지능 트렌드는 이미 우리 소비 일상을 바꾸는 원동력이다.

쇼핑을 위한 인공지능 기술의 발전 속도는 빠르다. 국내에서도 인공지능 활용도가 나날이 늘면서 여기서 소개한 독일 기업과 유사한 사례는 어렵지 않게 찾을 수 있다. 점점 더 많은 소비자가 3D 기술에 익숙해지면서 새로운 쇼핑에 눈을 뜨고 있다. 물론 높은 투자 비용과 모든 소비자의 만족도를 충족시키기 어렵다는 점이 여전히 장애물로 남아 있긴 하다. 그러나 실행을 통해 배운다는 '러닝 바이 두잉Learning by doing'이라는 말처럼 소비자의 경험을 통해 데이터가 쌓일수록 만족도를 끌어올릴 수 있을 것이다. 이러한 과정에서 인공지능은 실용화의 길로 접어들며, 머지않아 우리 일상에 디지털 파트너로서 자리 잡게 될 것이다. 더 나아가 우리 인공지능 기술기업에도 새로운 시장 진출의 기회를 열어줄 것이다. 규모에 상관없이 세계 진출을 꿈꿀 수 있는 기회다. 소비자가 함께 만들어가고 기업을 꿈꾸게 하는 기술, 인공지능이 차세대 수출시장에서 부상할 날을 기대해 본다.

박소영(프랑크푸르트무역관)

인공지능이 빚은 맥주
"이것은 맥주인가, 과학인가?"

밴쿠버

캐나다 사람들의 맥주 사랑은 가히 놀랍다. 캐나다 내에서 열리는 '비어 페스티벌'의 개수만 봐도 알 수 있다. 전국에 포진한 브루어리에 서는 매년 5월을 기점으로 10월까지 다양한 맥주 축제와 행사를 공동 개최한다. 맥주로 유명한 독일 못지않은 열기와 애정을 곳곳에서 확 인할 수 있다. 특히 온타리오주의 '쌍둥이 도시' 키치너와 워털루에서 열리는 옥토버페스트(Oktoberfest, 9월 22일~10월 14일)는 2023년에 55주 년을 맞는 북미 최대 맥주 페스티벌로 국내외 방문객만 100만 명에 달한다. 또 다른 지역 맥주 축제로 7월에 개최되는 토론토 수제 맥주 페스티벌Toronto Craft Beer Festival, 밴쿠버 국제 맥주 페스티벌Vancouver Craft

Beer and Music Festival이 있다. 5월에 열리는 몬트리올 국제 맥주 축제 Mondial de la Bière와 앨버타 맥주 페스티벌Alberta Beer Festival도 해외에서 유입되는 관광객 비중이 꾸준히 늘면서 이미 지역 축제를 넘어 국제적인 축제로 거듭나고 있다.

본격적인 맥주 시즌의 시작을 알리는 5월이 되면 캐나다 양조업계는 바빠진다. 다양한 향과 맛을 지닌 신제품 출시를 서두르기 때문이다. 캐나다 최대 곡창지대 새스커툰Saskatoon, 이곳 도심 20번가에 자리한 나인 마일 레거시 브루잉9 Mile Legacy Brewing 양조장은 지역 재료를 활용한 독창적인 맛과 실험적인 시도로 유명하다. 2023년에는 창립 8주년을 맞아 이색 행사를 열었다. 바로 양조 장인과 AI봇 챗GPT가 겨룬 '최고의 수제 맥주 만들기 대결'이다. 인간과 인공지능 간의 대결

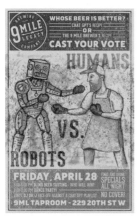 

양조 장인 vs. AI봇 대결 포스터와 맥주

출처 | 나인 마일 레거시 브루잉

이 이제 맥주 만들기의 장에서도 펼쳐졌다.

챗GPT는 온라인에서 수집한 엄청난 양의 양조 실험 데이터를 빠르게 분석하고 학습했다. 그리고 이를 기초로 원하는 맛, 색, 향기, 알코올 도수 등을 결정한 뒤, 순식간에 현지 재료를 활용한 자신만의 새 스커툰 베리 사워Saskatoon Berry Sour 레시피를 만들어 내놓았다. 이에 맞선 '양조 장인' 가렛 페더슨Garret Pederson은 나인 마일 레거시 브루어리 대표이자 15년 경력의 브루잉 마스터다. 2019년과 2020년 캐나다 브루잉 어워드Canadian Brewing Award 2년 연속 금메달 수상 경력에 빛나는 명실상부 캐나다 최고 실력자다. 그는 인공지능과의 역사적 대결에 대비해 자신만의 루바브 진저 사워Rhubarb Ginger Sour 레시피를 고안했다.

맥주 양조는 숙련된 장인들의 세계다. 기술 습득에만 10년 이상 걸린다. 그런데 인공지능이 맥주를 만든다니. 아무리 한순간에 많은 데이터를 모은다고 해도 10년의 공력을 이겨낼 수 있을까? 인공지능이 빚은 맥주 맛은 어떨까? 이 모든 궁금증 때문에 맥주 애호가들의 반응은 폭발적이었다. 과연 누가 이겼을까?

◆

수제 맥주의 천국 캐나다

맥주는 캐나다인이 가장 즐겨 마시는 술로 한 해 국내 소비량이 약 20억 리터, 전체 주류 소비의 35퍼센트에 달한다. 캐나다통계청 발표

자료에 따르면 2022년 캐나다인 1인당 연간 맥주 소비량은 67.1리터로 세계 20번째다. 지역별 1인당 주간 맥주 소비량은 퀘벡(4.3병), 온타리오(3.5병), 앨버타(3.6병), 브리티시 컬럼비아(3.5병) 순으로 많고 인구 밀도가 높은 도심 지역에서 특히 맥주 수요가 크다.

이런 저력의 원천은 지역 고유의 맛을 빚고 이어온 '크래프트 비어(수제 맥주)'다. 캐나다엔 다양한 스타일의 지역 양조장이 1,210곳에 달한다. 18세 성인 인구 2.5만 명당 1개꼴이다. 맥주에 관한 한 세계 최고임을 자부하는 독일(5.8만)과 비교해도 2배 이상 많다. 온타리오(350개), 퀘벡(240개), 브리티시 컬럼비아(200개), 앨버타(120개) 등 전국 각지 양조장에서 국내 맥주 소비량의 85퍼센트를 생산한다. 지난 2022년 전 세계 맥주 생산량 순위에서 캐나다는 콜롬비아와 벨기에에 이어 15위를 차지했다.

맥주는 캐나다 경제에도 이바지하는 바가 크다. 2022년 한 해 국내 맥주 판매액은 91억 달러(11조 8,300억 원)로, 현지 싱크탱크인 캐나다 콘퍼런스 보드Conference Board of Canada는 맥주의 순 국내경제 기여 효과를 136억 달러(17조 6,800억 원)로 분석한다. 캐나다통계청이 발표한 작년 양조 산업의 국가 GDP 기여 규모는 30억 달러(3조 9,000억 원)로 모든 식품 제조·가공 부문을 통틀어 가장 높은 수치다.

◆

인공지능 맥주의 판정승과 뜨거운 현지 반응

캐나다 사람들의 맥주 사랑을 고려하면 인공지능과의 맥주 맛 대결이 대단한 관심을 끈 것은 당연했다. 장인의 숙련된 내공과 인공지능의 데이터가 맞부딪힌 결과는 어땠을까?

공정한 심사를 위해 시음회에 참가한 소비자와 전문가가 블라인드 테스트 후 투표를 해 최종 우승자를 선정했다. 평가단은 총 101명으로 대부분 지역 맥주 애호가였다. AI봇이 개발한 새스커툰 베리 사워 맥주가 60퍼센트의 표를 얻어 양조 장인의 루바브 진저 사워 맥주를 눌렀다. 판정단은 "로봇 맥주 맛은 새롭지만 친숙하고, 장인 맥주는 독창적이고 미묘하다"라고 평가했다.

"이길 때까지 할 겁니다."

브루잉 마스터 가렛 페더슨은 다시 도전할 뜻을 밝혔다. 그는 결과 발표 직후 진행된 인터뷰에서 "이번 대결을 통해 인공지능이라는 도구를 어떻게 사용할지 제대로 배웠다. 앞으로 신제품 개발 프로세스를 간소화해 새 맥주 출시를 앞당길 수 있을 것"이라고 말했다. 인공지능은 승부에서 이겼을 뿐 아니라 자신의 활용 가치까지 알려준 셈이다. 나인 마일 레거시 브루잉은 이번 대결에 소개된 두 수제 맥주를 패키지 상품으로 만들어 판매하고 있다. 제품명은 'ROBOTS vs. HUMANS'이다.

챗GPT 열풍 이후 인공지능을 향한 캐나다 양조업계의 관심이 뜨겁다. 메신저에 채팅하듯 주문을 넣으면 인공지능이 해답을 척척 내놓아서다. 소비자를 만족시킬 새로운 맛의 맥주 레시피를 만들어 달라는 한 양조업체 요청에 챗GPT가 빠르고 명쾌하게 답했다. 이들의 인공지능 활용 성공기는 CBC 국영방송을 포함한 현지 주요 언론에 소개됐다. 장인들의 영역이었던 양조 공정을 인공지능으로 대체해 신상품을 출시하고, 단기간 상품화에 성공했다는 사실에 모두가 주목했다. 인공지능을 '맛본' 양조 장인조차 예외는 아니었다. 인공지능의 놀라운 학습 능력에 감탄하며 좋은 도구를 얻어 기쁘다고 반색했고, 앞으로의 활용 가능성에 큰 기대감을 나타냈다. 인공지능 레시피로 만든 맥주는 온·오프라인에서 절찬 판매 중이다. 이 맥주를 만들어 판매하는 양조 장인의 이야기를 들어보자.

시음회 현장

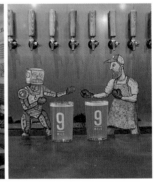
출처 | 나인 마일 레거시 브루잉

그레인 빈 브루잉 컴퍼니

앨버타 주도 에드먼턴에서 북서쪽으로 450킬로미터 떨어진 곳에 위치한 그레인 빈 브루잉 컴퍼니 Grain Bin Brewing Company 는 '캐나다 국제 비어 어워드', '앨버타 비어 어워드' 등 국내 주류 품평회에서 다수의 수상 경력을 보유한 전통 양조업체다. 2023년 2월에 이곳에서 앰버 웨이브 오브 그레인 Amber Waves of Grain 이라는 이름의 인공지능 맥주를 출시했다. 업체는 레시피는 물론 제품명, 가격, 디자인 등 모든 문제의 답을 챗GPT와 대화하며 찾았다. 제품 생산에서 마케팅까지 전 과정에 걸쳐 챗GPT가 활용된 세계 최초 사례다. CEO 달랜 랜디스 Dalen

인공지능이 제작 전 과정에 활용된 맥주   출처 | 그레인 빈 브루잉 컴퍼니

Landis는 "(맥주 양조자로서) 인공지능 맥주는 기존 맥주와 비교해 왠지 제품에 대한 애정과 자부심이 덜하다. 하지만 인공지능 기술이 신제품 출시에 큰 도움이 되는 것만은 확실하다"라고 밝혔다.

휘슬 부이 브루잉

휘슬 부이 브루잉Whistle Buoy Brewing은 브리티시 컬럼비아주 빅토리아섬 도심 한가운데 위치한 소규모 브루펍brew pub이다. 새로운 재료와 양조 기술로 색다른 풍미를 선보이며 현지 맥주 애호가들 사이에서 주목받는 업체다. 이곳에서 2023년 2월에 로보비어Robo Beer라는 이름의 인공지능 맥주를 출시했다. 이사이아 아처Isaiah Archer 대표는 "사실 큰 기대를 안 했는데 챗GPT가 너무 완벽한 레시피를 보여줬다"라며 로보비어 맥주를 극찬했다. 그리고 "다양한 재료가 어우러져 부드럽고 순한 맛을 내는 현대 양조 기술의 걸작"이라고 평가했다. 참고로 온라인상의 로보비어 홍보 문구와 제품 디자인도 챗GPT 작품이다.

켄싱턴 브루잉

토론토 다운타운 중심 켄싱턴 마켓 단지에 자리한 켄싱턴 브루잉 Kensington Brewing은 맥주 생산에 인공지능을 활용한 캐나다 최초 양조 업체다. 2021년 9월, 토론토에 본사를 둔 머신 러닝 전문기업 데싸 Dessa와 업무협약을 체결하고 본격적인 인공지능 맥주 개발에 착수하여 6개월 만에 캐나다 최초 인공지능 맥주인 리틀 로보틱A Little Robotic

휘슬 부이 브루잉 양조장 　　　　　　　　　　　　　　　출처 | 휘슬 부이 브루잉

을 출시했다. 마이클 거Michael Gurr 대표는 현지 신문사와의 인터뷰에서 "경쟁이 치열한 수제 맥주 시장에서 인공지능은 중요한 생존전략이다. 인공지능 활용은 매우 흥미로운 작업이었으며 앞으로 품질이 향상되고 생산 속도도 빨라질 것으로 믿는다"라고 밝혔다.

블라인드맨 브루잉

앨버타 최대 도시 캘거리에서 차로 2시간 거리에 있는 블라인드맨 브루잉 Blindman Brewing은 캐나다 3대 인공지능 연구기관 중 하나인 앨버타 머신 인텔리전스 인스티튜트Amii, Alberta Machine Intelligence Institute 와 손잡고 자사 신제품 맥주 메이롱더블 IPA May Long Double IPA를 위한

인공지능이 디자인한 맥주 패키지   출처ㅣAmii

상품 패키지 디자인을 개발했다. 이 맥주는 2023년 5월에 열린 앨버타 AI 기념행사에 맞춰 출시돼 판매 중이다.

◆

글로벌 식음료 신시장의 인공지능 트랜스포메이션

챗GPT가 불러온 변화에 대응하기 위한 식품 기업의 '인공지능 트

랜스포메이션' 노력이 가속화될 전망이다. 시장 조사 전문기관인 마
켓닷어스Market.us는 2023년 발표한 「세계 식음료 시장에서의 인공지
능The Global Artificial Intelligence In Food And Beverage Market」 보고서에서 세계 식
음료 부문의 인공지능을 활용한 신시장 창출 규모가 2022년 69억 달
러(8조 9,700억 원)에서 2032년 2,735억 달러(355조 5,500억 원)로 3,842퍼
센트의 가파른 성장세를 기록할 것으로 예측했다.

　시장 성장의 가장 큰 동인은 '개인 맞춤형 식품 서비스'다. 보고서
는 최근 1인 가구와 전문적인 영양 관리가 필요한 노령 인구가 늘면
서 개인 영양과 취향을 고려한 맞춤 식품을 찾는 고객 수요가 꾸준히

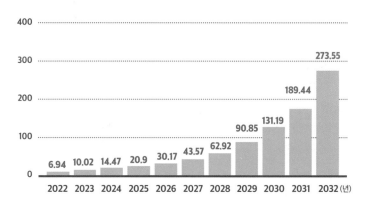

세계 식음료 산업 인공지능 활용 신시장 창출 규모 예측

(단위: 10억 달러)

출처 | The Global Artificial Intelligence In Food and Beverage Market

증가할 것으로 분석한다. 보고서는 개인 맞춤형 식품 서비스와 관련하여 인간보다 인공지능 트랜스포메이션에 더 기대를 걸고 있다. 앞으로 식품 처방은 웬만한 영양사보다 데이터와 인공지능의 힘을 빌리는 것이 유리할 것이라고 강조했다.

식음료 산업 분야에서 인공지능의 활용은 갈수록 그 범위를 넓힐 듯하다. 활용 수요가 클 것으로 예상되는 또 하나의 분야는 신제품 개발이다. 인공지능은 방대한 양의 데이터에 액세스하고 이를 빠르고 효율적으로 분석할 수 있는 능력을 갖췄다. 소비자 선호도의 추세와

2022년 글로벌 지역별 푸드테크 투자 규모   출처 | Global Agri Foodtech Investment Report 2023

AI 경영자

패턴을 식별하는 데 사용하면 식품 회사는 소비자의 니즈를 충족하는 새 제품을 만들기 쉬워진다. 앞서 소개한 양조업계의 인공지능 활용 사례에서와 같이 특정 고객층을 겨냥하거나 정해진 식재료를 활용한 새로운 레시피 개발이 여기에 포함된다.

또 공급망을 최적화하는 데도 활용할 수 있다. 인공지능 알고리즘이 운송 경로, 재고 수준 및 수요 예측과 관련된 데이터를 분석해주면 기업은 공급망 운영을 최적화하여 효율성과 비용 절감을 극대화할 수 있다. 그러면 자원 낭비도 막을 수 있다. 공급망의 전반적인 품질 관리를 개선하는 데도 매우 유용한 도구가 될 수 있으니 인공지능 도입을 늦출 이유가 없다.

지역별 전망을 보면 북미 지역에 대한 투자가 가장 클 것으로 예측된다. 미국과 캐나다는 글로벌 인공지능 기술 선도국으로 IBM, 구글, 아마존과 같은 대표적인 인공지능 기업이 포진해 있고, 식품 공급망 개선을 위한 정부의 투자 또한 활발해 북미 시장에서 인공지능 도입이 더욱 빠르게 진행될 것으로 보고서는 분석한다. 실제로 2023년 푸드테크 전문 벤처캐피털인 애그펀더AgFunder가 발표한 글로벌 푸드테크 투자 유치 보고서에 따르면, 2022년 북미 지역 투자 유치 규모는 136억 달러(17조 6,800억 원)로 세계에서 가장 크다. 특히 대(對)캐나다 직접투자는 전년 대비 154퍼센트 증가한 13억 달러(1조 6,900억 원)로 세계에서 가장 높은 증가율을 기록했다.

인공지능은 신산업 게임 체인저

IBM 슈퍼컴퓨터 왓슨의 또 다른 직업은 셰프다. '셰프 왓슨'은 어마어마한 양의 레시피를 미리 학습하고 이를 토대로 사용자에게 다양한 방법의 개인 맞춤 조리법을 추천한다. 독일 가전 브랜드 밀레Miele 는 전자레인지에 셰프 왓슨 기능을 담아 취향에 따른 레시피를 추천하고 있다. 신메뉴 개발 전문가 데일 보위Dale Bowie 는 뉴질랜드 농식품연구소AgResearch 와 함께 인공지능 햄버거 시리즈를 개발했다. 스웨덴 대표 위스키 브랜드 맥미라Mackmyra 는 마이크로소프트의 인공지능팀과 손잡고 세계 최초 인공지능 위스키 맥미라인텔리전스Mackmyra Intelligens 개발에 성공해 포브스 등 유명 언론에 소개가 됐다. 디지털 전환 속도가 빨라지고 데이터 중요성이 점차 커지면서 식품 산업 전반에 인공지능 기술을 활용하는 사례가 늘고 있다.

최근 국내서도 챗GPT의 생성형 인공지능 기술을 비즈니스에 활용하는 사례가 발표돼 화제다. 맥주 제조 스타트업 '부루구루'는 2023년 5월에 국산 인공지능 챗봇 서비스인 아숙업AskUp 추천 레시피로 만든 '아숙업 레몬 스파클 하이볼'을 출시했다. 캔 디자인, 알코올 도수, 당도, 출시 시기, 가격 등 세부 사항도 아숙업이 제시한 솔루션을 따랐다. 아숙업은 국내 AIaaS(AI-as-a-Service, 클라우드 기반 AI 서비스) 분야 선두 주자인 업스테이지가 개발한 생성형 인공지능이다. 아이스크림 기업 배스킨라빈스는 국내 최초로 챗GPT를 활용해 광고 영상을 제작하고 유튜브 마케팅을 전개해 500만 조회수를 기록했다. 생성형 인공지능 활용 범위를 마케팅 분야까지 확장한 국내 최초 사례다. 해당 기업은 2023년 4월 첫 영상에서 기대 이상의 홍보 효과를 거둬 5월에도 같은 방식의 신제품 홍보 영상을 제작했고 앞으로도 신제품 홍보에 인공지능을 적극 활용할 계획이라고 밝혔다.

국내 식품 산업은 IT, 제조, 금융, 물류 등 다른 분야에 비해 신기술 도입이 늦다. 2022년 통계청 발표 자료에 따르면 농식품 산업의 연간 기술 투자 규모는 1.7억 달러(2,210억 원)로 2020년 국가 기술 투자의 1퍼센트 비중을 차지하고, 대표 노동집약적 산업인 건설업(0.4퍼센트) 다음으로 기술 투자 비중이 작다. 하지만 인공지능 도입만큼은

국내 최초 인공지능 주류 '아숙업 레몬 스파클 하이볼'   출처 | 부루구루

상황이 다르다. 챗GPT 확산 이후 패러다임이 바뀌며 국내 식품업계가 인공지능 도입에 더욱 적극적인 모습이다. 챗GPT와 같은 보급형 무료 인공지능과 빌려 쓰는 인공지능 AIaaS 서비스를 통해 중소기업의 인공지능 도입 문턱이 크게 낮아졌기 때문이다.

올해 초 정부는 디지털 전환의 핵심 수단으로 인공지능을 주목하고 '산업 AI 내재화 전략'을 발표했다. 그간 정부 정책이 원천기술 개발에 집중했던 것에 벗어나 인공지능을 산업 안에 적용하는 것에 초점을 맞출 것이라고 밝혔다. 인공지능 기술을 산업에 전면 적용함으로써 '산업의 대전환'을 이룬다는 계획이다. 2022년 IBM이 발표한 「AI 도입지수」 보고서에 따르면, 한국을 포함한 전 세계 응답자들은 인공지능 도입을 저해하는 가장 큰 요인으로 AI 기술 지식 및 전문성 부족(45퍼센트)을 꼽았다. AI 모델 개발을 위한 도구 및 플랫폼 부족(39퍼센트), 지나치게 높은 가격(33퍼센트)이 뒤를 이었다.

인공지능 도입의 문턱은 낮아졌지만, 중소기업의 경우 아직은 인적·물적 환경이 미흡하여 더디게 진행되고 있다. 따라서 정부와 기업은 인공지능 개발뿐 아니라 AIaaS 같은 '빌려 쓰는 인공지능' 활용 방안을 진지하게 검토해야 한다. 미래 신산업 육성의 기반이 될 인공지능 생태계 조성을 위해 정부와 민간 모두의 노력이 필요할 때다.

김훈수(밴쿠버무역관)

나의 고민까지 해결해주는
생성형 인공지능

상하이

2023년 3월, 오픈에이아이OpenAI에서 개발한 생성형 인공지능 챗GPT-4가 출시되면서 일반 대중도 인공지능 시대가 도래했다는 걸 온몸으로 체감하게 되었다. 실제로 챗GPT를 사용하지 않아도 언론이나 주위에서 워낙 떠들썩하니 낯설지 않다. 그만큼 생성형 인공지능은 우리 곁에 성큼 다가왔다.

챗GPT는 마치 사람과 하는 듯한 자연스러운 대화가 가능할 뿐 아니라 정보를 통합하고 요약하여 재구성하는 능력도 놀라운 수준이다. 또한 자동 코드 생성이 가능하여 활용도와 확장성도 무궁무진해졌다. 이후 잇달아 발표된 마이크로소프트 빙챗Bing Chat, 구글 바드Bard 등도 챗GPT와 비슷하게 맥락을 파악하는 문장 이해력 및 작성 기능을 선보여 단순한 검색과는 차원이 다른 경험을 대중에게 제공하고 있다.

핵심은 챗GPT가 인공지능에 대한 인식을 '연구 대상'에서 '서비스 대상'으로 바꿔놓았다는 점이다. 전기차가 내연기관차를 대체하면서 기존의 자동차 기업들이 전기차 시장 진출을 피할 수 없게 된 것처럼 IT기업들의 생성형 인공지능 서비스 진출도 필수가 되고 있다. 스타트업인 오픈에이아이가 쏘아 올린 챗GPT가 시장 판도를 바꾸면서 빅테크 기업들의 주도권 경쟁도 치열해졌다.

마이크로소프트는 2019년 오픈에이아이에 10억 달러(1조 3,000억 원)를 투자했고, 오픈에이아이는 챗GPT 생태계를 구글 클라우드에서 MS 클라우드로 전환했다. 이어 챗GPT를 마이크로소프트 검색엔진 빙Bing과 결합해 각 서비스의 시너지를 극대화하고, 마이크로소프트 운영체제에 인공지능 비서 코파일럿Copilot을 적용한다는 계획을 발표했다.

구글도 2013년부터 인공지능 챗봇 연구를 시작하며 2016년 영국 인공지능 기업 딥마인드를 인수하고 바둑 분야의 인공지능 '알파고AlphaGo'를, 2017년부터 트랜스포머Transformer, 미나Meena 등 다양한 인공지능 모델을 개발했다. 2023년에는 오픈에이아이와 같은 생성형 인공지능 개발기업인 앤트로픽Anthropic에 4억 달러(5,200억 원)를 투자했고, 챗봇 바드를 출시했다.

인공지능 산업은 이러한 인터넷 활용 분야뿐 아니라 전자상거래 및 스마트물류, 자율주행, 빅데이터, 스마트 헬스케어, 스마트제조 등 다양한 분야에 적용될 수 있다. 취향에 꼭 맞춘 온라인 쇼핑부터 운전 피로도를 낮춰주는 자율주행 등 개인의 일상생활뿐 아니라 산업 현장에 적용되는 로봇 프로세스 자동화RPA, Robot Process Automation, 비전에이아이Vision AI까지 인공지능의 발전과 확산은 우리의 삶과 비즈니스를 뒤흔들 것이다.

◆

가파르게 성장하는 중국만의 인공지능

새로운 인공지능 산업 트렌드와 글로벌 빅테크 기업들의 움직임에 따라 각국에서 생성형 인공지능 개발에 참여하는 기업이 속속 등장하고 있다. 중국 IT 업계는 그 자체가 거대한 단일시장이다. 구글 등 글로벌 플랫폼과 연동과 연계가 불가하기 때문에 챗GPT 같은 신개념 도입 시 중국 시장의 수요와 계획을 반영한 독자 모델 개발을 추진하는 움직임이 뚜렷하다. 게다가 최근 글로벌 경제의 지역주의 확산과 함께 자체 통제가 가능한 모델 및 서비스 생산의 필요성이 대두되면서 이러한 움직임이 더욱 확대되고 있다. 이에 중국에서도 바이두, 알리바바, 텐센트, 바이트, 콰이쇼우, 샤오미 등의 기업들이 챗GPT와 유사한 기술 및 관련 제품 발표를 준비 중이다.

중국은 온라인상 데이터가 영어보다 제한적이기 때문에 많은 시행착오가 예상되지만, 신기술이 가져오는 산업 밸류 체인 재편에 따라 파생되는 비즈니스 기회가 분명히 있다. 중국 빅테크 기업들은 거대한 IT 내수시장을 기반으로 대규모 언어모델에 필요한 알고리즘, 데이터, 컴퓨팅 기술을 보유하고 있다는 자신감이 있으며, 챗GPT 등 글로벌 모델의 혁신성에서 벤치마킹하고 영감을 얻기 위해 노력한다. 특히 중문 데이터 축적 및 처리 경험, 중국 문화에 대한 이해를 통합한 현지화 인공지능 모델은 중국 기업의 가장 큰 경쟁력이다.

중국 시장의 특수성과 기업들의 적극적인 참여를 기반으로 2022년 중국 인공지능 산업 규모는 1,958억 위안(34조 8,524억 원) 규모로 성장하였으며, 인공지능 활용 제품 형태와 응용 범위는 계속 확대될 것으로 예상된다. 이미 현지 기업들에게 인공지능은 디지털 전환의 주요 수단이 되었고, 다양한 업계의 효율성 제고와 매출 확대의 열쇠가 되었다. 중국 온라인 전문 컨설팅 회사이자 온라인 산업 연구기관인 아이리서치iResearch에 따르면, 중국에서 기업별 인공지능 활용 제품 수가 2018년 1.9개에서 2022년 3.8개로 증가했다. 기업이 최소 1개 이상의 사업 분야에서 인공지능 기술을 채택하는 비율도 2017년 20퍼센트에서 2022년 50퍼센트로 두 배 이상 증가했다. 인공지능으로 파생되는 비즈니스 기회도 지속적으로 확대됨에 따라 기업별 인공지능 활용 비중도 늘고 있다. 중국의 인공지능 산업은 가파르게 성장하고 있다.

중국형 챗GPT 바이두 어니봇을 선보이다

　　중국 1위 검색엔진 기업 바이두는 챗GPT로 세상이 떠들썩한 2023년 3월에 곧바로 중국 최초의 생성형 인공지능, 바이두 어니봇(文心一言)을 발표했다. 바이두에 따르면 어니봇의 대규모 언어모델 LLM, Large Language Model 은 파라미터 2,600억 개 이상의 지식 강화 모델 '어니 타이탄Titan'과 파라미터 100억 개 이상의 영·중 대화 사전 훈련 모델 '플라토PLATO'를 활용하였으며 언어 이해, 대화 생성, 문학 창작 등의 기능을 갖추었다. 이미지와 동영상 등 시각 데이터를 활용할 수 있으며, 서로 다른 모델을 넘나들며 텍스트와 이미지 등의 정보를 추출하고 생성할 수 있다. 이를 바탕으로 산업 특성에 맞는 데이터와 지식을 학습하여 응용산업별 인공지능 인프라를 구축할 수 있다. 예를 들어 어니봇은 화합물 분자, 단백질 분자의 바이오 컴퓨팅 분야 사전 훈련 모델을 구축했다.

　　2023년 3월 16일 바이두가 개최한 대화하는 생성형 인공지능 '어니봇 시연'은 실시간이 아닌 사전녹화 형태였으며, 바이두 CEO 로빈 리Robin Li가 어니봇의 기능과 특징을 상세히 소개했다. 시연은 어니봇과 빙챗, 챗GPT 3개의 서비스가 동일한 질문에 각각 답변하는 형태로 진행되었다.

　　시연회에서 어니봇은 문학 창작, 비즈니스 카피라이팅, 수리적 논리 추정, 중국어 이해, 멀티 콘텐츠 통합 생성 등 5대 기능을 선보였다. 첫 번째 문학 창작 시연에서 중국 SF 소설 《삼체(三体)》의 작가를 질문하자 빙챗은 바이두를 검색하여 정확히 대답했으나 챗GPT는 작가 고향을 잘못 설명했다. 또한 2023년 초 방영한 드라마 '삼체'의 배우를 묻자 챗GPT는 2021년 기준의 정보대로 아직 드라마화되지 않았다고 답했으며, 빙챗은 중국 콘텐츠 정보 사이트 더우반Douban에서 답을 찾았다. 두 번째 비즈니스 카피라이팅 시연에서는 디지털 업그레이드를 위한 대규모 모델 기술 서비스 기업을 설립한다는 가정하에 목적에 맞는 회사명, 슬로건, 보도자료 등을 요청했다. 어니봇은 지혜, 신뢰, 하이테크, 디지털, 클라우드, 창의 등 관련 단어를 활용한 이름과 작명 사유를 제시했다. 슬로건은 '디지털 지식으로 함께 발전하고 만들어가는 미래'라고 지었다. 모두 중국인들의 선호도가 높으면서 비즈니스 분야와 방향을 잘 보여준다는 평이다. 중국만의 인공지능 모델이 무엇인지 잘 보여준 사례다.

중국어 이해는 어니봇이 가장 경쟁력 있는 분야다. 낙양귀지(洛阳贵纸)의 뜻을 질문하자 어니봇은 '낙양 지역의 비싼 종이'라는 1차원적인 해석이 아니라 옛날 진나라 시대에서 유래한 낙양의 종이가 비싸질 정도로 책이 잘 팔린다는 뜻의 중국 고사성어임을 설명했다. 당시 낙양의 종이가 얼마나 비싼지 묻는 트릭 문제에는 고사성어가 유래된 작품인 《삼도부(三都賦)》가 출간됐을 당시에는 종이 수요가 많아 가격이 상승했을 것이라고 문맥을 이해하는 답변을 했다. 이 고사성어 상

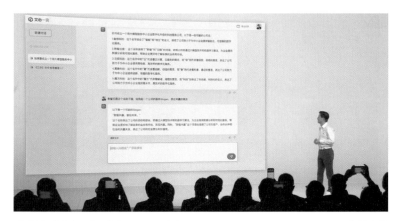

어니봇을 시연하고 있는 바이두 CEO 로빈 리

출처 | 어니봇

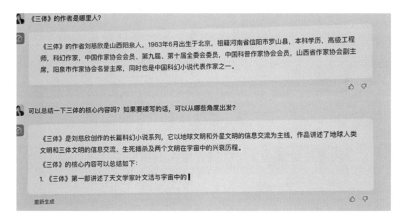

어니봇과 대화 중인 화면

출처 | 어니봇

황을 설명할 수 있는 현재 경제학 이론이 무엇인지 묻는 응용문제에는 수요공급에 따른 시장가격 변동을 설명하며 고사성어의 내용을 입체적으로 분석하고 전혀 다른 분야의 학문에서 관련된 내용을 찾는 이해력과 응용력을 선보였다.

수리적 논리 영역에서는 잘 알려진 계산 문제에 잘못된 수치를 넣었을 때 어니봇이 문제의 오류를 발견하고 수정하는 능력을 보여줬다. 그리고 현재 어니봇만 가능한 멀티 콘텐츠 통합 생성 시연은 '2023년 글로벌 스마트교통 플라자'의 포스터를 그리는 것이었는데 글로벌, 스마트, 교통 등 키워드의 개별 의미와 전체적인 분위기가 어우러지도록 창작한 것으로 보인다.

시연회에서는 중국 독자 모델의 강점을 보여줄 수 있는 중국 특화 콘텐츠 관련 질문과 처리 과정을 중점적으로 볼 수 있었다. 어니봇은 중국인의 언어, 기호, 습관 등을 이해한 맞춤형 대화 및 문제 처리에 경쟁력이 있고, 유일하게 텍스트를 이미지와 동영상 등으로 변환하는 기능을 선보였다. 하지만 수리적 논리와 사고능력은 아직 구체적으로 선보이지 않았다. 또한 중국어 외 영어 등 주요 언어 기반의 이해·분석·창작과 코드 생성 기능에는 한계가 있어 보였다.

또한 어니봇은 2023년 3월 시연 당시 다른 서비스와 달리 아직 상용화 단계가 아니었다. 시연회 당시 로빈 리는 챗GPT-4를 벤치마킹 중으로 아직 완성 단계가 아니지만, 중국 내 수요가 확대됨에 따라 우선 테스트 버전을 공개한다고 언급한 바 있다. 테스트 버전으로 보여준 어니봇과 문답하는 시연은 실시간이 아니라 사전녹화로 진행되는 바람에 당일 바이두 주가가 하락하기도 했다.

2023년 6월 기준, 어니봇이 상용화되지 않았을 당시 일반인들도 테스트를 신청할 수 있지만 바이두 플랫폼에서 수용 가능한 어니봇 모델과 그래픽 용량에 한계가 있어 약 한 달 정도 대기해야 했다. 바

어니봇이 그린 '2023년 글로벌 스마트교통 플라자' 포스터　　　　　출처 | 어니봇

이두는 테스트 버전이라도 선공개하면서 현지 경쟁기업을 견제하고 중국 시장 선점의 효과를 확보하려 한 것이다. 어니봇은 2023년 8월 31일부로 공식적으로 공개되었고 바이두 홈페이지를 통해 이용할 수 있다.

과연 어니봇은 여타 글로벌 생성형 인공지능 서비스와는 무엇이 다를까? 어니봇은 머신 러닝 기반으로 정서적 대화와 일상적인 활용에 적합하다. 비록 응용 범위가 넓지 않지만 해당 분야에서는 이해도와 정확성이 뛰어나다는 장점을 갖추고 있다. 챗GPT는 GPT 모델 기반 사람의 대화와 사고방식을 시뮬레이션하는 오픈소스 챗봇으로 지식 문답과 자연어 처리에 뛰어나 응용 분야가 광범위하지만, 분야별 특화된 서비스보다 전문성이 낮은 편이다. 현지 증권사나 IT 인플루언서들은 GPT-3.5, GPT-4, 어니봇 3개 모델을 비교해보면 지식 문답과 문학 콘텐츠 창작 등에서 서로 분위기나 결은 다르지만 모두 평균 이상의 결과를 보여준다고 평가한다. 다만 어니봇은 논리적 사고 및 추론은 GPT 계열에 못 미치고, 인공지능 비서나 제품 추천 등 응용 분야에서 기본적인 대응이 가능한 수준이라는 평이다.

◆

중국 경제와 산업의 이정표가 될 어니봇

바이두 어니봇을 중심으로 중국의 생성형 인공지능의 생태계 구축 및 응용산업의 발전이 확대되고 있다. 어니봇의 출시 계획 발표 및 시연회 이후 지리 갤럭시 Geely Galaxy, 시트립 Ctrip, 미디어 Midea, 비제이 뉴스 BJNews, 장쑤은행 Bank of Jiangsu, 뉴소프트 Neusoft 등 현지의 다양한 산업군 300개 이상의 기업이 어니봇 생태계 합류를 결정했다. 바이두 뿐 아니라 360, 알리바바, 징동 등 중국 빅테크 기업들도 생성형 인공지능 개발에 몰두하고 있다. 중국 빅테크 기업들은 새로운 개인 및 기업 응용 개발 생태계를 구축하고 클라우드 산업의 활용을 확대하고자 한다.

현재 바이두는 어니봇과 같은 생성형 인공지능 서비스 고도화를 기반으로 중국에서 상용화된 인공지능 응용 분야를 언어와 지식, 텍스트 인식, 음성 기술, 이미지 비디오 기술, 안면인식 및 인체분석으로 구분하고 있다. 이 중에서 일상생활에서 쉽게 접할 수 있는 서비스는 뉴스 요약과 동의어 추천, 주소 식별, 콘텐츠 정서 분석 등 각종 인식과 번역 분야다. 콘텐츠 정서 분석은 브랜드와 제품 관련 온라인 콘텐츠에서 부정적인 내용을 감지할 수 있는 기술이다. 많은 기업들은 사전에 상황을 파악하고, 그런 내용이 확산되기 전에 대응할 수 있어 비즈니스 리스크 감소에 도움이 된다. 주소 식별 등 각종 인식 기능은 기업 내부의 업무 효율성 증대뿐 아니라 소비자 경험 향상의 동력이다. 예를 들어 운전자 감지 및 행동 인식 분야에서 축적된 데이터는 자율주행 발전의 핵심이다. 이렇게 인공지능 응용산업은 일상생활이나 행정업무의 편의성과 효율성을 키울 뿐 아니라 스마트물류, 스마트제조, 스마트교통, 전자상거래, 디지털 정부 등 산업 디지털화 전반의 경쟁력을 확보하고 디지털경제를 확산할 수 있는 기반이라 할 수 있다. 인공지능이 중국의 미래 경제에 활기를 불어넣는 셈이다.

중국은 디지털경제를 새로운 성장 동력으로 육성하여 경제 성장의 하방 압력을 돌파하고자 한다. 중국 경제에서 디지털경제가 차지하는 비중은 2018년 34퍼센트에서 2022년 44.6퍼센트로 확대되었으며, 그 규모는 56조 7,000억위안(1경 92조 6,000억원)에 달한다. 2022년 중국 경제가 3퍼센트 성장하는 동안 디지털경제는 12.9퍼센트 성장했다. 어니봇을 필두로 한 인공지능에서 파생되는 다양한 산업은 이러한 중국의 경제발전과 산업 고도화 추진의 이정표가 될 것이다.

◆

글로벌 틈새시장의 수요에 맞춘 전략이 필요하다

알파고가 생성형 인공지능 서비스의 새로운 가능성을 제시했다면 챗GPT는 20여 년간 이어진 검색 키워드 중심의 포털 시대를 뒤로하고 모든 사람들의 일상을 바꾸는 새로운 정보화 시대의 문을 열었다. 인공지능 산업은 대형 모델 발전과 효율화, 산업간 연계를 촉진하면서 각국에서 차세대 성장 동력이자 산업 발전의 주류로 부상했다. 자연히 각국의 주도권 확보 노력이 활발하다. 중국은 이러한 변화의 흐름 속에서 큰 내수시장을 발판 삼아 글로벌에 통용되지 않는 독립된 생태계를 운영한다. 동시에 많은 현지 기업이 중국 빅테크 기업의 생태계에서 느리더라도 천천히 중국어, 현지 문화, 라이프스타일에 맞춘 독자 모델과 서비스를 개발하고 있다.

　그렇다면 한국은 어떨까. 그동안 주요 IT 분야에서 네이버, 카카오 등의 토종 기업들은 국내 사용자의 습관과 선호도를 고려한 맞춤형 서비스를 개발하며 시장을 주도할 수 있었다. 우리나라 IT 서비스에서 한국 빅테크 기업들은 분명 경쟁력이 있다. 어떤 생태계에서나 현지 문화와 라이프스타일에 맞춰 세분화된 서비스에 대한 수요가 존재한다. 따라서 한국도 인공지능과 관련한 독자적인 기술 개발의 가능성과 시장 수요를 기대할 수 있다. 중국의 바이두 어니봇처럼 특성화된 분야에서 전문성을 강화하거나 생태계를 직접 구축하는 것도 하나의 방법이고, 이렇게 구축된 인공지능 생태계에서 세분된 틈새시장을 발굴하는 것도 방법이 될 것이다. 다양한 글로벌 모델의 생태계의 흐름을 파악하고, 틈새시장의 수요에 맞춘 서비스를 개발하면서 우리만의 비즈니스 기회를 탐색해야 할 것이다.

정연수(상하이무역관)

미래형 에너지

효율적이고 지속 가능한 에너지

팬데믹과 자연재해, 글로벌 무역 상황으로 인한 에너지 가격의 상승은 국가와 기업을 넘어 대중들에게도 미래형 에너지 개발의 중요성을 인식시키는 계기가 되었다. 중요한 것은 고갈되는 화석연료를 대체할 신기술을 어떻게 확보하느냐이다. 새로운 에너지를 개발하는 것도 중요하지만 현존하는 자원을 효율적으로 사용하는 것도 매우 중요하다. 상상하기 힘든 뜻밖의 재료에서 에너지를 만들어내는 신기술이 불러올 에너지 혁명과 새로운 비즈니스 기회가 되고 있는 유틸리티 시장의 현황을 살펴보자.

지속 가능 에너지의 단점을 보완한
모래 배터리

밀라노

얼마 전 전 세계 사람들을 충격에 빠트린 사진이 있다. 기후 변화의 영향으로 남극이 초록색 이끼로 뒤덮인 모습을 촬영한 사진이었다. 귀여운 펭귄들이 눈이 아닌 돌무더기 위를 걷고 있는 모습은 사람들을 놀래키기 충분했다. 기후 위기는 동식물뿐 아니라 인간의 삶에도 치명적인 영향을 끼치고 있다. 유럽은 기록적인 더위로 신음했고 미국 캘리포니아는 1년 동안 내릴 비가 연초 한 달 동안 쏟아져 인명 피해까지 일어났다. 한국 역시 올여름 집중호우로 곳곳이 침수되는 사태가 벌어졌다. 이제 기후 위기는 더 이상 외면할 수 있는 먼 미래의 일이 아니다. 당장의 재앙이 되고 말았다. 세계적으로 기후 위기를 가속하는 화석연료에 대한 강력한 제재와 탈탄소·친환경 에너지 개발 및 상용화가 적극적으로 추진되는 이유다.

이러한 상황 속에서 최근 모래의 특성을 활용한 모래 배터리가 주목받고 있다. "햇볕은 쨍쨍 모래알은 반짝"이라는 동요 가사를 떠올려 보자. 바닷가에 내리쬐는 햇살 아래 뜨겁게 달궈진 모래사장, 한낮의 열기를 품은 모래는 해가 진 후에도 그 온기가 오래도록 남아있다. 실제로 모래는 높은 열에너지를 저장할 수 있는데 이는 모래의 주성분인 석영의 특성에 기인한 것이다. 모래는 물의 4배에 달하는 에너지를 저장할 수 있고 열 손실률 또한 낮다.

미국을 비롯한 여러 국가에서 친환경적이고 실용적인 에너지 저장장치로 활용하기 위해 모래 배터리를 연구 중이며, 이 중 이탈리아 로마에 있는 마갈디그룹Magaldi Group에서 전력으로 전환이 가능한 모래 배터리를 개발해 상용화를 앞두고 있다. 이탈리아 재생에너지 기업인 에넬엑스Enel X와의 협업으로 2024년 하반기에 이 배터리를 사용한 첫 번째 발전소를 가동할 계획이다. 모래로 만들어진 배터리에서 나오는 에너지를 이용해 식물성 기름을 만든다. 이 시스템을 통해 이탈리아는 산업 공정의 탈탄소화를 추진할 예정이다.

모래 배터리로 에너지를 생산하다

미국의 국립재생에너지연구소NREL, National Renewable Energy Laboratory를 비롯해 여러 곳에서 모래 배터리 프로젝트가 진행 중이다. 세계 최초로 모래 배터리가 완공되고 설치된 곳은 핀란드다. 핀란드의 폴라나이트에너지The Polar Night Energy는 칸칸패Kankaanpää 마을에 있는 발전소에 모래 배터리를 설치하고 가동에 들어갔으며, 열 교환기로 뜨거운 공기를 배출해 지역난방에 사용하고 있다. 약 100톤의 모래를 수용하

폴라나이트에너지의 모래 배터리 　　　　　　　　　　　출처 | 폴라나이트에너지

는 저장고로 모래 온도는 500℃, 발전 용량은 최고 8메가와트, 효율성은 최고 99퍼센트에 달한다. 이 에너지는 칸칸페 마을 지역민 3만 5,000명이 거주하는 건물의 난방에 사용되고 있다.

폴라나이트에너지는 300메가와트시MWh 용량의 2메가와트 축열 시스템과 1,000메가와트시 용량의 10메가와트 시스템 두 가지 옵션을 제공해 모래 배터리의 상용화에 앞장서고 있다. 이 배터리는 간헐적으로 발생하는 에너지를 모아 장기적으로 저장할 수 있다는 큰 장점이 있다. 온수와 난방 등에 사용 가능해 인근 지역의 겨울철 가정 열원으로 적합하다는 평을 받고 있다. 그러나 한편으로 에너지 활용이 지극히 제한적이라는 단점도 있다. 더 광범위하게 활용되기 위해서는 전기에너지로의 전환이 필요한데, 이를 위해서는 터빈을 비롯한 추가 장치가 필요하다. 그리고 이 과정에서 에너지 손실률이 높기에 비용과 효율성이 떨어져 아직은 열에너지 공급에만 사용되고 있다.

◆

갈수록 진화하는 모래 배터리

현재 가동되고 있는 모래 배터리의 단점을 신기술로 보완한 것이 이탈리아 마갈디그룹에서 개발한 모래 배터리다. 특허받은 이 모래 배터리는 대규모 열에너지 저장Magaldi Green Thermal Energy Storage 시스템으로 단기 및 장기 축열, 즉 일정한 온도로 열을 유지하는 것이 가능하고, 저장된 열은 전기에너지로 전환될 수 있다.

이 배터리 기술에 사용되는 기본 재료는 모래로, 강바닥 등에 자연 침식된 규사를 사용한다. 실리카 샌드Silica sand로도 불리는 규사는 건축재로 오랫동안 사용됐는데, 석영 성분이 풍부하고 불을 견디는 내화성과 단단한 정도인 경도성이 높다는 특징이 있다. 전기절연성과 보온, 보냉 등의 특성이 필요한 유리섬유의 원료로도 사용된다. 마갈디 그룹의 열에너지 저장시스템에서 이 규사는 저항가열 방식으로 600℃ 이상의 온도까지 가열되고, 축적된 열에너지는 열 교환기를 통해 120~400℃ 범위의 온도에서 직접 열에너지로 공급하거나 증기 터빈을 통해 전력을 공급하는 데 사용된다.

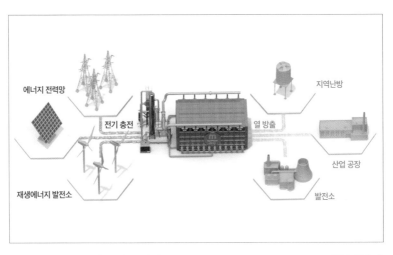

마갈디그룹의 열에너지 저장시스템 원리   출처 | 마갈디그룹

마갈디그룹의 모래 배터리를 살펴보면 열에너지를 저장하는 축열 시스템의 원리는 폴라나이트에너지의 모래 배터리와 비슷하다. 그러나 모래 배터리의 구성이나 저장된 열에너지를 전기에너지로 전환할 수 있다는 부분에서 그 기술력을 인정받고 있다. 또한 열에너지 축적까지 발생하는 에너지 손실률은 2퍼센트 미만이고, 열에너지를 전기에너지로 전환해 공급하는 과정에서 발생하는 에너지 손실률은 10퍼센트 미만으로 전체 90퍼센트 이상의 에너지 활용이 가능해 높은 효율성을 보인다.

유럽연합EU은 2021년 핏포55Fit for 55 패키지 발표와 함께 2030년까지 온실가스 배출을 1990년의 55퍼센트 수준으로 절감하고, 2050년까

유럽연합 재생에너지 비중 목표

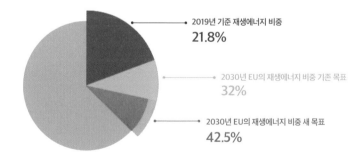

2019년 기준 재생에너지 비중
21.8%

2030년 EU의 재생에너지 비중 기존 목표
32%

2030년 EU의 재생에너지 비중 새 목표
42.5%

출처 | 유럽연합 집행위원회

지 탄소중립을 달성하겠다는 목표를 선언한 바 있다. 이후 러시아·우크라이나 사태로 인한 원유 가격 상승과 에너지 이슈는 친환경 에너지로의 전환에 박차를 가했다. 유럽연합은 에너지 전환 정책을 강화하는 동시에 전환 속도를 높여 2030년까지 재생에너지 비중 32퍼센트를 달성한다는 목표를 42.5퍼센트로 상향 조정한 내용에 합의했다. 그리고 각 회원국에 추가적인 비중 확대로 45퍼센트를 달성하도록 권고했다. 이 합의에는 러시아산 화석연료의 의존 완화를 위해 운송, 산업, 건물 냉난방 등 다방면에서의 재생에너지 비중 확대 의무화를 포함하고 있다.

　이에 따라 이탈리아 기업, 특히 많은 양의 에너지가 필요한 기업들은 새로운 도전에 직면하게 됐다. 재생에너지는 일정 온도 이상의 고온 발열이 불가능하거나 최고 발열이 100℃ 미만인 단점이 있고, 재생에너지의 원활한 운용을 위해서는 배터리 방식의 에너지저장시스템 BESS, Battery Energy Storage System 이 필요하다. 그러나 기존 리튬이온전지를 사용한 에너지저장시스템 설비를 갖추기 위해서는 비용 부담이 너무 큰 것이 문제다. 장시간 고온 발열이 필요한 에너지 집약산업에서 재생에너지로의 전환에 어려움을 겪는 이유다. 식품, 음료, 제약, 섬유 등 세계적인 경쟁력을 보유한 이탈리아 주요 산업 분야의 제조기업, 특히 중소기업들은 아직은 제조 공정에 천연가스 등 화석연료를 쓰고 있다. 그리고 점차 재생에너지 전환에 대한 필요가 높아짐에 따라 고민이 깊어지고 있다.

마갈디그룹의 모래 배터리는 이러한 현실에서 미래 시대의 새로운 솔루션으로 떠오르고 있다. 기존 재생에너지의 단점을 또 다른 재생에너지로 보완해 새로운 '재생에너지 패키지'로 활용이 가능하게 된 것이다. 태양광, 풍력 등 간헐적으로 생산되는 에너지를 열에너지로 변환해 저장한 후에 필요에 따라 열에너지나 전기에너지로 사용할 수 있는데, 열에너지는 300℃ 이상 고온 발열이 가능하고 8~10시간 동안 지속이 가능하다. 또한 저장 장치를 병렬 혹은 직렬로 연결해 용량을 늘리는 것도 가능하다. 앞으로 다양한 산업 분야에서 재생에너지 전환을 위한 기술 솔루션으로 활용될 예정이다.

◆

모래 배터리, 신개념 산업용 배터리로 첫걸음

이탈리아의 신재생에너지 기업 에넬엑스는 마갈디그룹과 함께 지속 가능성의 관점에서 산업에 사용되는 에너지의 기술 협력을 추진하고 있다. 에너지 공급 및 효율성 분야에서 선두를 달리는 에넬엑스는 열저장장치 및 에너지 전환 기술을 보유한 마갈디그룹과 함께 이탈리아 남부 부치노시Buccino 에 기반을 둔 식품 제조업체 이지이IGI 에 새로운 솔루션을 적용할 예정이다. 이지이는 이탈리아 북부에 본사를 둔 글로벌 식품기업 페레로 그룹Ferrero Group 에 식물성 기름을 납품하는 업체다. 이들은 식품을 가공할 때 쓰는 에너지를 태양광과 모래 배터리를 적용한 친환경 열에너지로 전환할 예정이다.

이 프로젝트는 5메가와트 용량의 태양광 발전소와 하루 13메가와트의 열용량을 저장할 수 있는 125톤의 모래를 사용한 마갈디 열에너지 저장발전소의 건설을 포함하고 있는데 2024년 하반기 가동을 목표로 하고 있다. 이 발전소가 가동될 경우 이지이의 연간 에너지 소비율은 20퍼센트 감소하고, 탄소 배출량은 1,000톤이 절감될 것으로 예상한다. 또한 에너지 비용 절감 효과도 기대하고 있다. 태양광 에너지를 기존의 리튬 배터리에 저장해 사용할 경우 메가와트당 가격이 40~60유로(5만 6,000~8만 4,000원) 정도인데 모래 배터리를 사용하면 메가와트당 20유로(2만 8,000원)로 절반 이상 낮출 수 있어 높은 가격경쟁력을 가질 수 있다.

이러한 차별화로 에넬엑스는 모래 배터리를 활용한 에너지 저장 및 전환 기술이 향후 새로운 기술 솔루션이 될 수 있다고 강조한다. 100~400℃ 사이의 열을 사용하는 산업은 전체 산업의 30퍼센트를 차지하고 있으며, 이 열에너지를 확보하기 위한 비용은 전체 산업 에너지 비용의 70퍼센트에 달하고 있다. 이러한 산업에 마갈디그룹의 모래 배터리 기술에 활용된다면 높은 효율, 탄소 배출량 감소, 에너지 비용 절감 등 다양한 측면의 솔루션이 될 수 있어 재생에너지의 패러다임 전환이 기대되고 있다. 에넬엑스는 이탈리아 국내 12개의 제조 기업과 해당 기술 도입에 대해 논의 중이라고 밝혀 산업 공정을 탈탄소화하기 위한 대안으로 보급될 가능성을 시사하고 있다.

에너지원 대전환의 중심이 될 배터리 기술

　전 세계는 기후 변화에 대처하기 위해 환경 문제에 지대한 관심을 기울이고 있다. 우리는 산업혁명의 단초가 된 화석연료 중심의 시대에서 재생에너지 중심의 에너지 전환이 이뤄지는 시대를 살아가고 있다. 에너지원의 대전환과 함께 에너지 저장 및 효율은 중요한 이슈이며 이 중심에는 배터리 기술이 있다. 에너지 저장 기술과 공급망이 안정적으로 확보될 때 재생에너지의 지속적인 생산이 가능하고 전체 시스템을 안전하게 운용할 수도 있다.

　배터리 기술에는 저장밀도, 충전 시간, 안정성 외에도 고려해야 하는 사안들이 많다. 특히 산업 분야에 사용하기 위해서는 에너지 효율과 함께 비용이 고려돼야 한다. 최근 글로벌 공급망 이슈에서 드러났듯이 우선 배터리 원자재 공급망이 안정적으로 확보돼야 각 분야에 공급 가능한 가격으로 생산할 수 있다. 또한 폐배터리가 점차 늘어남에 따라 이를 활용할 수 있는 기술 개발도 중요해지고 있다. 최근 리튬, 산화코발트 등 유해한 물질을 어떻게 친환경적으로 재활용할 수 있는지에 대한 기술이 활발히 연구되고 있다.

　산업 공정의 탈탄소화와 관련된 에너지 시장, 특히 배터리 시장은 지속적으로 새로운 기술이 필요하다. 다가오는 2024년 이탈리아에서 처음으로 가동할 예정인 열에너지 저장발전소 시스템을 주목하자. 친환경적이고 폐기물이 없으며, 에너지 효율과 경제성 등 다양한 관점에서 배터리 산업의 새로운 해결책으로 떠오를 것으로 보인다.

유지윤(밀라노무역관)

이집트 유틸리티 시장,
스마트를 더해가다

카이로

"아니, 전기 요금이 왜 이렇게 많이 나왔어?"

"검침원이 실수한 거 아니야?"

주변에서 종종 전기 요금이 잘못 부과되었다는 이야기를 들을 수 있다. 그러나 이런 일은 곧 사라질 전망이다. 전 세계적으로 스마트 그리드 산업이 빠르게 성장하고 있기 때문이다. 스마트 그리드란 일반적인 전력망에 ICT 기술을 접목해 공급자와 소비자 간 실시간 교류로 에너지 효율화를 추구하는 차세대 전력망 시스템이다. 전통적인 계량 시스템을 현대화하는 것도 이러한 노력의 일환이다. 기존의 기계식 전력량계에 스마트 통신 기능을 더한 스마트 미터도 스마트 그리드의 한 축이다. 전 세계의 스마트 미터 시장 규모는 2030년까지 543억 4,000만 달러(70조 6,420억 원)에 이를 것이며, 2021년부터 2030년까지 연평균 성장률은 약 10퍼센트가 될 것으로 예상된다.

스마트 미터 시장에 적극적인 나라가 바로 이집트다. 이집트에서는 전기와 수도, 가스 계량에 적극적으로 '스마트'를 접목하고 있다. 2023년 1월 2일, 이집트의 하원산업위원회에서 모하메드 셰이커 Dr. Mohamed Shaker 전력재생에너지부 장관은 이집트의 총 계량기 수가 선불 계량기 1,400만 개, 스마트 미터 21만 3,000개 등을 포함해 3,940만 개에 달한다고 밝혔다. 셰이커 장관은 배전 네트워크의 성능을 개선할 것이며, 미터기 운영 효율성을 높이기 위해 배전 네트워크 내에 47개의 제어 센터를 구현할 계획이라고 밝혔다. 또한 향후 10년 내에 2천만 개의 계량기를 보급할 예정이라 밝혔으므로 스마트 계량기 수요는 증가할 것으로 예상된다.

이집트에 스마트 미터를 관리하는 플랫폼이 등장한 건 벌써 6년 전이다. 이집트의 스마트 인프라 관리 스타트업인 파일론 Pylon 은 스마트 계량을 서비스화하며 소비자의 접근을 용이하게 했다. 이들은 "스마트 미터가 지구를 구하고 있다"라고 말하기도 했다. 효율적인 소비 전력을 유도할 뿐만 아니라 공급자에겐 이상이 감지된 지역을 빠르게 파악하고 조치할 수 있는 이점을 주기 때문이다. 그러니 일반 기계식 계량기에 비해 에너지 효율성이 뛰어날 수밖에 없다.

파일론은 '고대 이집트 신전의 입구를 구성하는 탑문(塔門)'을 말하며 '고압선 설치용의 철탑'을 뜻하는 말이기도 하다. 2017년 아흐메드 아쇼르Ahmed Ashour와 오마르 라디Omar Radi가 설립한 파일론은 신흥 시장Emerging Market의 전기나 수도를 공급하는 유틸리티 회사를 대상으로 구독 기반의 '서비스형 스마트 미터링 SMaaS, Smart Metering as a Service'을 제공하는 스마트 인프라 관리 플랫폼이다. 아쇼르 공동 창업자는 "파일론은 소프트웨어로 구동되는 상세한 데이터 수집 및 분석을 통해 공급업체가 시스템 비효율성을 즉각적으로 파악해 조치를 취할 수 있다"고 설명했다. 파일론은 이를 통해 유틸리티 회사들이 최대 40퍼센트까지 수익을 증대함과 동시에 환경에도 도움이 될 것으로 전망했다.

파일론의 플랫폼 화면   출처 | 파일론

스마트한 전력 시스템을 권고하는 이집트 정부

이집트 정부는 전력망을 스마트 그리드로 전환하기 위해 애쓰고 있다. 이집트 정부 소속 배전 회사 중 하나인 노스델타배전회사NDEDC 는 스마트 미터기 설치를 위한 전력망 현대화 및 업그레이드 프로그램을 계획했다. 이 프로젝트 규모는 약 4,000만 유로(560억 원)에 달한다. 글로벌 전력 기자재 회사인 지멘스Siemens는 나일 삼각주 다미에타Damietta 지역에 스마트 계량기 17만 5,000대와 첨단 배전관리 시스템을 공급할 예정이다. 해당 프로젝트의 자금은 이집트 전력 부문에

이집트 정부 주도로 설치되고 있는 선불식 계량기　　　　　　　출처 | 이집트투데이

　　　　　　　　　　　　　　　　　　　　　　　미래형 에너지

서 여러 프로젝트를 지원한 일본국제협력기구 JICA, Japan International Cooperation Agency 에서 제공한다.

세이커 장관은 이번 계약이 이집트 송배전망의 효율성을 높이기 위한 대통령 지침에 따라 여러 제어 센터를 설립하기 위한 국가 계획에 포함된다고 말했다. 이 계약은 2022년 하반기에 발주된 두 번째 계약으로 2022년 9월 알렉산드리아시의 알렉산드리아배전회사에 30만 개의 스마트 미터와 두 개의 첨단 배전 관리 시스템을 발주한 데 이은 것이다.

게다가 정부의 스마트 계량 프로젝트 계획과 관련해 이집트 전력재생에너지부는 선불식 계량기로 전환하고자 하는 시민들을 위해 할부를 해주는 등 여러 가지 편의를 제공하고 있다. 선불식 계량기는 전기 검침 및 청구서의 오차 없이 실제 사용량을 반영한다. 정부는 이집트 국민들에게 선불식 계량기로의 전환을 적극 권고한 상황이다.

◆

수입에 의존해야 하는 리튬 배터리

이집트에서는 전기 계량기, 수도 계량기, 가스 계량기 등 스마트 미터에 전력을 공급하기 위해 리튬 배터리를 주로 사용하고 있다. 리튬 배터리는 스마트 미터에 있어 전략적인 부품으로 간주된다. 이집트에서 제조되고 있는 스마트 미터는 리튬 배터리와 같은 주요 부품을 외부에서 공급받고 있다. 엘 스위디 일렉트로미터 그룹(이하 엘 스위디), 감마 인터내셔널 이집트, 메트로텍 이집트 등 많은 스마트 미터 제조업체가 그러하다. 이들 기업은 계량기 본체를 생산하고 리튬 배터리 같은 부품을 조립하나 리튬 배터리 자체의 생산 기술과 지식은 부족하기 때문이다. 이집트는 스마트 미터의 본체만 생산할 뿐 배터리처럼 첨단 기술이 필요한 부품은 생산하지 않고 있다. 따라서 이집트 스마트 미터 시장의 성장은 결국 수입산 리튬 배터리에 대한 수요를 증가시킬 것이다. 무엇보다 정부가 스마트 미터 확대를 희망함에 따라 이집트는 유망한 리튬 배터리 시장으로 부상하고 있다.

2010년대 후반부터 이집트 정부가 여러 주 정부에 스마트 미터를 실험적으로 설치한 이유는 사용자의 전력 소비량 측정을 용이하게 하기 위함이다. 전력 가격이 치솟는 상황에서 보다 발전된 기능을 탑재

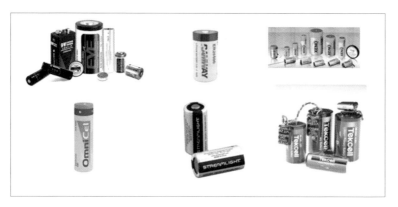

한국 배터리 텍셀(Tekcell)을 포함, 이집트에서 사용되는 리튬 배터리   출처 | KOTRA 카이로무역관

한 숫자 토큰 계량기로 소비량을 모니터링하는 것은 사용자에게 큰 도움이 되기 때문이다.

◆

꾸준히 증가하는 한국산 리튬 배터리

이집트 리튬 배터리 수입액은 2017년부터 2022년까지 매년 증가와 감소를 반복하는 추세를 보인다. 그럼에도 한국산 제품은 2021년을 제외하고 수입액이 지속적으로 증가하고 있다. 2022년의 한국산 리튬 배터리 수입액은 약 44만 달러(5억 7,200만 원)로 불과 5년 전인 2017년에 비해 약 4.6배 증가했다. 시장 점유율 또한 9.2퍼센트로 5년 만에 약 2배가량 상승하며 수입 국가 기준으로는 2위를 차지했다.

이집트에서의 리튬 배터리 가격은 크기, 개수, 전압, 용량, 최소 주문 수량 등 다양한 변수에 따라 가격이 달라진다. 2016년 11월 이후 최근까지 이집트 파운드화의 약세로 리튬 배터리 가격이 향후 추가 인상될 가능성이 있다.

글로벌트로닉스, 엘 스위디 등 이집트 계량기 회사는 리튬 배터리 정보와 관련해 사프트Saft, 제노Xeno, 텍셀Tekcell, 웨스팅하우스 Westinghouse, 카멜리온Camelion 같은 브랜드의 리튬 배터리가 시장에서 경쟁력이 있음을 공개했다. 그러나 나머지 15%의 시장 점유율은 다른 브랜드, 즉 파나소닉Panasonic, 도시바Toshiba, 이이엠비EEMB, 알리선

Alisun, 판소Fanso, 아리셀Aricell, 에이치씨비HCB, 피케이셀PKCell 등의 브랜드가 차지하고 있다.

글로벌트로닉스의 압둘라만 하니 아살Dr. Abdulrahman Hany Assal 사업 개발 매니저에 따르면, 리튬 배터리를 사용하는 스마트 미터 시장은 전기 계량기가 70퍼센트의 점유율을 차지하며 시장을 주도하고 있다고 한다. 이 회사가 수도 계량기 제조를 시작한 것은 다카흘리야Dakahleya 주 정부가 수도 계량기에 대한 수요가 많았고, 글로벌트로닉스는 이를 기회로 삼았기 때문이다. 그는 한국 기업들도 스마트 미터 입찰을 통해 제공되는 기회를 적극 활용해야 한다고 했다. 낙찰된 이집트 입찰 업체를 찾아 이집트 공장에 배터리 공급을 제안해야 한다는 것이다.

브랜드별 리튬 배터리 단가 동향

브랜드	국가	단가(이집트 파운드)	시장 점유율
사프트	중국	200~915	30%
제노	한국	455~	10%
텍셀(비츠로셀)	한국	250~	30%
웨스팅하우스	미국	200~	8%
카멜리온	독일	25~100	7%
기타			15%

출처 | 글로벌트로닉스, 엘 스위디 자료 등을 통한 추정치

미래형 에너지

엘 스위디의 모하메드 샤와이케Mohamed Shawike 그룹운영이사는 이미 성공한 전기 계량기 외에도 스마트 수도 계량기 시장이 매우 유망할 것이라고 강조했다. 해당 회사는 2016년 무렵부터 수도 계량기 분야에 집중적으로 투자하기 시작했다. 한국의 리튬 배터리 제조업체들은 앞으로 전기 계량기뿐만 아니라 이집트 수도 계량기 업체를 집중적으로 공략할 필요가 있다고 조언했다.

이스크라에메코Iskraemeco의 타메르 살라Tamer Salah 매니저의 조언에 따르면 이집트 정부가 수시로 입찰을 실시하고 있으며, 한국 기업들은 이집트 스마트 미터 제조업체와 접촉하여 현지 입찰 정보를 업데이트해야 한다. 또한 기업들은 스마트 미터와 리튬 배터리로 카이로만 공략하기보다는 다른 지역의 정부 프로젝트 또한 고려할 필요가 있다. 이집트 정부는 카이로보다 낙후된 도시부터 공략하는 것을 권한다. 이는 스마트 미터를 소도시에 적용하고 그곳에서 경험을 쌓아 카이로 같은 대도시로 납품계획을 확대하는 전략으로 보인다.

감마 인터내셔널 이집트의 이브라힘 카얄Ibrahim Khayal 회장은 한국 기업들이 리튬 배터리 공장을 이집트에 설립하는 것을 고려해야 한다고 말했다. 배터리를 가장 많이 소비하는 스마트 미터 공장 근처에 있으면 '규모의 경제'를 가장 효율적으로 실천할 수 있기 때문이라는 것이다.

◆

천천히 그러나 꾸준히 진행될 스마트 유틸리티 산업

이집트는 2023년 7월부터 전력 소비의 절감과 노후화된 장비 교체 등을 위해 간헐적 전력차단제를 실시하고 있다. 지역별로 정해진 시간대에 정전이 되거나 통신망에 공급하는 전력이 차단되면서 시민들은 최소 하루에 한 시간은 정전 또는 인터넷 차단을 경험했다. 적응에 어려움도 있다. 마아디Maadi 지역에 거주하는 직장인 모하메드는 KOTRA 카이로무역관과의 인터뷰에서 "원래 8월 중순 정도 마무리될 것으로 예상되었던 전력차단제는 9월까지 연장되었다. 내가 사는 지역은 밤 11시에서 12시에 정전이 된다. 회사를 다녀와서 가족들과 시간을 보내고 간단한 식사도 하며 하루를 정리하는 시간대다. 그때 전기가 나가면 나도 모르게 잠이 든다. 아침에 일어나면 온 집 안에 불이 켜져 있어 전력차단제를 하지 않을 때보다 전기세가 더 나오는 것 같다는 생각도 든다"라고 말했다.

이처럼 이집트는 국가 전체 전력 효율화 정책을 강화하기 위해 고군분투하고 있다. 그리고 앞으로 더욱 더 전력 효율화 사업에 매진할 것으로 보인다. 때문에 이집트 정부가 기존 계량기에 더해 스마트 미터기 보급 확대를 추진할 것으로 예상된다. 스마트 미터기의 주력 부품인 배터리뿐 아니라 스마트 미터기를 관리하는 시스템이라든지, 스타트업을 통한 온라인 플랫폼도 앞으로 새로운 사업 기회가 되지 않을까? 전력차단제가 공식적으로 실시된 2023년을 기점으로 2024년에는 이집트와 손을 맞잡고 협력할 수 있는 기회들이 계속해서 생겨날 것으로 예측된다.

허유진, 파키남(카이로무역관)

2

PART

New Normal Life

뉴노멀 라이프

셀프 세이프

스스로 챙기는 건강과 안전

팬데믹이라는 인류 공통의 경험은 사람들의 마음속에 '건강'이라는 화두를 각인시켰다. 의료기술의 발달로 평균 수명이 연장된 것도 영향을 미쳤다. 사람들은 단순히 오래 사는 것을 넘어 얼마나 건강하게 오래 사느냐에 관심을 갖게 되었다. 이에 사회기반 시설이나 제도에만 기대지 않고 스스로 건강을 챙기려는 사람들의 니즈에 맞춰 새로운 제품과 서비스들이 등장하고 있다. 또한 현대 사회에서 일어나는 불의의 사고로부터 안전을 지켜주는 기술도 속속 등장하고 있다. 중요한 소비 트렌드로 떠오르고 있는 건강과 안전 관련 비즈니스의 현황을 살펴보자.

| 셀프 세이프 |

내 손 안의 기상청,
스마트 공기 측정기

◆

토론토

여러 종류의 스포츠를 즐기며 건강한 몸 상태를 유지해 온 선은 코로나19 확진 이후에 얻은 부작용으로 몇 달이나 고생했다. 나름대로 건강에 자부심을 가지고 있던 그는 독감 정도로 생각했던 질병 앞에서 무력해진 자신을 보면서 적잖은 충격을 받았다. 그 계기로 질병 예방에 경각심이 생겼고 온라인으로 다양한 건강 관련 제품을 알아보던 중 카나리Canāree라는 공기 질 측정 제품을 구매하게 되었다.

일주일도 안 되어 배송받은 카나리는 손바닥보다 작았다. 카나리를 USB 포트에 연결하자 연동한 스마트폰에 '연기 감지Smoke Detected'라는 경고 메시지가 떴다. 그제야 집안을 둘러보니 아늑한 분위기를 위해 켜뒀던 향초가 눈에 띄었다. 향초를 끈 후 카나리를 확인해 보니 검출 표시가 잠잠해지고 있었다. '손바닥만 한 기계가 눈에 보이지 않는 입자까지 검사해줄 수 있다니!' 그는 운동 외에도 건강을 챙기는 방법을 알게 되어 기뻤다.

◆

한인 교민의 연구로 개발된 발명품

카나리는 토론토의 피에라시스템 Piera Systems (이하 피에라)에서 개발한 제품이다. 피에라시스템은 대기오염과 실내 오염물질로 인한 피해를 보고 변화의 필요성을 느낀 사람들이 뜻을 모아 창립한 회사다. 공동 창립자이자 개발자는 캐나다 토론토대학교에서 물리와 통계를 전공한 에런 소 Aaron Soh 다. 한인 교민인 에런 소의 아버지는 한국과 미국을 오가며 수십 년간 반도체와 광자기술 Photon Technology 을 연구한 학자였다. 덕분에 물리에 관심이 많았던 에런은 대학교 재학 시절 전문 지식을 살려 논문을 게재하고 20개 이상의 특허를 등록하기도 했다. 그 중에서 수질이나 대기질 분석 등으로 응용이 가능한 입자 계수 Particle Counting 에 유독 흥미를 느꼈는데, 2018년에 이 부문을 자신의 아버지가 연구해 온 광자기술과 접목시켜 공기 질 상태를 자세히 확인할 수 있는 제품을 개발하고자 마음먹었다.

물론 처음부터 순조롭게만 진행된 건 아니었다. 개발 단계였던

2018년도만 해도 타 국가들에 비해 매연이 적고 자연환경이 좋다고 여겨지는 캐나다에서는 대기오염이나 실내 공기 질 문제의 심각성이 크게 인지되지 않았다. 소비자들 또한 공기 정화 제품에 별다른 관심을 보이지 않았다. 제품 샘플을 개발하고 홍보하러 다닐 때에도 유통업체들은 하나같이 "수요가 없다"는 말만 했다.

하지만 피에라는 실내공기 오염이 개인의 건강에 치명적인 영향을 끼치며, 장기적으로 예방이 가장 중요하다 믿었기에 멈추지 않았다. 인구 밀도가 높은 사업장이나 민원인이 많은 공공기관을 방문해 시범용 제품을 제공하고, 업체들이 한 달 이상 사용해 보면서 직접 성능을 확인할 수 있도록 했다. 그러자 점차 많은 고객들로부터 인정받기 시작했다. 그들은 카나리를 활용해 실제로 실내 공기 질을 관리할 수 있었다며 긍정적인 피드백을 주었다. 특히 제품의 크기가 작아 효율적이고, 소음도 없으며, 미세입자 검출 상황을 실시간으로 확인할 수 있는 것이 큰 장점이라고 입을 모아 말했다.

카나리는 2020년 정식 출시 이후 3년이 지난 현재 북미를 비롯해 전 세계 250여 곳 이상의 거주지와 사업장, 그리고 공공기관에서 사용되고 있으며 사용자 수는 나날이 증가하고 있다. 북미에서는 제품의 디자인과 기술력을 인정받아 2023 소비자가전전시회 CES, Consumer Electronics Show 에서 '최고 혁신상 Best of Innovation'을 수상했고, 2023 엣지 AI 비전 Edge AI and Vision (인공·시각지능 산업 연합)에서는 '올해의 제품상 Product of the Year'을 수상하며 명실공히 그 기술력과 효용성을 인정받게 되었다.

카나리의 작동법은 매우 간단하다. 제품을 USB 포트에 꽂아 와이파이를 연결하거나 인터넷 모뎀에 꽂아 이더넷을 연결하면 기기가 근방 100제곱미터(약 33평) 안의 공기 질을 분석하기 시작한다. 제품을 피에라의 분석 소프트웨어인 센세이에이큐SenseiAQ 사이트에 등록하면 분석표를 실시간으로 확인할 수 있으며, 모든 기록은 사용자의 기기 또는 클라우드에 저장되어 언제든지 다시 확인할 수 있다.

2023년 5월 기준 카나리의 제품군은 A1, I1, I5 총 세 가지 모델이다. 무게는 모두 40~50그램에 불과하다. A1과 I1의 무게는 42그램이고 I5는 50그램인데, 스마트폰의 평균 무게가 140~200그램 정도인 것

카나리 기기 본체

과 비교하면 약 4분의 1 정도로 매우 가볍다. 2023년 6월 기준으로 가격은 각각 캐나다 달러로 199달러(19만 3,000원), 249달러(24만 1,500원), 299달러(29만 원)로 평균 250캐나다 달러(24만 2,500원) 이상인 시중 스마트 공기 질 모니터와 비교하면 저렴한 편이다.

또한 시중 제품들은 대개 PM2.5(Fine Particle, 초미세먼지) 수준을 알려주는데, PM2.5 입자는 머리카락 한 올 직경의 20분의 1보다 작다. 그런데 카나리는 PM0.1(Ultrafine Particle, 극초미세먼지)부터 PM10.0 (Coarse Particle, 조대입자)까지의 입자 성분을 확인할 수 있다. 실시간으로 PM0.1~10.1 수준을 감지하는 고성능 공기 모니터링 기기는 대개

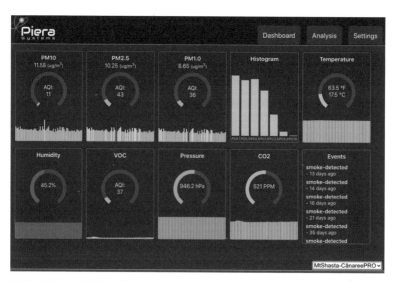

미세한 수준의 입자까지 분석하는 카나리　　　　　　　　　　　출처 | 피에라

　　　　　　　　　　　　　　　　　　　　　셀프 세이프

2,000만 원에서 1억 원 사이로 고가이며, 전문가의 설치를 요구하기도 한다. 그러니 저가이면서 고성능인 공기 질 모니터를 개발한 피에라의 기술력이 대단하다 할 수 있다.

A1은 모뎀에 직접 연결해야 사용할 수 있지만 I1은 블루투스, 이더넷, 그리고 인터넷 연결까지 지원한다. 가장 최신 모델인 I5는 미세입자와 더불어 기압, 온도, 습도, 이산화탄소 농도, 그리고 휘발성유기화합물VOCs, Volatile Organic Compounds 까지 분석할 수 있는 기술을 탑재했다. 휘발성유기화합물은 고체나 액체 형태를 띠다가 대기 중에서 기체로 증발하는 화합물로 미세먼지의 원인이 되는 인체유해물질이다. 화장품, 욕실 청소용품, 향초 등 다양한 생활용품의 제조나 사용 과정에서 발생한다.

◆

전자담배 연기까지 실시간으로 알려주는 첨단 기술

카나리는 단순히 오염 물질을 검출하는 데서 그치지 않고 오염 물질의 종류까지도 분석해준다. 매연, 조리 연기cooking oil fumes, 바이러스, 알레르기 유발 물질 등의 분류를 수치와 함께 표시한다. 기존의 공기 질 모니터가 분석하지 못했던 연초와 전자담배의 차이까지 구분해 연기가 발생하면 즉시 관리자에게 알림을 보낸다.

카나리는 공기 모니터링과 예방이 필요한 실내 공간에서 활용도가 높다. 휘발성유기화합물 감지 기능이 탑재되어 있어 공기 질에 민감한 아토피나 비염, 천식, 알레르기 환자들에게 도움을 준다. 또한 면역력이 약한 영유아 가정이나 보육원, 그리고 실시간으로 대기질 파악이 필요한 병원에서도 유용하게 사용할 수 있다.

피에라의 사업개발부 하워드 파코시Howard Pakosh 부장은 연초와 전자담배를 구분하는 기술이야말로 소비자가 매력을 느끼는 이유라고 전했다. 특히 이 기능은 공공장소인 호텔과 학교에서 진가가 발휘된다. 호텔의 경우, 대부분 객실 내 흡연 금지 규정이 있고 흡연 시 벌금을 부과한다. 하지만 흡연 여부를 실시간으로 감시할 인력은 없고, 공기 중으로 금방 흩어지는 전자담배 성분을 포착하기는 더욱 어렵다. 이런 상황에서 각 층이나 각 구역마다 설치된 카나리는 실시간으로 시스템 관리자에게 담배 연기 검출을 알리고 관리자가 신속히 조치할 수 있도록 한다.

학교에서도 동일한 방법으로 흡연 방지에 도움이 되고 있다. 전자담배는 아직 제품에 대한 연구가 충분하지 않아 장기적인 부작용을 알 수 없다는 잠재적인 위험이 있고, 일반 담배와 비교해 거부감이 적고 휴대가 간편하며 중독성이 강하다는 특징이 있다. 2023년 5월 발표된 캐나다 보건부의 통계 자료에 따르면, 2021년 9월부터 2022년 6월까지 약 6만 명의 청소년을 대상으로 시행한 설문조사에서 29퍼센트의 학생들이 전자담배를 피운 적이 있다고 답했다. 전자담배를 피운 적 있는 41퍼센트의 10~12학년(한국의 고등학교 1~3학년) 학생 중

12퍼센트는 지속적으로 흡연하고 있다는 조사 결과가 나왔으며, 이는 세계 청소년 전자담배 흡연율 중 높은 축에 속한다.

캐나다 연방정부와 교육청은 청소년 흡연 방지와 흡연자 교육을 위해 다양한 방안을 모색하고 있고, 일부 학교는 이에 대한 해결책으로 카나리를 설치하고 있다. 온타리오주 남부에 있는 한 학교 화장실에 시범용으로 설치된 카나리는 1주간 하루 평균 3회꼴로 전자담배 입자를 감지했으며, 학교 측 관리자 3명에게 자동으로 안내 메시지가 발송되어 즉시 조치가 취해지기도 했다. 조그마한 기기가 실시간으로 미세 오염 물질을 검출해 알려주고, 즉각적인 조치로 다양한 호흡기 질환을 예방하는 도구가 된다는 점이 카나리의 최대 강점이다.

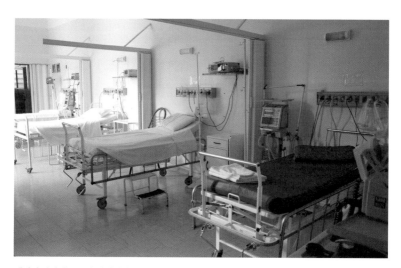

대기질 파악이 중요한 병원에서의 카나리 활용 　　　　　출처 | 피에라

내가 머무는 공간부터 공기 오염을 막는다

일부 전문가들은 캐나다의 대기오염이나 실내 미세먼지에 대한 인식이 다른 국가에 비해 예민하지 않은 편이라고 말한다. 캐나다에서는 바닥에 카펫을 깔고 실내에서 신발을 착용하는 문화가 만연해 있다. 카펫이 깔린 바닥은 이물질이나 먼지가 갇혀 있기 좋은 환경이고, 청소와 관리가 어려워 내부의 먼지를 미처 제거하지 못한 채 생활하는 경우가 대부분이다. 더군다나 야외에서 더러워진 신발을 신은 상태로 실내를 돌아다닌다면 실내 공기오염의 심각성은 더욱 커진다. 피에라는 이런 생활환경 속에서 개인이 호흡기 질병을 예방할 수 있는 방안 중 하나가 카나리라고 자신 있게 말한다. 기후 변화나 자연 발생 물질은 개인이 대응하기에는 어려운 문제지만, 사람이 자주 머무는 공간에서 발생하는 오염 물질을 실시간으로 확인하고 즉각 조치하는 것은 비교적 쉽기 때문이다.

실제로 현지 사용자들이 만족스럽다는 후기를 남기고 입소문을 타면서 카나리를 직접 써보기 위해 해외에서 캐나다를 방문하는 일이 많아졌다. 이들은 주로 대기오염 문제가 심각한 지역에 거주하고 있어서 대응책이 필요하거나 대기오염 대응을 위한 소비자 친화적 제품 발굴을 목적으로 방문하는데, 모두 카나리라는 획기적인 제품을 체험한 후 자국으로 돌아가 적극 홍보하고 있다고 한다.

학교, 공공장소 등 다양한 공간에서 활용 가능한 카나리

출처 | 피에라

피에라는 지금도 제품 개선을 위해 힘쓰고 있다. 이들은 캐나다뿐만 아니라 한국의 유능한 개발자나 연구원들과도 협력하고 있는데, 양국 개발자들은 제품에 대한 피드백과 개선 사항을 가감 없이 공유하며 꾸준히 연구개발을 진행해 나가고 있다. 코로나19로 인해 건강에 대한 관심이 더 커지고 있는 요즘, 실내에서 간편하게 사용할 수 있는 스마트 공기 질 모니터를 나의 건강 메이트로 들여보는 것은 어떨까.

김혜인(토론토무역관)

부모의 세 번째 눈,
자율주행 유아차 엘라

토론토

길을 걷다 마주한 가파른 오르막길을 반기는 사람은 많지 않을 것이다. 더운 여름날 저녁, 장을 본 뒤 아이가 타고 있는 유아차를 끌고 올라가야 하는 경우라면 더욱 그렇다. 특히 유아차의 경우 바퀴가 달려있기 때문에 잠깐만 방심하고 손을 떼더라도 큰 사고로 이어질 수 있다. 그런데 만약 자동으로 움직이며, 주변 환경의 위험을 감지해 반응하고, 내리막길에서도 안전하게 자율적으로 주행하는 유아차가 있다면 어떨까?

캐나다 서부에 위치한 밴쿠버는 산지로 둘러싸인 지역이다. 걷다 보면 언덕이나 오르막길이 자주 나온다. 밴쿠버에 사는 한 부부는 출산을 준비하며 각종 육아용품을 알아보는 과정에서 부모의 노동을 조금이라도 줄여줄 수 있는 유아차가 있다면 좋겠다는 생각을 했다. 그리고 이 아이디어를 바탕으로 글럭스킨드GlüxKind를 설립했다. 자율주행 유아차 엘라ELLA를 탄생시킨 곳이다.

글럭스킨드GlüxKind란 독일어로 행운을 뜻하는 'Glück'과 아이를 의미하는 'Kind'를 합쳐서 만든 사명이다. 창립자 케빈 황Kevin Huang과 앤 헝거Anne Hunger는 앤의 할머니 이름인 엘라Ella를 따서 유아차 이름을 지었다. KOTRA 토론토무역관과의 인터뷰에서 '엘라'라는 이름을 붙인 특별한 이유가 있냐고 묻자, "할머니야말로 손주의 안전과 자식인 부모의 행복을 간절히 바라는 사람이다. 엘라는 부모를 대체하지 않는다. 육아에 드는 체력과 시간을 줄여주어 보다 양질의 시간을 보낼 수 있도록 하는 유아차"라며 그런 마음이 엘라에 녹아있다고 설명했다.

◆

자율주행 유아차, 자동차를 넘어선 기술의 확장

증기기관 동력의 기술 혁신으로 시작된 18세기의 1차 산업혁명, 제조업 분야에서 대량 생산이 이뤄지고 다양한 분야에서 기술 진보가 일어난 2차 산업혁명, 인터넷 기술 기반의 지식정보 혁신이 일어난 3차 산업혁명을 거쳐 이제는 4차 산업혁명의 시대에 이르렀다. 2010년대 초반에 시작된 4차 산업혁명은 인공지능AI, 사물인터넷IoT, 빅데이터 Big Data, 자율주행 Autonomous Driving 같은 기술을 경제, 산업, 사회, 교육 등 다양한 분야에 접목시켜 우리의 삶에 혁신적인 변화를 가져왔다. 이와 같은 4차 산업혁명의 핵심 기술을 융합하여 탄생한 트렌드가 '스마트 모빌리티 Smart Mobility'다. 스마트 모빌리티란 기존의 교통체계와 첨단 기술이 융합되어 보다 지속 가능하고, 효율적이며, 안전한 미래 교통서비스를 일컫는 개념이다. 사람뿐 아니라 효율적이고 안전한 물류의 이동을 위해 정보기술을 사용하고 여러 교통수단과 인프라가 통합된 서비스를 제공한다.

글로벌 스마트 모빌리티 시장은 매우 빠른 속도로 확대되고 있다. 비즈니스 데이터 플랫폼인 스태티스타의 통계에 따르면, 2019년 기준 전 세계적으로 3,100만 대였던 자동화 기능 탑재 자동차가 2024년에는 5,400만 대를 돌파하고, 시장 규모는 2026년 620억 달러(80조 6,000억 원) 수준에 이를 것으로 예상된다.

자율주행은 비단 자동차에만 국한되지 않는다. 생각보다 다양한 분야에 접목되고 있으며, 엘라는 가장 대표적인 사례다. 캐

자율주행 유아차 엘라　　　　　출처 | 글럭스킨드

나다 소재 스타트업인 글럭스킨드는 2023년 미국 라스베이거스에서 개최된 세계 최대 규모의 소비자가전전시회 CES, Consumer Electronics Show 에서 인공지능 기반 자율주행 기술이 탑재된 핸즈프리 유아차 엘라를 선보여 많은 화제를 불러 모았다. 엘라는 360 안전버블 360 Safety Bubble, 핸즈프리모드 Hands-free Mode, 지능성 제동장치 Intelligent Braking, 락마이베이비 Rock-my-baby, 백색소음 White Noise 등 다양한 기능으로 그 혁신성을 인정받아 CES의 꽃인 '올해의 혁신상 Innovation Awards'을 수상했다.

◆

부모의 눈과 손이 되어 삶의 질을 높여주다

엘라의 360 안전버블은 부모의 또 다른 눈이 되어주는 기능이다. 주변 환경을 360도로 모니터링하며 자동차나 이륜차와 같은 잠재적인 위험 요소를 사전에 감지하여 경고해준다. 아이가 유아차에 타지 않고 부모의 품에 안겨 있을 때는 핸즈프리모드와 지능성 제동장치 기능이 유용하다. 엘라는 보호자가 걷는 속도에 맞춰 함께 움직이고, 부모의 팔이 닿는 거리 이상으로 멀어질 시 자동으로 멈춘다. 자칫 위험할 수도 있는 내리막길을 갈 때 이 기능의 진가가 발휘된다. 기능 개발은 현재 베타 단계에 있어 추가 기능 보완과 업데이트를 앞두고 있다. 이처럼 엘라는 편리함뿐만 아니라 안전함까지 두루 갖췄다.

또한 아이가 최적의 편안함을 느끼며 수면에 들도록 돕는 기능도

엘라가 보는 세상
출처 | 글럭스킨드

엘라를 통해 스마트폰 앱으로 부모에게 전송되는 정보
출처 | 글럭스킨드

있다. 부모의 움직임을 모방하여 부드럽게 흔들리는 락마이베이비 기능이 그것이다. 내장된 백색소음 장치로 우는 아이를 진정시킬 수도 있다. 백색소음의 종류나 볼륨을 조정해 다양한 상황이나 아이의 성향에 따라 활용할 수 있다. 아이가 잘 자는 것만으로도 삶의 질이 달라지는 부모에겐 무엇보다 반가운 소식일 것이다.

위 기능들을 통해 엘라가 인지한 정보들은 스마트폰 앱을 통해 부모에게 전송된다. 현재 위치, 도보 거리, 지난 외출 시의 기록 등을 한눈에 받아볼 수 있어 편리하다.

◆

빠르게 성장하는 베이비 테크 시장

모든 것이 스마트해지는 시대, 기능성 육아용품 또한 예외는 아니다. 마켓리서치 회사 앱솔루트마켓인사이츠Absolute Markets Insights에 따르면, 전 세계의 베이비 테크Baby Tech 시장 가치는 2021년 1,972억 3,000만 달러(256조 3,990억 원)로 평가되었으며, 2030년까지 연평균 8.9퍼센트 성장할 것으로 전망된다. 특히 양육을 돕는 소프트웨어, 온라인 플랫폼 등이 빠르게 인기를 얻으며 상당한 시장 점유율을 차지하고 있다. 포브스에 따르면, 글로벌 베이비 테크 시장에서 비중이 큰 곳들 중 하나인 미국의 경우 2019년 기준으로 그 규모가 약 460억 달러(59조 8,000억 원)에 달하며 지속적으로 성장 중이다.

한편 시장조사기관 GIA Global Industry Analysts 에 따르면, 프리미엄 베이비 케어 제품의 글로벌 시장은 2022년 기준 58억 달러(7조 5,400억 원) 규모를 자랑하며 연평균 2.9퍼센트로 성장해 2030년에는 73억 달러(9조 4,900억 원)에 달할 것으로 전망된다. 그중 미국의 프리미엄 베이비 케어 제품 시장은 2022년 16억 달러(2조 800억 원)로 추산되고 중국의 경우 2030년까지 연평균 4.9퍼센트 성장해 14억 달러(1조 8,200억 원)에 도달할 것으로 예상된다. 일본과 캐나다는 2022~2030년 기간 동안 각각 1.6퍼센트와 2.4퍼센트, 독일의 경우 2퍼센트의 연평균 성장이 기대된다.

엘라는 베이비 테크와 프리미엄 베이비 케어라는 유망한 시장에서 밝은 전망이 기대되는 상품이다. 라스베이거스 소비자가전전시회에서 제품 발표 후 포브스, CNN, 더 가디언, CCTV2 등 각국의 언론에서 앞다투어 엘라를 소개했다. 이후 세계 곳곳에서 다양한 고객으로부터 문의받아 미국 출시 3일 만에 상품이 매진되는 쾌거를 이루기도 했다. "단 1주일 만에 950만 달러(123억 5,000만 원)의 투자의향서를 받았다"고 말한 앤 헝거는 "스마트 육아용품의 미래는 아주 밝을 것이다. 우리는 스마트 트윈 유아차뿐 아니라 더 큰 아이들과 더 많은 액세서리를 옮길 수 있는 왜건형wagon 유아차로 제품 라인을 확장할 계획"이라고 덧붙였다.

글럭스킨드는 안전이 중요한 유아용 제품을 개발할 때 특히 신경써야 하는 견고한 하드웨어와 생산 품질에 대해서도 강한 자부심을 보였다. 이 두 가지를 충족시키기 위해 글럭스킨드는 각 업계에서 수십 년간 프리미엄 제품을 제공해온 경험 많은 파트너를 찾았고, 기준에 부합하는 파트너를 찾는 데 성공했다. 파트너들도 인공지능과 같은 기술을 접목해 더욱 '스마트'해지려는 유아용 제품 시장의 흐름을 파악하여 글럭스킨드의 제품 개발에 아낌없는 투자를 이행했다. 그 결과 지금의 엘라가 만들어질 수 있었다.

◆

초보 부모를 응원하는 마음으로

엘라의 목표 고객층은 25~35세 사이에 첫 아이를 뱄거나 첫 아이가 3세 이상이며 두 번째 아이를 밴 35~45세 사이의 초보 부모다. 현재 고객의 대다수는 밴쿠버, 샌프란시스코, 시애틀, LA 등 태평양 서해안을 따라 거주하거나 토론토, 몬트리올, 뉴욕, 보스턴, 시카고와 같이 인구 밀도가 높은 도시 지역에 거주하고 있다. 이들은 육아에 도움을 줄 수 있는 가족과 멀리 떨어져 사는 경우가 많다. 산책, 장보기 등의 일상생활을 할 때 유아차에 의존하는 이들에게 또 다른 손과 눈이 되어주는 엘라는 큰 매력으로 다가왔을 것이다.

한국의 초보 부모에게도 마찬가지다. 한국 역시 도시 안에 오르막길과 내리막길이 많은 편이고, 경사진 도로에서 발생하는 유아차 안전사고도 심심치 않게 발생하곤 한다. 간혹 뉴스에서 유아차가 내리막길로 굴러가 차와 부딪힐 뻔했다는 아찔한 소식이 들리면 많은 부모들이 가슴을 쓸어내렸을 것이다. 현재 글럭스킨드의 웹사이트에 들어가면 엘라의 사전 주문을 받고 있는 상태로, 배송은 주문 후 3~4개월 뒤 진행된다. 3,300달러(429만 원)의 가격으로 저렴하지 않지만, 자식과 손주를 사랑하는 할머니의 마음이 담겨있는 엘라는 무엇보다 자녀의 안전을 중요하게 여기는 부모에게 육체적, 정신적 부담을 덜어줄 혁신적인 제품이 되지 않을까.

유혜리(토론토무역관)

소울푸드인 찌개와 라멘을
더 건강하고 더 맛있게

후쿠오카

대한당뇨병학회에서 발간한 「당뇨병 팩트 시트 2022」에 따르면, 2020년 기준 30세 이상 한국인 6명 중 1명(16.7퍼센트)은 당뇨병을 가지고 있다. 한국의 당뇨병 유병인구는 400만 명을 돌파한 2010년대 후반 이후 지속적으로 증가하다 2020년에는 570만 명을 넘어섰다. 이웃 나라 일본도 당뇨병에 대한 양상은 비슷하다. 2021년 12월 국제 당뇨병연맹IDF, International Diabetes Federation에서 발표한 자료에 따르면 일본의 2021년 당뇨병 인구는 1,100만 명으로 추정되며, 세계 제9위의 당뇨병 대국이다. 특히 일본과 한국 모두 고령화가 심화되면서 당뇨병을 비롯한 각종 성인병에 대한 우려가 커지고 있다.

이러한 상황 하에 양국에서 주목받고 있는 것이 바로 저염식 식단이다. 당뇨병과 고혈압 등 점점 늘어나고 있는 성인병 환자들의 건강 관리를 위해 중요한 것은 하루 소금 섭취량을 5그램 정도로 낮추는 식이제한이기 때문이다. 그러나 안타깝게도 한국인이 사랑하는 각종 찌개를 포함한 한식은 다양한 장류와 젓갈, 김치 등을 활용해 기본적으로 나트륨 함량이 높을 수밖에 없다. 일본 대표 음식인 라멘이나 소바 역시 간장이나 된장 등을 활용한 음식이므로 짠맛이 강하다.

2021년 한국 질병관리청의 「국민건강통계」에 따르면 1세 이상 한국인의 1일 나트륨 섭취량은 평균 3,038밀리그램(소금 7.5그램)으로 세

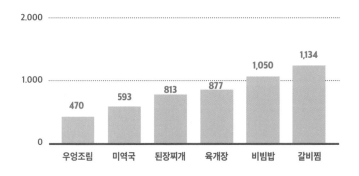

대표적인 한식의 1인분당 나트륨 섭취량

(단위: 밀리그램)

출처 | 이연경 외, 「영양과 건강 저널」 2019

계보건기구WHO, World Health Organization의 1일 나트륨 섭취 권장량 2,000 밀리그램(소금 5그램)의 1.5배가 넘는다. 비빔밥 1인분만 먹어도 하루 권장 섭취량의 절반에 달하는 1,050밀리그램을 섭취하게 된다. 여기에 각종 반찬과 젓갈, 김치까지 먹게 되면 나트륨 섭취량은 권장 기준을 훌쩍 넘어선다. 일본의 경우도 크게 다르지 않다. 2019년 일본 후생노동성의 「국민건강·영양조사」에 따르면, 2019년 기준 20세 이상 일본인의 1일당 나트륨 섭취량이 약 4,040밀리그램(소금 10.1그램)으로 역시 세계보건기구 권장량의 2배 정도다. 두 나라 모두 과도한 나트륨 섭취가 일반적이다. 과연 어떻게 하면 한국과 일본의 소울푸드인 찌개와 라멘을 더 건강하고 맛있게 먹을 수 있을까?

◆

저염식에 괴로워하는 환자들을 위한 '전기 미각'

일본의 유명 식음료 회사인 기린홀딩스(キリンホールディングス株式会社) 헬스사이언스 사업부·신규 사업 그룹의 사토우 아이는 연구차 방문한 대학병원에서 저염식 때문에 괴로워하는 환자들을 만나게 되었다. 그리고 신장병이나 고혈압 환자들과 직접 대화하며 그들의 불만을 듣게 된다. 라멘이나 미소시루 등을 좋아하던 환자는 먹고 싶은 것을 포기하고 일반식에 비해 맛이 없는 저염식을 먹는 것 자체를 힘들어했다. 그래서 저염식 식단을 지속하기는 어렵다는 하소연이었다.

이러한 불만은 고령자일수록 많았다. 사람은 45세를 전후로 미각 세포의 수가 감소하고 기능이 떨어지며, 특히 짠맛과 단맛에 대한 감각이 떨어지기 때문에 같은 음식을 먹더라도 과거에 비해 싱겁다고 느낀다. 그래서 고령 환자들은 더욱 괴로운 상황에 직면하게 된다. 이런 상황에 갑자기 병원에서 저염식 치료를 진행하게 되면 식단에 더 큰 거부감을 느낄 수 있다. 환자뿐 아니라 대학병원에서 만난 간호사들도 환자들과 저염식 치료를 진행하는 것에 대한 어려움을 토로하는 것을 보고, 사토우는 어떻게 하면 환자들에게 꼭 필요한 저염식에 대한 거부감을 줄이고, 식사의 즐거움을 해치지 않을 수 있을지 고민하게 되었다.

그러던 중 메이지대학교의 미야시타 호메이 연구실에서 '전기 미각(電気味覚, electric taste sensation)' 연구를 진행 중이라는 사실을 알게 된다. 이 기술을 활용하면 음식의 나트륨 함량을 낮추면서도 맛을 잃지 않겠다고 생각해 2019년부터 미야시타 연구실과 공동 개발을 진행하게 되었다.

◆

전기의 힘으로 짠맛을 1.5배 증강하는 일렉솔트

일렉솔트는 독자적인 파형의 전류를 음식에 흘려보내 식품의 짠맛이나 감칠맛을 증강시키는 원리를 접목한 디바이스다. 초기에는 젓가락형 등의 형태도 고려되었지만, 최종적으로는 국그릇형과 스푼형 두 가지 형태가 개발되어 2023년 말 출시를 앞두고 있다. 국그릇형의 경우 그릇의 측면에 있는 스위치로 전원을 켜고 총 4단계(0.1~0.7밀리암페어, mA)로 설정된 강도를 선택한 뒤, 식기 바닥에 손을 댄 상태로 음식을 먹으면 된다. 국물을 마시면 그릇 내부에 미세한 전류가 흐르고 짠맛이나 감칠맛을 느끼게 하는 효과가 발생한다. 스푼형의 경우에는 손잡이에 있는 전원을 켜고 강도를 선택한 뒤 국이나 음식을 떠먹으면 된다.

일렉솔트는 인체에는 영향을 주지 않는 매우 미약한 전류를 이용해 실제로는 저염식임에도 불구하고 우리 뇌가 느끼는 맛을 변화시킬 수 있다. 음식을 먹을 때 짠맛의 원인이 되는 나트륨이온(Na^+)이 분산되어 입안에 퍼지는 원리다. 일렉솔트는 나트륨이온의 움직임을 미약한 전류로 제어하여 한번 혀에서 떼어내 디바이스로 끌려오게끔 한 뒤에 전류를 전환해 혀에 나트륨이온을 다시 닿게 함으로써 짠맛을 증강하는 원리다. 2022년 기린홀딩스가 저염식단을 경험한 적이 있거나 현재 하고 있는 40~65세 남녀 31명을 대상으로 실시한 실험 결과, 31명 중 29명이 일렉솔트 기술을 탑재한 젓가락을 활용해 저염식을 섭취했을 때 약 1.5배 정도 더 짜게 느꼈다고 답했다. 이는 일반식의 소금 함량을 약 30퍼센트까지 낮추더라도 비슷한 맛을 느낄 수 있게 된다는 의미다. 심지어 일렉솔트를 사용했을 때 짠맛뿐 아니라 감칠맛과 산미가 증가했다고 느끼는 실험자도 있었다.

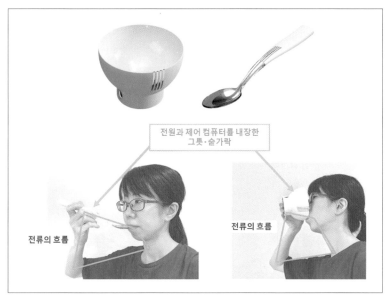

전원과 제어 컴퓨터를 내장한
그릇·숟가락

전류의 흐름

전류의 흐름

일렉솔트 스푼과 그릇 사용법　　　　　　　　　　　　출처 | 기린홀딩스

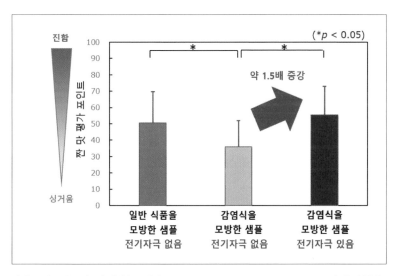

짠맛 1.5배 증가를 입증한 일렉솔트 실험　　　　　　　　출처 | 기린홀딩스

일렉솔트를 개발한 기린홀딩스와 메이지대학교 첨단미디어사이언스학과의 미야시타 호메이 연구실은 2022년 11월 마쿠하리 멧세에서 개최된 인터비 이그니션 × 디지털 콘텐츠 엑스포INTER BEE IGNITION ×DCEXPO에서 '이노베이티브 테크놀로지Innovative Technologies 2022'를 수상하기도 했다. 이 상은 산업 발전에 큰 공헌이 기대되는 첨단 기술이나 콘텐츠를 선발하는 프로젝트로 2012년 일본 경제산업성의 사업으로 시작해 2018년부터는 일반재단법인 디지털콘텐츠협회에서 진행하고 있다.

◆

점차 확대되는 로우스펙 식품시장

'유병 장수'의 시대, 건강에 대한 관심이 높아지면서 일본의 저염·무염식품 시장은 계속 확대되고 있다. 2022년에 시장조사 기관인 글로벌인포메이션에서 발간한 「저염식품 세계 시장」 보고서에 따르면 2022년부터 2028년까지 전 세계 저염식품 시장 규모는 연평균 6.5퍼센트 성장할 것으로 예측되고 있다. 고혈압이나 신장 질환, 심혈관 질환 등 만성질환의 유병률이 증가하며 저염식품에 대한 관심이 높아지고 있다. 저염식에 대한 대중의 인식을 높이기 위한 정부와 민간 기업의 노력 또한 시장 성장을 견인할 것으로 분석된다. 많은 나라에서 염분 섭취량을 줄이기 위해 가공식품에 대해 법적 구속력이 있는 저염 목표를 설정했다. 세계보건기구는 2025년까지 세계 염분·나트륨 섭취량을 30퍼센트 줄인다는 목표를 달성하기 위해 가이드라인을 제시했고, 일본도 이러한 정책을 적극적으로 홍보하고 있다.

특히 해당 보고서에 따르면 코로나19로 인해 건강한 식습관에 대한 소비자 인식이 높아지며 저염식품 산업에도 전반적으로 긍정적인 영향을 미쳤다. 기린홀딩스가 2021년 일본의 수도권 거주자를 대상으로 실시한 설문조사에 따르면, 저염식단을 진행 중인 사람 중 약 80%가 맛에 대한 불만을 가지고 있었다. 따라서 저염식 시장의 발전 가능성은 여전히 크다고 볼 수 있으며, 일렉솔트의 개발자 사토우도 KOTRA 후쿠오카무역관과의 인터뷰를 통해 현재의 국그릇형과 스푼형 외에도 젓가락이나 덮밥 그릇 등 다양한 형태의 다른 식기를 개발해나가고 싶다는 의향을 밝혔다.

한국에서는 저염식품을 포함한 로우스펙Low Spec 식품이 큰 인기를 구가하고 있다. 로우스펙 식품은 나트륨이나 당, 칼로리 등의 함량을 낮춰 소비자들이 더욱 건강하게 먹을 수 있는 식품을 의미한다. 몇 년 전 한국의 한 연예인이 저염식 다이어트로 체중을 크게 감량해 이목을 끌었다. 그는 한식을 끊는 대신 어린이용 소금이나 된장, 간장으로 간을 해 최대한 덜 짜게 먹는 방법을 택했다고 한다.

저염 다이어트가 유행하는 동안 다양한 식품 브랜드에서 기존 제품에 비해 염도를 낮춘 저염 제품을 속속 출시했다. 2021년 G마켓은 저염과 저당 식품을 합친 판매량이 전년도 동기 대비 최대 5배 이상 늘었고, 저염 간편식과 스낵의 판매량은 각각 전년도 동기 대비 380퍼센트, 358퍼센트 증가했다고 밝혔다. 한편 최근 들어 한국에서 크게 성장한 로우스펙 식품 부문은 제로 음료다. 글로벌 시장조사기관인 유로모니터에 따르면 2016년 903억 원 수준이던 한국 제로 음료 시장 규모가 2021년 2,189억 원으로 5년 만에 2.4배 이상 커졌다. 2022년 이마트에서 일반 콜라와 사이다 매출은 전년 대비 9퍼센트 감소했으나 제로 콜라와 제로 사이다의 매출은 209퍼센트나 성장했다. 제로 음료의 수요 증가 추세에 맞춰 코카콜라는 기존의 제로 슈거 제품인 제로 콜라에 이어 제로 칼로리, 제로 카페인 제품인 '코카콜라 제로제로'를 새롭게 출시하기도 했다.

앞으로 한·일 양국 국민들의 건강식에 대한 관심은 더욱 확대될 전망이다. 따라서 기린홀딩스의 일렉솔트가 출시되어 한국에도 판매된다면 저염식에 관심 있는 사람들의 큰 관심을 끌 것으로 보인다. 그러나 국그릇형은 그릇을 들고 국물을 마시는 일본의 식습관에 맞추어 개발된 제품이기 때문에 한국에 출시될 때는 전류가 흐르는 부분을 국그릇 바닥이 아니라 옆 부분에 위치시키는 등 현지화가 뒤따르지 않으면 한국 소비자들이 사용하기에 다소 불편함이 있을지도 모르겠다. 현지의 문화 차이를 감안해 제품을 개발하고 출시한다면 상당한 관심을 끌 수 있을 것이다.

일본 식품산업계에 진출을 꿈꾸는 한국 기업이 있다면, 양국의 소비자가 주목하고 있는 저염 트렌드에 맞춰 더 건강하면서도 맛있는

식품을 개발하고, 이러한 부분을 집중적으로 마케팅에 활용하는 것도
좋은 판매전략이 될 것이다.

김성영(후쿠오카무역관)

● 특별 인터뷰 - 기린홀딩스 일렉솔트 개발진 ●

KOTRA 후쿠오카무역관은 2023년 6월 14일 도쿄 기린홀딩스 본사와 2023년 연말 출시를 목표로 하고 있는 일렉솔트에 대해 온라인 인터뷰를 진행했다. 후쿠오카무역관에서는 김성영 과장, 글로벌 스태프 신노우 아야네가 참석했고, 기린홀딩스에서는 사토우, 비젠, 코바야시 등 3인이 참석했다. 모든 답변은 일렉솔트의 개발자인 사토우가 진행했다.

Q 처음 일렉솔트를 개발하게 된 계기는 무엇인가요? 구체적인 에피소드가 있으면 소개 부탁드립니다.

원래는 일렉솔트 때문이 아니라 다른 건으로 대학병원을 찾았습니다만, 현장에서 신장병 환자들과 담당 간호사의 목소리를 직접 들을 기회가 생겼어요. 치료 목적으로 저염식을 섭취해야 하는데 라멘이나 미소시루 등 짠 음식을 좋아했던 환자들은 매우 괴로워하고 있었습니다. 환자뿐만 아니라 치료를 진행해야 하는 의료진도 많은 어려움을 겪고 있다는 것을 알고 어떻게 하면 저염식에 대한 거부감을 낮출 수 있을지 고민을 하게 되었습니다. 그러던 중 메이지 대학에서 미야시타 교수라는 분이 '전기미각' 분야의 연구를 하고 있다는 것을 알게 되어 2019년부터 본격적으로 공동연구를 시작하게 되었습니다.

Q 기린홀딩스에서 일렉솔트를 활용한 실증 실험들을 진행했다고 들었
는데, 그 결과는 어땠나요? 실험 결과 새로 알게 된 정보가 있는지 궁
금합니다.

실증 실험을 위해 환자들은 실험기를 이용해 식사를 했습니다. 일반
식의 염분 농도는 0.8퍼센트 정도인데, 일렉솔트를 사용하면 수치상
으로 일반식에 들어가는 소금 함량을 30퍼센트까지 줄이더라도 일반
식의 맛을 낼 수 있는 것으로 나타났습니다. 다만 메뉴에 따라 일렉솔
트의 효과가 잘 느껴지는 메뉴와 그 효과가 조금 덜한 메뉴가 있고(기
린홀딩스의 보도자료에 따르면, 일렉솔트 스푼은 수프나 카레에 사용할 것을 추천하며,
국그릇형은 라멘 등 국물류 음식에 사용할 것을 추천하고 있다), 배터리 등으로 인
해 일반 식기류처럼 실생활에서 자유롭게 사용하기에는 불편한 점이
지적돼 현재도 계속 개선 중입니다.

Q 실증 실험 후 기억에 남는 피험자의 피드백이 있었나요?

일렉솔트의 효과는 개인별 민감도에 따라 다르게 나타날 수
있습니다. 피험자 중에는 짠맛뿐만 아니라 산미나 감칠맛이 증가했다
고 느끼는 경우도 있었고, 미소시루의 육수 맛이 더 강하게 느껴진다
는 답변도 있었습니다. 그중에는 일렉솔트 디바이스를 자신의 생활
속에 완전히 도입했다면서 심지어 디저트를 먹을 때도 이용했다는 피
험자도 있어 기억에 남습니다.

Q 현재 국그릇형과 숟가락형 두 가지를 출시 예정이라고 들었는데, 혹시 젓가락이나 포크 등 다른 형태의 기기도 추가 개발 예정인가요?

국그릇형과 숟가락형을 먼저 개발한 이유는 저염식 치료를 받는 환자들이 가장 먹고 싶어 하는 음식이 라멘이나 국으로 조사되었기 때문입니다. 일렉솔트 기술의 특징은 담겨있는 식품을 통해 전기를 흘려보내는 것이므로 라멘이나 국을 잘 담을 수 있는 형태를 먼저 개발했고, 앞으로 젓가락이나 덮밥 그릇 같은 다른 형태도 개발하고 싶습니다.

Q 현재 개발된 국그릇과 숟가락은 그릇을 들고 먹는 일본의 식습관에 맞추어 개발된 것으로 보입니다. 한국의 경우에는 그릇을 들고 식사하지 않기 때문에 국그릇의 바닥에 손을 대기가 어려운 구조가 될 것 같습니다만, 혹시 식습관이 다른 해외 시장에 진출하는 것도 염두에 두고 있나요?

일본 이외의 나라에서도 일렉솔트에 대한 관심이 뜨겁습니다. 저염식은 다른 나라에서도 사회적 과제가 되고 있기 때문에 앞으로의 상황에 따라 해외에서도 판매할 수 있으면 좋겠습니다.

Q 충전은 어떤 식으로 이루어지나요? 한 번 충전 시 얼마나 오래 사용 가능한지도 궁금합니다.

충전에 관해서는 현재 개발 중이라 단언할 수는 없습니다. 충전식으로 할지 건전지 방식으로 할지 사용 편의성을 고려하여 개발 중이며, 무엇보다 생활 속에서 위화감 없이 충전할 수 있도록 하려고 합니다.

셀프 세이프

건전지 방식이 채택되는 경우, 자주 교환하지 않아도 되도록 개발할
예정입니다.

Q 혹시 일렉솔트 국그릇과 숟가락을 함께 사용해서 먹으면 효과가 배가 되나요?

현재로서는 국그릇 또는 숟가락 중 어느 한쪽을 사용하는 것을 상정
하고 개발하고 있기 때문에 함께 사용한다고 해서 효과가 두 배가 되
지는 않습니다. 일렉솔트 디바이스는 특징적인 전류의 파형을 사용하
고 있어 동시에 사용하면 전류가 흐트러질 수 있습니다.

Q 전기를 사용하는 제품이다 보니 혹시 세척하거나 식사 도중에 전기가 통할 걱정은 없나요? 식기세척기 사용은 가능한지도 궁금합니다.

그릇은 바닥의 전류가 흐르는 부분과 그릇의 본체를 분리할 수 있고,
숟가락도 손잡이와 입에 닿는 곳을 분리할 수 있게 되어 있습니다. 따
라서 전류가 흐르는 부분을 분리한 뒤 식사에 사용되는 부분의 경우
식기세척기 등으로 자유롭게 세척할 수 있습니다. 테스트 결과 오작
동은 일어나지 않았고, 제품의 안정성을 확인할 수 있었습니다.

변화하는 여행

있는 그대로 자연을 즐기다

새로운 세대는 어떤 여행을 꿈꾸는가? 핵심은 '그대로'이다. 사람들은 도시와 기술에서 떨어져 온전한 자연을 '그대로' 즐기고 싶어 하고, 여행지를 더럽히지 않고 최대한 '그대로' 보존하고 싶어 한다. 환경을 중시하는 소비 트렌드가 만들어낸 경향이다. 엔데믹으로 다시금 떠오르고 있는 여행 산업이 팬데믹 경험 이전과 어떻게 달라졌는지, 더불어 새로운 기술은 투숙객의 사생활 보호 문제나 호스트의 숙소 관리 문제, 장애인들의 원활한 여행이라는 여행 산업의 오래된 고민을 어떻게 해결하고 있는지 살펴보자.

| 변화하는 여행 |

여행의 시간이 돌아왔다, 숙박시설의 과감한 혁신

시드니

요즘 유튜브 조회수가 많이 떨어졌다고 한다. 길고도 길었던 코로나19 팬데믹의 혼돈이 잦아들자 사람들이 밖으로 눈길을 돌린 탓이다. 국경 봉쇄와 감염 공포 때문에 엄두도 내지 못했던 여행 수요가 급격하게 늘었다. 오죽하면 오버투어리즘(Over Tourism, 과잉 관광)이라는 말이 나올 만큼 보복 여행에 나선 이들이 많아지는 바람에 전 세계 관광지는 여행객들로 북적인다.

최근 빠르게 상승하고 있는 항공료에도 불구하고 일부 인기 여행지는 휴가철 예매가 어려울 정도로 수요가 높다는 뉴스를 어렵지 않게 볼 수 있다. 호주 역시 마찬가지다. 호주는 코로나19 기간에 100일

이상의 강력한 록다운을 시행했던 국가 중 하나다. 코로나19가 최고조에 달하던 기간에는 주 사이 이동은 물론이고 개인이 주거하는 동네를 중심으로 제한된 거리 이상 움직일 수조차 없었다. 차로 20~30여 분 거리의 동네 간을 이동하는 것조차 금지였다.

봉쇄가 해제되자, 사람들은 그동안 갇혀 있던 일상에서의 해방을 꿈꾸며 밖으로 나섰다. 여행과 관련한 모든 분야가 생기를 되찾았다. 관광지도 숙박업소도 밀려드는 관광객들로 환희의 비명을 질렀다. 그런데 예전과는 조금 달라진 부분이 있다. 이전에 볼 수 없었던 새로운 형태의 솔루션이 등장한 것이다. 바야흐로 여행의 시간이 돌아왔고, 숙박사업은 새로운 기회를 맞이했다.

◆

회복한 여행 시장, 불만족스러운 숙박시설

록다운이 해제되며 호주의 유동 인구는 다시 회복세를 되찾았다. 2022년 12월 호주무역투자진흥공사AUSTRADE, Australian Trade and Investment Commission 에서 발간한 「2022-2027년 호주 관광 전망 보고서Tourism Forecasts for Australia 2022 to 2027」에 따르면, 호주 내 여행은 2022년 9월 기준 1~3분기 동안 약 1억 4,400만 건이 이루어졌으며, 이는 2019년 대비 77퍼센트까지 회복한 수치다.

국내 여행 중에서도 당일치기가 아닌 숙박 여행을 한 경우는 약

8,060만 건으로 2019년 대비 92퍼센트까지 회복했으며, 지출액은 2019년의 동일 기간 대비 22퍼센트 증가한 735억 호주달러(63조 2,100억 원)가량으로 파악된다. 한편 2022년 한 해 동안의 호주 숙박 여행 지출 규모는 999억 호주달러(85조 9,140억 원)에 달할 것으로 예측되며, 2023년에는 숙박 여행객 수가 역대 최고치였던 2019년의 1억 1,330만 명을 넘어설 것으로 기대된다. 호주 관광청은 전반적인 여행 비용 상승과 함께 평균 여행 기간이 길어지고 휴가철에 국내 여행을 떠나는 인구가 늘어난 것이 숙박 여행 부문의 지출이 늘어난 주요한 원인이라 분석했다.

여행 시장의 호황과 함께 숙박시설 역시 다양한 형태로 진화했다. 호텔, 모텔, 호스텔과 같은 전통적 숙박시설 외에 다른 사람의 주거지에서 숙박을 하는 공유 숙박시설에 대한 수요가 특히 빠르게 늘었다. 공유 숙박시설의 장점은 비교적 저렴한 비용에 조리 시설과 거실 등 편의시설을 갖추고 있는 집 전체를 빌릴 수 있다는 것이다. 장기 여행객이나 대가족, 아이를 동반한 가족이나 여러 인원이 함께 여행하는 경우에 특히 인기가 높다.

공유 숙박시설은 중간에 예약 플랫폼을 두고 있기는 하지만 기본적으로는 개인 간 거래가 바탕이기 때문에 예상치 못한 문제들이 발생하고는 한다. 최근 한국에서도 호스트가 외국에서 온 게스트에 집을 빌려주었다가 물과 난방을 종일 틀어두는 바람에 수도 요금과 전기 요금 폭탄을 맞은 일이 발생했다. 그런데 게스트가 자국으로 돌아가 버리는 바람에 아무런 보상을 받지 못했다. 한편 게스트는 아무런 문제 없이 숙소를 사용했는데도 호스트가 손상된 가전이나 가구에 대한 보상을 요구한 일도 있다. 심지어 게스트 몰래 집안에 카메라를 설치해 사생활을 침해한 경우도 있다. 이 외에도 렌트한 장소를 범죄의 용도로 사용하거나 파티를 개최해 이웃들에 불편을 주는 등의 이슈도 종종 발생하고 있다. 이렇게 갖가지 불상사가 일어나자 최근에는 관련법이 제정되었다고 한다. 그러나 실제로 크고 작은 문제가 발생했을 때 호스트와 게스트를 모두 만족시킬 만한 뾰족한 해결책은 마련되기 힘든 것이 현실이다.

◆

호스트와 게스트 모두에게 가치를 제공하는 캡슐

애달버트 후터Adalbert Hutter와 맥스 테사노비치Max Tesanovic가 공동 창업한 신생 스타트업 캡슐Cappsule은 단기 임대 시장에서 발생할 수 있는 문제의 해결을 위한 인공지능 기반 솔루션 기기 개발 업체다. 후터는 자신이 소유한 임대 부동산에 게스트들이 묵으며 발생한 소음으로 인한 민원, 물건 파손 등 다양한 문제를 경험했다. 그리고 이를 해결하기 위한 방책의 필요성을 절실히 느꼈다. 그는 자기의 전공 분야인 테크놀로지, 인공지능, 기계학습, 전자공학의 전문성을 바탕으로 에어비앤비Airbnb, 벌보VRBO와 같은 단기 숙박 플랫폼에서 임대되는 숙소와 그 안의 개인 자산, 그리고 숙소 주변을 모니터링하는 프라이버시 중심 솔루션 '캡슐'을 개발했다.

캡슐의 주요 기술은 고도의 지능형 센서다. 이것을 활용해 게스트의 프라이버시를 침해하지 않으면서 파티와 같은 소음이나 초과 숙박 같은 잠재적 문제를 감지하고 호스트에게 알린다. 또한 플랫폼을 통해 호스트와 게스트가 바로 소통할 수 있는 메신저 기능도 갖추고 있어 문제 발생 시 빠르게 시정을 요구할 수 있다. 회사 대표이자 개발자인 후터는 "캡슐은 게스트의 프라이버시를 침해하지 않으면서도 공유 숙박시설에서 발생하는 다양한 문제를 해결하기 위해 만들어졌다"라고 말했다.

그렇다면 정확히 어떤 문제들을 감지할 수 있을까? 캡슐은 현재 캡슐 에이치큐Cappsule HQ 기기, 캡슐 스테이Cappsule Stay 태그, 캡슐 고Cappsule Go 태그 세 가지 제품으로 구분되어 소개되고 있다. 캡슐 에이치큐는 임대 공간 내에서 전자담배를 포함한 흡연을 감지할 수 있으며, 파티나 대규모 모임에서 발생하는 소음 레벨, 집안 내 온도 및 습도, 유리잔과 식기 등의 파손, 비어 있는 숙소 내 움직임 등을 감지한다.

캡슐 스테이는 TV나 값비싼 가구, 액자, 미술품 등 실내 물품에 부착하는 기기다. 태그가 부착된 물건이 제자리에서 떨어지거나 위치가 바뀌게 될 경우, 또는 숙소 밖으로 이동하게 되면 이를 즉시 호스트에 알려준다. 캡슐 고 태그는 스테이 태그와 달리 숙소 바깥이나 근방에서 사용하는 물품 또는 휴대용품에 부착하는 추적기기다. 게스트가

Cappsule HQ
Our main hub, packed with sensors and features to monitor the ambient space.

Cappsule Stay
For monitoring fixed, valuable items.

Cappsule Go
For monitoring all of your portable items.

기능에 따라 세 가지로 구분되는 캡슐

출처 | 캡슐

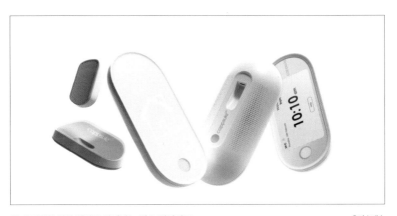

임대 공간의 이상 현상을 감지하는 캡슐 에이치큐

출처 | 캡슐

숙소를 사용하는 동안 이용할 수 있는 자전거나 서핑보드, 스쿠터 등 다양한 야외용품 또는 열쇠 등에 부착해 사용하기에 적합하다. 이 기기는 우리가 흔히 아는 구글 홈Google Home과 연동해 사용할 수 있고, 부동산 관리 플랫폼 게스티Guesty, 부동산 렌탈 소프트웨어 부킹싱크 Booking Sync, 업무 자동화 시스템 자피어Zapier 등 다양한 소프트웨어와도 연동할 수 있다.

캡슐 솔루션은 호스트뿐 아니라 게스트에게도 긍정적인 가치를 제공한다. 프라이버시 보호에 중점을 둔 캡슐의 기술을 통해 게스트는 감시를 당하거나 불편함을 느끼지 않고 안심하며 지낼 수 있다. 또 소음 수준과 물품 이동 감지 경고 등에 대한 알림을 호스트보다 먼저 받기 때문에 불편한 대화가 오가기 전 이를 먼저 해결할 수 있다. 개발자 후터는 "서비스 개발 중 가장 중점을 두었던 부분은 게스트와 호스트 모두에게 가치를 제공하는 것이었다"라고 언급했다. 캡슐의 프로세스는 직접 비용을 지불하고 이를 사용하는 호스트뿐 아니라 게스트까지 섬세히 고려했다는 점에서 더욱 주목받고 있다.

캡슐은 제품 디자인에도 신경을 기울였다. 시드니가 위치한 뉴사우스웨일즈주New South Wales 대중교통 결제 수단인 오팔 카드Opal Card 리더기를 제작한 호주 디자인 에이전시 포디자인4Design과 협력하여 제품을 제작하고 출시했다. 포디자인은 다양한 수상 경력을 보유하고 있을 뿐 아니라 굵직한 글로벌 기업들과의 협업 경험을 갖춘 50년 역사의 베테랑 디자인 에이전시다. 그래서인지 캡슐은 성능 면에서는 사용자가 필요한 모든 기능을 갖추고 있으면서도 디자인과 사용 방법 면에서는 단순하고 직관적이다. 후터는 "설정이 쉽고, 다양한 공간에 맞게 기능을 조정할 수 있으며, 숙소 내에서 발생하는 문제를 모두 감지하고, 자동으로 알림을 생성하는 기능을 갖춘 사용자 친화적 제품을 개발하길 원했다"고 말하며 모든 사람이 손쉽게 사용할 수 있도록 제작하는 데 중점을 두었다고 강조했다.

캡슐은 호주 브리즈번에 본사를 둔 벤처캐피털 호주실리콘밸리 ASV, Australian Silicon Valley 로부터 1,200만 호주달러(103억 2,000만 원)의 벤처캐피털 투자를 유치하였으며, 이미 여러 호스트들과 부동산 관리 그

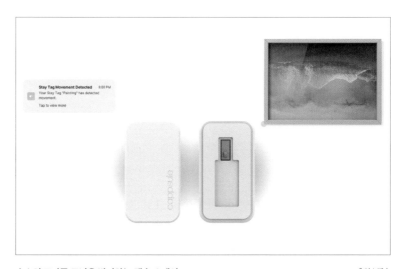

숙소의 고가품 도난을 방지하는 캡슐 스테이　　　　　　　　출처 | 캡슐

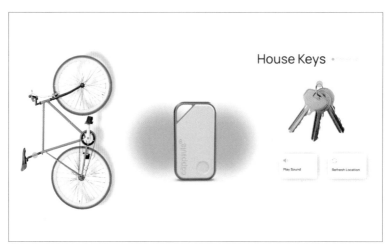

자전거나 야외용품, 열쇠 등에 부착하는 캡슐 고　　　　　　출처 | 캡슐

룹을 대상으로 베타 테스트를 시작해 긍정적 평가를 얻은 것으로 나타났다.

　캡슐의 공동 창업자 테사노비치는 "베타 체험을 통해 얻은 긍정적인 반응을 매우 기쁘게 생각하며, 캡슐을 시장에 출시하게 되어 기대가 매우 크다"라며 "개인정보보호에 중점을 둔 캡슐 솔루션이 단기 렌탈 업계의 판도를 바꿀 수 있을 것이라 믿는다"고 말했다. 현재 캡슐은 공식 출시 전으로 2023년 중 판매를 목표로 소비자 대상 제품 관심도 조사를 진행 중이다.

다시 성장하는 여행 시장과 숙소 렌탈 서비스

2022년 많은 국가들이 코로나19 예방 접종자에 한해 입국을 허가하는 여행 제한 및 검역 요건을 폐지함에 따라 국가 간 이동 수요는 빠르게 증가했다. 국제공항협의회 Airports Council International는 「분기별 공항 교통 전망」에서 아래와 같이 밝혔다. 2022년 전 세계 승객 수송량은 2019년의 72퍼센트 수준인 65억 명가량이었으며, 2023년에는 92퍼센트까지 회복해 약 84억 명에 이를 것으로 예상된다. 시장 부문별로는 2022년 국제선 여객 수가 2019년의 60퍼센트 수준으로 집계되었고 국내선 여객 수는 79퍼센트에 달했다. 이러한 트렌드가 이어지며 2024년에는 국내 여행이 주축이 되어 2019년 수준으로 회복될 것이라고 예상했다.

국제공항협의회 사무총장 루이스 펠리페 데 올리베이라Luis Felipe de Oliveira는 2022년 국제여행 제한 조치 해제에 따른 여행 증가가 2023년에도 계속될 것으로 예측했다. 30개국 4,125명의 응답자를 대상으로 실시한 글로벌 여행자 설문조사에 따르면, 응답자의 86퍼센트가 2023년에 항공 여행을 계획하고 있으며 이는 팬데믹이 시작된 이래 가장 높은 수치라고 밝혔다. 최근 주요 경제국의 GDP 성장률 둔화 및 연료 가격 상승으로 인한 항공료 인상이 여행 수요에 부정적 영향을 줄 수도 있으나 견고한 노동 시장이자 미국에 이어 두 번째로 큰 항공

시장인 중국의 경제 재개는 전 세계 여객 수송 시장에 호재로 작용할 것으로 기대된다고 덧붙였다.

전 세계 여행 시장의 회복과 성장은 다양한 국제기관들의 전망 자료를 통해 예견되고 있다. 세계 여행 시장의 활성화는 요식업, 숙박업, 엔터테인먼트 등 다양한 연계산업 성장의 발판이 되고 있으며, 특히 국내외 여행을 막론하고 숙박 여행 수요가 증가함에 따라 관련 산업도 활기를 띤다. 숙박업 안에서 발생하는 크고 작은 분쟁 해결에 대한 니즈는 확실하다. 그 필요성을 빠르게 간파하고 이해관계자 양측을 만족시키는 기능을 탑재한 캡슐은 향후 글로벌 시장에서 다양한 활용이 가능할 것으로 기대된다.

최근 한국에도 다시 다양한 국적의 관광객들이 유입되고 있으며 공유숙박 서비스도 일반화되었다. 한 달 살기 트렌드가 지속되며 다른 지역, 다른 국가에 머무르면서 그곳의 문화와 생활을 깊게 체험하는 사례도 늘고 있다. 캡슐 서비스가 제공하려는 경험은 이러한 중장기 여행의 유행과 잘 맞아떨어진다. 국내에서도 우리 정서에 적합한 서비스가 개발되고 상용화된다면 호스트와 게스트 모두가 윈윈 win-win할 수 있는 참신한 비즈니스가 될 것이다.

전희정(시드니무역관)

변화하는 여행

전기 나와라 뚝딱!
재생에너지와 직물이 만나다

시카고

영화 〈듄〉의 배경은 10191년 미래다. 우주에서 가장 값비싼 물질인 '스파이스'를 차지하기 위한 전투가 사막 행성 아라키스에서 펼쳐진다. 물 한 방울 없는 이 행성에서는 인간의 침과 땀이 가장 고귀한 물이며, 식수다. 땀, 눈물, 침, 호흡 등 공간 내에서 배출되는 모든 수분을 응결해 텐트가 자동으로 식수를 만든다. 과연 우리는 이런 텐트를 만나기까지 얼마나 긴 시간을 기다려야 할까? 확실한 건 8,000년은 아니라는 것이다.

식수뿐만 아니라 전기도 이렇게 자연 친화적으로 만들어진다면 어떨까. 화석연료로 인한 오염과 기후 위기, 에너지원 고갈이라는 문제를 해결하기 위해선 새로운 형태의 에너지가 필요하다. 보다 긍정적인 미래를 위해서는 자연과 공존하며 에너지를 얻을 수 있는 방안을 찾아야 하는 것이다.

이미 수년 전부터 세계는 탄소 감축 및 에너지 보급 안정화라는 공통의 과제를 두고 청정에너지로부터 전력과 물을 생산하기 위한 기술 개발이 한창이다. 태양광은 가장 수급하기 좋은 에너지원 중 하나다. 이에 다양한 산업에서 태양광을 활용한 제품을 개발 및 보급하고 있어 재생에너지로의 전환을 촉진하고 있다. 이러한 흐름은 비단 제조업뿐만 아니라 여행과 같은 서비스 산업에도 막대한 영향을 끼친다.

◆

지속 가능한 여행의 시대에 필요한 직물 '솔라 패브릭'

최근 여행 산업에서도 지속 가능성sustainability이 새로운 트렌드로 떠오르고 있다. 2023년 1월 세계여행관광협회WTTC, World Travel and Tourism Council가 발표한 「2022년 이후의 소비자 여행 트렌드 변화A World in Motion: Shifting Consumer Travel Trends in 2022 and Beyond」 보고서에 따르면, 전 세계 온실가스 배출량에서 여행 및 관광산업이 차지하는 비중은 2019년 기준 8.1퍼센트다. 그리고 온실가스 배출량 감소를 위한 노력은 꾸준히 강화되고 있다. 2022년 10월, 국제민간항공기구ICAO, International Civil Aviation Organization 회원사들은 2050년까지 항공 부문에서 탄소 중립을 달성하기로 협의하고, 여행을 더욱 친환경적으로 만들겠다는 강력한 의지를 내보였다. 업계뿐 아니라 또한 여행객들 사이에서도 '지속 가능한 여행'이 대세다. 위의 보고서에 포함된 내용이 잘 보여준다. 컨설팅업체 딜로이트Deloitte가 실시한 조사에 따르면, 전체 여행자의 75퍼센트가 보다 지속 가능한 여행을 고려한다고 답했다. 이처럼 많은 소비자가 자연 친화적인 제품을 갈망하고, 기업과 정부도 막대한 자금을 투자해 지속 가능한 서비스를 개발하기 위해 노력하고 있다.

점점 더 많은 소비자가 지속 가능성을 지향하는 한편, 전기에 대한 수요도 못지않게 증가하고 있다. 2023년 4월 조사 전문기관인 스태티스타가 발표한 통계 자료에 따르면, 세계 전체 인구의 전기에 대한 접근율은 1990년 71퍼센트에서 2016년 87퍼센트로 증가했음에도 불구하고, 2021년 기준 여전히 약 8억 명의 인구가 전기로부터 소외되고 있다. 소외된 인구만큼 전기를 필요로 하는 수요가 남아 있다는 것이다. 앞으로 증가할 에너지 수요를 안정적으로 공급하고 효율적으로 전기를 사용하기 위해선 더욱 창의적인 솔루션이 필요한 실정이다.

만약 인간의 삶에 필수인 세 가지 요소 중 하나인 의(衣)와 태양광을 접목한다면 어떨까? 상업용 텐트를 생산하던 피빌리온Pvilion의 '솔라 패브릭Solar Fabric'은 이 질문과 함께 시작되었다. 천은 우리 삶에서 일상적으로 접할 수 있는 소재다. 가볍고 얇아 이동성이 좋다는 장점이 있다. 피빌리온은 실리콘 태양 전지를 직물에 래미네이트하거나 통합하는 기술을 통해 태양광 직물을 개발하는 데 성공했다. 그 창의력과 혁신적인 디자인을 인정받아 다수의 상을 받으며 태양열 섬유 산업을 주도하고 있다. 2023년 태양광 직물 키트로 '국제 그린 굿 디자인 어워드Green Good Design Award' 수상자로 선정되었으며, 2022년에는 미국섬유협회ATA, Advanced Textiles Association로부터 두 차례나 '국제 공로상IAA, International Achievement Awards'을 수상하는 성과를 거뒀다.

◆

태양이 닿는 곳이라면 어디든 최고의 쉼터

피빌리온은 가장 먼저 미국 육군을 위한 '태양광 이동 대피 텐트' 개발 프로젝트를 추진했다. 지난 1,000여 년 동안 군사 시스템의 모든 기술이 발전을 거듭했음에도 불구하고 이동 대피소는 근본적인 변화가 없었다. 여전히 육군 원정대는 텐트와 차양 시설인 캐노피에 의존해 비바람을 막는 데에만 급급했다.

또 함께 운반해야 하는 연료와 물은 언제나 짐이었다. 연료는 군대 내에서 가장 중요한 보급품 중 하나다. 난방이나 이동통신 전원 공급 등을 위해 필수적이기 때문이다. 육군은 이런 애로사항에 대한 해결책을 재생에너지에서 찾았다. 그중에서도 보급 여건이 가장 좋은 에너지원으로 주목받는 태양광 발전을 중심에 두었다. 분쟁 지역에서의 연료 운반은 어렵고 위험하지만, 태양은 어디서나 빛나기 때문이

피빌리온이 개발한 솔라 패브릭

출처 | 피빌리온

다. 미 육군은 개발에 개발을 거듭했다. 그러던 2022년 3월 31일, 미국 알래스카 엘멘도르프-리처드슨 합동기지 Joint Base Elmendorf-Richardson 비행라인에는 피빌리온의 자체 전개형 태양광 텐트 HEXT, Hands-Off Expeditionary Tent 가 배치되었다. 버튼 하나만 누르면 3분 만에 창문과 문이 있는 가로 20피트, 세로 11피트 높이의 텐트가 스스로 설치되고 분리된다. 또한 직물 기반 태양 전지판인 태양열 통합 구조물 SPIS, Solar Powered Integrated Structure 을 텐트와 함께 사용할 수 있다. 이것을 차량 위, 바닥, 다른 구조물 등에 설치함으로써 배터리 팩에 전력을 저장할 수 있다. 이 태양열 통합 구조물 키트는 통상적으로 냉장고, 난방과 환기와 공기조절 HVAC, heating, ventilating, and air conditioning, 가전제품, 컴퓨터 등 집 전체를 가동하는 데 필요한 1만 2,000와트의 전력까지 공급할 수 있다.

육군뿐만 아니라 공원, 야외 행사장, 레스토랑 테라스 등 다양한 장소에서 태양광 텐트가 사용되고 있다. 2022년 유명 록 밴드 콜드플레이 Coldplay 의 월드투어 콘서트장에는 피빌리온의 태양광 직물 패널 70개와 배터리 키트가 설치돼 공연장에 전력을 공급했다. 가로 10피트, 세로 3.5피트 크기의 유연하고 가벼운 이 태양광 직물 패널은 월드투어 내내 햇빛이 닿는 표면에 빠르게 설치 또는 부착되어 공연이 끝나는 시간까지 온전히 작동할 수 있었다. 대부분의 야외 콘서트장에서 활용되는 디젤 발전기는 유해한 연기를 배출하며 소음도 커서 환경에 좋지 않고 스탭들의 건강에도 해로우며 안전하지 않았다. 콜

미국 알래스카 엘멘도르프-리처드슨 합동기지에 설치된 HEXT 시스템 출처 | 피빌리온

태양광으로 전력을 생산하는 출처 | 피빌리온
솔라 캐노피

드플레이는 지속 가능성과 저탄소에 중점을 두고 2022년 투어를 진행하며 친환경 산업 성장에 앞장섰다.

◆

힙하고 스타일리시한 태양광 소비재

많은 섬유 제조업체들이 태양의 힘을 최적화해 전력으로 변환하는 태양광 발전 직물을 개발 중이다. 유연성, 강도, 대량 생산 용이성, 비용 효율성이 뛰어난 직물들이 개발되면서 태양광을 활용한 소비재가 대중화되는 추세다. 태양광 직물을 사용한 옷, 가방, 커튼, 캐노피, 돛, 텐트 등이 대거 등장하였고, 사용되는 태양광 패널의 소재와 디자인도 다양해지고 있다. 피빌리온은 의류업체인 타미힐피거Tommy Hilfiger와의 컬래버레이션으로 태양광 재킷을 출시했으며, 텐트 제조업체인 데이비스텐트Davis Tent와의 협업을 통해 태양광 경량 텐트를 제작했다.

또 2022년 12월에는 MIT 블라드미르 블로빅Vladimir Bulović 연구팀이 사람의 머리카락보다 얇으면서도, 내구성과 유연성이 뛰어난 직물에 전원으로 붙일 수 있는 초경량 직물 태양 전지를 개발했다. 기존 태양 전지판의 100분의 1 무게로 킬로그램당 18배 더 많은 전력을 생산할 수 있다. 또한 반도체 잉크로 인쇄 공정을 통해 생산되기 때문에 대규모 제조에도 적용될 수 있어 관심이 집중되고 있다.

아울러 초록색, 빨간색, 보라색 등 다양한 색상의 태양광 패널도 개발되고 있다. 현재 일반적으로 유통되는 태양광 패널은 검은색 또는 진한 파란색인데, 전력 생산 효율성에 탁월하다는 특징이 있다. 초창기 실험에서는 색상을 추가할 시 효율성이 약 50퍼센트 감소해 상품화되지 못했었다. 그러나 최근에는 패널 효율성을 유지하는 기술이 개발되면서 다양한 색상의 패널이 등장할 전망이다.

피빌리온과 타미힐피거가 컬래버레이션한 태양광 재킷

출처 | 피빌리온

전기료 0원인 집을 얻게 된 캠핑족

스태티스타Statista에 따르면, 2023년 기준 미국 내 캠핑을 즐기는 가구는 약 5,744만 가구다. 2020년 코로나19로 인해 야외활동에 대한 수요가 급증한 뒤 꾸준한 성장세를 보인다. 한국에서도 캠핑 문화가 확산되는 추세다. 한국관광공사와 문화체육관광부가 2022년 발표한 「2021 한국 캠핑이용자 실태조사」에 따르면, 캠핑 인구는 지난 2019년 538만 명에서 꾸준히 증가해 2021년 700만 명을 돌파했다. 또한 2021년 기준 한국 캠핑산업 추정 규모는 6조 3,000억 원으로 전년 대비 8.2퍼센트 증가했다. 이러한 추세를 반영하듯 캠핑 관련 예능 프로그램이 속속 만들어지고 있다. 한 예로, TV 예능 프로그램 〈텐트 밖은 유럽〉은 이탈리아와 스페인에 이어 노르웨이 편까지 시리즈로 만들어져 방영되었다. 겨울왕국 노르웨이 편은 추운 나라에서의 겨울 캠핑을 그려내고 있는데 '태양광 텐트가 있었다면 어땠을까' 하는 생각을 들게 했다. 전기히터를 틀고, 전기 커피포트로 물을 끓이고, 히팅 매트에서 따뜻하게 잠을 잔다면? 그곳은 전기료 0원인 진짜 '집'이 되었을지도 모른다.

미국 태양광 산업은 정부의 적극적인 지원을 기반으로 제품 다양화에 성공하며 소비자 수요도 증가하고 있다. 과거엔 집 지붕과 건물 옥상에 설치되던 태양광 패널이 이제는 옷, 텐트, 커튼, 가방, 손목시

피빌리온과 데이비스텐트가 공동 제작한 태양광 텐트   출처 | 피빌리온

계 등 다양한 소재에 접목되며 소비자에게 친숙한 제품으로 스펙트럼을 넓혀 나가고 있다. 한국의 관련 기업들도 이러한 추세에 적극적으로 대응해야 한다. 우리 기업은 이미 OCI, 한화솔루션, 큐셀 등 태양광 패널 및 모듈 생산업체를 중심으로 글로벌 시장을 빠르게 선점한 만큼 시장의 트렌드를 반영한 소비재 제품 개발에도 집중해야 할 시기다. 장소의 제약에서 벗어나 어디서 캠핑하든 전기와 물을 쓸 수 있는 미래를 기대해 본다.

정지혜(시카고무역관)

◆

| 변화하는 여행 |

자연 속으로 떠나는
오프그리드 여행

◆

멜버른

호주의 한 스타트업에서 근무하는 로라는 자신의 스마트폰 사용 시간을 보고 깜짝 놀랐다. 자신도 모르는 사이에 거의 회사에서 일하는 시간만큼 스마트폰을 들여다봤던 것이다. 호주 최저 시급으로 계산하면 무려 연간 4만 2,255호주 달러(3,633만 9,300원)의 연봉을 받는 수준이었다. 일주일에 이틀은 재택근무를 하고 있어 안 그래도 집이 사무실처럼 느껴지는데 퇴근 후에도 무의식적으로 이메일을 확인하고 일을 하게 되는 것이었다.

세계 최초의 온라인 미디어 모니터링 기업 멜트워터Meltwater와 글로벌 소셜 미디어 마케팅 에이전시 위아소셜We Are Social에서 공동으로 조사한 「디지털 2023 글로벌 전망 보고서 Digital 2023 Global Overview Report」에 따르면, 전 세계 사람들의 인터넷 사용 시간은 하루 평균 6시간 37분이며 이는 1년 중 101일에 해당한다. 인터넷 사용 시간은 건강과 관련이 있다. 화면을 보고 있는 '스크린 타임'이 길수록 신체적 이상과 더불어 우울증, 불안, 불면증 등 정신적 질병의 위험이 증가한다는 사실이 많은 연구를 통해 알려졌다.

건강이 최우선인 로라에게 반가울 연구결과도 있다. 야외 활동을 하고 자연 속에서 시간을 보내면 수면의 질과 양이 개선되고 창의력이 향상되며 주요 스트레스 호르몬인 코르티솔 cortisol 이 감소한다는 사실도 연구를 통해 밝혀진 것이다. 당장 기술의 혜택을 버릴 수 없겠지만 로라는 일주일에 하루만이라도 스마트폰이나 모니터 화면 대신 자연을 보는 데 쓸 계획이다.

◆

디지털 디톡스를 통한 워라밸

일과 삶의 균형 work and life balance, 즉 '워라밸'이라는 말은 1970년대 후반 영국의 여성 노동자 운동에서 처음 등장했다. 산업화 시대의 유럽에서 여가 leisure 라는 단어가 유행하기 시작했고, 사람들은 일과 삶을 분리하기 위해 노력했다. 디지털 시대에 사는 현대인에게 출근은 모니터를 보는 것과 동시에 시작된다. 코로나19 대유행으로 호주 멜버른은 여섯 차례나 록다운을 시행했고, 누적 일수로 약 9개월(262일)에 달해 전 세계에서 가장 오랜 기간 봉쇄된 곳으로 기록됐다. 이로 인해 재택근무를 하는 기업이 많아지고 빠르게 디지털화가 이루어졌다. 스마트폰이나 태블릿 앱을 통한 이메일 확인, 온라인 메신저 대화, 줌 미팅 등이 일상이 되면서 일을 하는 사무실과 쉼터인 집의 경계가 모호해지기 시작했다.

2022년 싱크탱크 연구소 오스트레일리아 인스티튜트The Australia Institute에서 발표한 보고서에 따르면, 호주 근로자는 일주일에 평균 4.3시간 무급 초과근무를 하는 것으로 조사됐다. 이 중 18~35세가 5시간 이상, 40대는 3.8시간, 50대 이상은 3시간 이하로 MZ세대의 초과근무 시간이 가장 길었다. 초과근무 과다 발생은 근로자의 업무 피로도 증가와 삶의 질 하락으로 이어질 가능성이 크다. 또한 장기적으로는 성과 창출이나 생산성에도 부정적인 영향을 미치게 된다. 기업에도 좋지 않은 셈이다.

글로벌 파일 공유·클라우드 스토리지 솔루션 기업 드롭박스Dropbox 시드니 사무실에서는 직원들이 휴가를 갈 때 이메일 연결을 끊는 언플러그드 타임오프Unplugged Time-off 프로그램을 시행하고 있다. 직원 대부분이 습관적으로 이메일을 확인하고 있어 강제로 이메일을 확인하지 못하도록 만든 것이다. 해당 프로그램을 통해 직원들은 온전한 휴가를 즐길 수 있다. 더불어 일상적인 업무에서 벗어나 창의적인 프로젝트를 생각할 수 있는 시간이 생겼다.

디지털 디톡스digital detox에 대한 수요가 증가하면서 관광 업계에서도 이와 관련된 서비스를 속속 선보이고 있다. 디지털 디톡스란 디지털digital과 해독detox의 결합어로 각종 전자기기, 인터넷, 소셜 미디어 등에 대한 중독에서 벗어나 심신을 치유하는 것을 말한다. 글로벌 관광산업에서 웰빙, 행복, 건강을 추구하는 웰니스wellness 여행은 이미 세계적인 트렌드로 자리잡았다. 온라인 사용이 가장 활발한 MZ세대를 중심으로 디지털 디톡스를 통해 진정한 의미의 웰니스 여행을 떠나는 것이다.

◆

나를 찾지 마세요, 오프그리드 여행의 시작

시드니에 위치한 커먼웰스은행CBA, Commonwealth Bank에서 일하던 크리스와 싱가포르에 있는 교육회사 제너럴어셈블리General Assembly의 세일즈 매니저였던 쌍둥이 동생 카메론은 9시부터 5시까지 쳇바퀴처럼 반복되는 일상에 지쳐 직장을 그만두기로 했다. 퇴사 후 형제는 바쁜 도시 생활, 초과 업무에 따른 번아웃 등 본인이 직면한 문제를 해결하자는 아이디어에서 출발해 회사를 세우기로 한다.

그들을 위한 최고의 힐링은 도시를 떠나 자연으로 돌아가는 것이었다. 두 형제는 자신들과 같은 직장인들이 더 쉽고 편리하게 자연에서 휴식할 수 있도록 돕기 위해 언요크드Unyoked를 설립했다. 'yoke'는 멍에라는 뜻이다. 멍에는 동물을 수레에 연결하는 도구인데, 멍에를 푸는 것은 동물을 자유롭게 하는 일이라고 할 수 있다. 즉 언요크드는 멍에에서 벗어나 자유를 찾는다는 의미다.

2017년 3월, 언요크드는 시드니로부터 2시간 떨어진 캥거루 밸리 Kangaroo Valley에 첫 번째 오프그리드 캐빈 off-grid cabin을 설치하고 예약을 받기 시작했다. 반응은 폭발적이었다. 48시간 만에 몇 달 치 선예약이 끝나버렸다. 성공적인 신고식 이후 시드니와 멜버른 등 호주 전역에 캐빈을 오픈했다. 고객들은 속세를 떠나 와이파이, 전력망, 수도 연결이 되지 않은 오프그리드 캐빈에서 자급자족 여행을 즐길 수 있다. 캐

오프그리드 캐빈 앞에 있는 언요크드 창업자 크리스와 카메론 　　출처 | 언요크드

빈은 가로가 약 9미터, 세로가 3미터 크기이며 현지에서 조달한 친환경 자재로 맞춤 제작한다.

언요크드와 함께 떠나는 여정은 고객이 자연에 몰입해 편안한 경험을 할 수 있도록 의도적으로 설계됐다. 캐빈의 통유리창을 통해 아름다운 풍경을 감상할 수 있으며 내부에는 가스버너와 소형 냉장고가 있는 모던한 우드 디자인의 주방, 커피 빈과 그라인더, 책, 요가 매트, 게임용 카드 등 느긋하게 자연과 더불어 지낼 수 있는 환경이 마련되어 있다. 빈티지 카세트 플레이어로 음악 감상도 가능하다. 창문의 크기, 차를 주차하는 위치, 커피를 만드는 방법, 각 캐빈에 제공되는 카세트 테이프 선택까지 게스트가 최대한 자연과 교감할 수 있는 방향으로 사용자 경험을 디자인했다. 깔끔한 화장실과 샤워 시설, 프랑스산 이불과 함께 퀸사이즈 침대가 놓여 있어 고급 호텔 못지않은 공간에서 휴식을 즐길 수 있다. 참고로 호주의 여름은 산불 위험이 크기 때문에 캠프파이어 중 다른 곳으로 이동할 경우 반드시 불을 꺼야 한다.

2019년에는 할리우드 배우인 매튜 맥커너히 Matthew McConaughey 가 직접 디자인한 캐빈을 시드니에서 론칭했다. 캐빈 안에는 매튜가 가장 좋아하는 음악 테이프, 고전 서적, 술 등이 제공된다. 세계적인 주류 브랜드 와일드 터키 Wild Turkey 의 크리에이티브 디렉터인 매튜는 일부 수익금을 자신과 와일드 터키의 기부금과 함께 호주 국립공원 및 야생동물 보호재단 The Foundation for National Parks & Wildlife 에 전달했다.

언요크드의 캐빈은 자체 웹사이트를 통해서만 예약할 수 있다. 예

언요크드의 캐빈을 디자인한 매튜 맥커너히 출처 | 와일드 터키

매튜 맥커너히가 디자인한 캐빈의 내부 출처 | 와일드 터키

약 버튼을 클릭하면 우선 국가 선택 창이 나온다. 호주, 뉴질랜드, 영국 중 국가를 선택하면 다음엔 도시가 나오고 본격적으로 맞춤형 숙소를 찾기 위한 질문이 차례로 나온다. 자연 속에서 평온함calm, 명료함clarity, 창의성creativity 중 어떤 부분을 찾고 싶은지 선택한다. 다음으로는 하루만 숙박할 것인지, 반려동물과 함께할 것인지, 통신 신호가 잡히는 곳을 원하는지 아니면 디지털 기기와의 완벽한 분리를 위해 신호가 잡히지 않는 곳으로 가고 싶은지 등을 고를 수 있다. 마지막으로 체크인 날짜를 선택하면 숙박이 가능한 캐빈들이 나온다. 각 캐빈을 선택하면 도시로부터의 거리, 주차 장소로부터의 거리, 해당 토지에 살았던 원주민 정보, 모험 난이도, 반려동물 숙박 가능 여부, 통신 신호 레벨 등을 확인할 수 있다.

언요크드에는 해결해야 할 고민이 있거나 창의적인 아이디어가 필요한 고객들이 생각 주간Think Week을 보낼 수 있는 여행 패키지도 준비되어 있다. 4박 5일 예약 비용은 899 호주 달러(77만 3,100원)다. 마이크로소프트의 창업자 빌 게이츠는 일 년에 두 번씩 '생각 주간'을 만들어 숲속의 작은 집에 일주일 동안 머물며 생각하는 시간을 갖는 것으로 유명하다. 컴퓨터, 전화기, TV 등의 방해 없이 사람이나 디지털과 거리를 두고 새로운 아이디어를 구상하거나 회사 경영과 관련된 생각을 정리했다고 한다.

변화하는 여행

◆

내일을 위한 노력으로 발자국을 남기지 마세요

지속 가능성은 언요크드에서 가장 중요시하는 부분이다. 캐빈에는 바퀴가 달려 있어 흔적을 남기지 않고 어디로든 이동할 수 있다. 또 태양광 패널, 태양광 발전으로 전력을 얻고 빗물 탱크를 통해 물과 퇴비화 화장실을 이용할 수 있다. 이 중 퇴비화 화장실은 고객들이 흥미를 느끼는 점 중 하나다. 보통 화장실을 한 번 사용할 때마다 4~11리터의 물이 필요하다. 사람 한 명당 하루 평균 5차례 변기를 사용한다

캐빈의 화장실에 놓인 톱밥과 빗물 탱크로 물을 공급하는 샤워기   출처 | 언요크드

고 가정하면, 일주일이면 35회 정도다. 2인 가구의 경우 일주일에 280~770리터의 물을 소비하는 것이다. 반면에 오프그리드 캐빈 안 화장실에는 물이 없다. 변기를 사용하고 나서 악취를 제거하고 퇴비 화할 수 있는 톱밥을 뿌리면 된다. 위생적이고 냄새가 나지 않도록 제작되었으며, 물을 사용하지 않으니 누수와 막힘의 문제가 전혀 없다. 다만 환기팬이 작동하기 때문에 변기 뚜껑을 꼭 닫아야 한다.

크리스와 카메론은 언요크드를 기존의 호텔 체인이나 에어비앤비 숙소와는 다른 범주의 자연 기업nature company 으로 분류하며 새로운 여행 시장을 개척하고 있다. 언요크드와 다른 호텔의 가장 큰 차이는 숙소의 위치다. 도심과 멀리 떨어져 있어 타인과 마주칠 확률이 낮고 심지어는 남이 지은 건물도 찾아볼 수 없다. 안전하지만 때때로 뱀, 거미, 야생동물들이 나타날 수 있어 조심해야 한다.

캐빈을 설치할 최적의 장소들을 찾기 위해 언요크드 스카우트팀은 개인 토지 소유주 및 기관과 협업 중이다. 다음 요건을 충족할 경우 언요크드 호스트로 신청도 가능하다. 우선 도심에서 1~3시간 거리에 위치해야 하며 특별한 개성이 필요하다. 숙소에선 시야에 건축물이 없는 탁 트인 풍경을 감상할 수 있어야 하고 도로 소음이 없거나 최소 수준인 곳에 있어야 한다. 호스트로서 숙소를 제공하면 언요크드에서 예약부터 숙박까지 모든 단계의 고객 경험 서비스를 제공하고 준비 작업, 교육, 품질 관리를 지원해준다.

숲속에 있는 캐빈과 통유리창을 통해 보이는 풍경

출처 | 언요크드

지속 성장하는 오프그리드 여행 시장

언요크드는 론칭 이후 꾸준히 성장해 호주, 뉴질랜드, 영국에 100개의 캐빈을 운영하고 있다. 2023년 3월까지 6년간 평균 73퍼센트의 투숙률을 기록했으며, 총 숙박일수는 3만 5,000일에 이른다. 뜨거운 인기에 힘입어 2023년 2월 독일과 호주 투자자로부터 네덜란드, 독일, 룩셈부르크, 벨기에, 스위스, 오스트리아 등 유럽과 영국 시장 확대를 위한 1,800만 유로(252억 원)의 자금을 확보했다. 이후 18개월 동안 400개까지 캐빈의 수를 증가시킬 계획이며 3~4년 안에 전 세계에 1,000개의 캐빈을 운영하는 것을 목표로 삼았다.

오프그리드 여행의 인기로 호주 업계 안에서는 언요크드 이외에도 시에이비엔CABN이 주목받고 있다. 시에이비엔은 2017년 남호주 애들레이드Adelaide에 설립됐으며 오프그리드 캐빈 수요가 높아짐에 따라 비즈니스가 빠르게 확대됐다. 시에이비엔의 비즈니스 모델은 자체적으로 제작한 에코 캐빈을 사유지로 이동시켜 숙박객이 디지털 기기와 일상의 걱정들을 잊고 자연에 몰입할 수 있는 경험을 제공하는 것이다. 언요크드와 마찬가지로 현지에서 조달된 자재와 최소한의 인프라로 만들어졌으며 지구에 흔적을 남기지 않는다는 철학을 지키고 있다.

2022년 여행사 인트레피드트래블Intrepid Travel은 시에이비엔에 785만 호주 달러(67억 5,100만 원)를 투자해 현재 호주 전역에 11개인 캐빈을 2023년에는 70개까지 확대하기로 했다. 숙박일수는 연간 4,000일에서 2만 6,000일로 6배 이상 증가할 것으로 예상된다. 멜버른에 위치한 인트레피드트래블은 30년 전통의 여행사로 전 세계 지역 문화를 경험할 수 있는 1,150개 이상의 여행 상품을 제공한다. 2018년에는 이익Benefit과 기업Corporation의 합성어로 지역사회와 이익을 나누는 기업을 의미하는 '비콥B-Corp' 인증을 받았다. 비콥은 이윤 위주의 기업과 달리 사회적 성과까지 포함한 혜택을 목적으로 하는 새로운 기업 모델이다. 인트레피드트래블은 탄소 감축 목표를 가진 글로벌 여행사로서 오프그리드 여행의 잠재력을 높게 평가해 시에이비엔과 손을 잡고 새롭게 떠오르는 시장을 개척하고 있다.

세계여행관광협회WTTC, World Travel and Tourism Council에서 2021년 발간한 여행 트렌드 보고서는 향후 자연으로 돌아가는 오프그리드 여행이 유망할 것으로 전망했다. 이러한 예상은 현실이 되어 전 세계 여행자들은 덜 붐비고 심지어 낯선 장소로 여행하는 것을 선호하고 있다. 부킹닷컴Booking.com은 한국인 1,000명을 포함해 전 세계 32개국 2만 4,000명의 여행객을 대상으로 실시한 설문조사를 바탕으로 「2023년 여행 트렌드」를 발표했다. 응답자의 55퍼센트가 향후 오프그리드 여행을 떠날 계획이 있다고 답변해 뜨거운 관심을 확인할 수 있었다. 또한 응답자의 절반 이상이 오프그리드 여행을 통해 깨끗한 물을 얻는 방법, 최소한의 도구로 불을 피우는 방법, 야생에서 식량을 찾는 방법,

대규모 재난 시 생존에 도움이 될 기술을 배우고 싶다고 말했다. 한국인 응답자의 경우 명상이나 정신 건강을 위한 여행을 하고 싶다는 의견이 가장 많았으며 MZ세대가 베이비붐 세대나 X세대에 비해 조용한 휴양지를 더 선호하는 것으로 조사됐다. 건강 회복에 집중하거나 잠시 하던 일을 내려놓고 휴식의 시간을 갖고 싶다고 대답한 비율이 베트남, 태국, 중국, 인도, 홍콩, 한국 순으로 높았다.

한국은 IT 강국의 인터넷 인프라를 바탕으로 디지털 기반 산업이 세계적인 수준으로 성장했다. 많은 혜택을 누려왔지만 동시에 스마트폰과 소셜 미디어 중독으로 개인의 건강을 위협받고 있다. 우리나라에서도 이미 웰니스 관광지가 떠오르고 있으며 디지털 디톡스 숙소들도 점차 인기를 얻고 있다. 잠시 스마트폰과 인터넷 세상에서 빠져나와 자연 속으로 떠나는 오프그리드 여행을 통해 자신에게 집중하고 힐링하는 시간을 가져보는 것은 어떨까?

강지선(멜버른무역관)

◆

| 변화하는 여행 |

장애인도 편하게
여행을 떠날 수 있다

◆

멜버른

호주 퀸즐랜드대학교 University of Queensland 에서 호텔경영과 관광학을 전공하는 대학생 헤일리 브라운 Hailey Brown 은 교수님의 권유로 루체른 세계관광포럼 World Tourism Forum Lucerne 에 발표 주제를 제출하기로 한다. 주제는 관광산업 내 격차에 관한 것이었다. 호주가 원주민 역사에 대해 인정해야 진정한 문화 관광산업의 리더가 될 수 있다는 내용으로 보고서를 준비했지만 솔직히 자신이 없었다.

마감 하루 전 헤일리는 친구 헨리 맥필라미 Henry MacPhillamy 와 만나 저녁 식사를 한다. 헨리는 선천적 시각장애를 가지고 있지만 킬리만자로를 등반할 정도로 열정적인 여행가이자 변호사였다. 그는 아프리카 여행을 가면 사파리는 꼭 체험해야 한대서 갔더니 얼굴에는 흙이 튀는데 뭔지도 모르겠고 이상한 냄새나 맡고 왔다고 했다. 헤일리는 헨리의 이야기를 듣고 아이디어를 얻는다. 밤새도록 보고서를 작성해 제출했고 놀랍게도 결승에 진출하게 된다. 이후 헤일리는 세계 관광포럼에서 발표하기 위해 스위스로 떠났다. 그리고 '인재 프로그램Young Talent Programme 2020/2021'에서 혁신 부문 우승을 차지한다. 관광산업 내 격차를 줄일 헤일리의 기발한 아이디어와 솔루션은 무엇이었을까?

◆

세계 최초의 오디오 여행 가이드

호주에는 57만 명 이상의 시각장애인과 저시력자가 있다. 관광업계 마케팅은 시각적인 콘텐츠 중심으로 이루어지기 때문에 시각장애인과 저시력자들은 관광 정보를 얻기가 매우 힘들 수밖에 없다. 어디로 여행을 떠날지 알아보는 일은 쉽고 즐거워야 하지만 대부분의 여행 안내가 시각자료 위주인 상황에서는 모든 사람이 그러기 어렵다. 앞으로 관광업계는 이러한 격차를 좁히려는 노력을 해야 한다.

헤일리가 발표 주제를 작성할 때는 사실 아이디어만 있고 실질적인 여행 상품이나 서비스는 구상하지 않은 상태였다. 창업에 대해 무지했던 헤일리는 어디서부터 시작해야 할지 눈앞이 깜깜했다. 고민

끝에 퀸즐랜드대학교 내 창업 프로그램의 도움을 받기로 한다. 확실한 문제를 파악하고 솔루션을 제시하기 위해 페이스북에서 시각장애인과 저시력자 그룹을 찾아 도움을 청했다. 17개국 250명과 인터뷰를 진행한 후 헤일리는 이들을 위한 앱을 개발하기 시

배케잇 창업자 헤일리 브라운

작한다. 그 결과 2020년 23세의 헤일리는 시각장애인과 저시력자, 더 나아가 모든 여행객을 위한 세계 최초의 오디오 여행 가이드 플랫폼 배케잇Vacayit을 출시하게 된다.

배케잇은 음성 검색 기능과 고품질의 오디오 가이드를 통해 누구나 편리하게 여행을 즐길 수 있도록 접근성을 높여주는 플랫폼이다. 스마트폰 앱에서 여행지를 선택하면 앱은 스토리텔러로서 여행자들이 마주하게 될 경험을 감각적으로 표현하여 제공한다. 해 질 녘 노을 풍경, 파도 소리, 바다 물보라의 짠맛, 해안가 모래의 촉감 등을 생동감 있게 들을 수 있다. 배케잇의 콘텐츠 팀은 사용자의 피드백을 반영해 여행할 때 최고의 경험을 할 수 있도록 도와주는 스토리를 제작한다. 호주 정부 및 관광 기관과 파트너십을 맺고 호주 내 160개 이상

관광지의 역사와 스토리, 여행 관련 정보를 제공하고 있다.

2023년 5월 배케잇은 호주 최남단 섬 태즈메이니아 관광청Tourism Tasmania과 파트너십을 맺었다. 그리고 태즈메이니아 지역의 다양한 관광지, 크루즈, 마켓, 페스티벌, 유적지, 식당, 팜스테이 등을 소개하는 50개의 오디오 가이드를 함께 제작했다. 청취자들은 해당 장소에 대한 감각적인 설명을 들으며 마치 그 자리에 있는 듯한 기분을 느끼게 된다. 플린더스 섬Flinders Island에 가서 바다가 한눈에 보이는 퓌르노 양조장Furneaux Distillery에 방문해 오렌지, 유칼립투스, 꿀, 허브 향으로 가득한 진gin을 맛보는 상상을 하는 것이다. 또 고든 리버Gordon River에서 크루즈를 타고 헤리티지 랜딩Heritage Landing에 들러 나무로 만든 판자 길을 따라가며 팥꽃나무, 자두나무, 미국찰나무, 배롱나무로 우거진 덤불 속을 탐험할 수도 있다.

각 오디오 가이드에서는 휠체어 이동로, 점자, 현장 오디오 가이드, 오디오 촉각 신호등, 장애인용 주차장 및 화장실 등에 대한 세부 정보를 제공한다. 청각 장애가 있거나 난청이 있는 사람들을 위한 스크립트도 있다. 배케잇 앱은 누구나 무료로 다운받을 수 있으며 배케잇에 등록된 장소에서 QR코드 스캔을 통해서도 오디오 가이드를 들을 수 있다.

배케잇 앱은 스마트폰 기기의 스크린 리더 기술과 호환된다. 아이폰의 보이스오버Voice Over, 안드로이드의 토크백Talk Back 기능은 시각장애인을 위한 것이다. 화면을 설명해주고 자신이 입력한 키보드 정보,

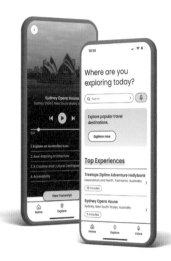

음성 검색 기능을 탑재한 오디오 여행 가이드 앱

출처｜배케잇

시각장애인을 위해 사진에 대한 설명을 적은 배케잇의 게시물

출처｜배케잇

마우스 좌표까지 음성으로 안내해주는 소프트웨어다. 배케잇은 여행지 소개와 함께 편의시설에 대한 정보를 제공하려 한다. 현재는 지도상에 계단 대신 이용할 수 있는 경사로와 천천히 보행할 수 있는 트레킹 코스를 표시하고 음성으로 안내하는 작업을 진행 중이다. 출시 후 매달 새로운 지역에 대한 가이드를 추가하고 있으며 최종 목표는 전 세계 관광지에 대한 오디오 가이드를 제공하는 것이다.

접근성 향상을 위한 노력은 배케잇의 소셜 미디어 포스트에서도 찾아볼 수 있다. 스마트폰의 스크린 리더 기능을 사용하면 글씨를 읽는 것이 가능하지만 아직 사진에 적힌 글자와 이미지는 인식하지 못한다. 그러나 배케잇은 페이스북과 인스타그램에 올리는 사진과 영상에도 설명을 적어 시각장애인과 저시력자가 음성으로 들을 수 있게 했다. 예를 들어 배케잇의 소셜 미디어 게시물 중 태즈메이니아 관광청의 CEO인 사라 클락Sarah Clark의 말이 실린 이미지가 있다. 배케잇은 이 이미지와 관련해 다음과 같이 꼼꼼한 설명글도 함께 제공했다.

"흰색과 노란색으로 적힌, 태즈메이니아 관광청 CEO인 사라 클락의 말을 인용한 문장에는 '접근성이 높은 배케잇의 오디오 가이드는 몰입감 있고 색다른 방식으로 유일무이한 태즈메이니아의 여행 경험을 홍보하고 있습니다'라고 나와 있다. 배경에는 풀이 무성한 언덕 위에 우아하게 서 있는 한 여성이 있다. 그녀가 두르고 있는 스카프는 산들바람과 조화를 이루며 춤을 추는 것 같다. 멀리 높고 하얀 등대가 우뚝 서 있다."

우아하고 세련된 '접근 가능한 호텔'

여행 계획은 관광지에 대한 정보 수집과 교통편 및 호텔 예약으로 시작된다. 아무리 좋은 관광지를 찾아도 주변에 마땅한 숙소를 예약하지 못하면 갈 수 없다. 멜버른에 사는 케리Kerry는 다발성 경화증이 있는 어머니를 모시고 여행을 계획할 때마다 편안하게 머물 수 있는 곳을 예약하기 어려웠다. 가족이 같이 머물 수 있는 '접근 가능한 숙소 Accessible Accommodation'를 찾는 것도 힘들고 공개된 정보가 제한적이라 필요한 시설을 실제로 이용할 수 있는지 확인하기 위해 많은 시간을 투자해야 했다. 접근 가능한 숙소는 장애인 편의시설을 갖추고 있어 장애인과 비장애인 모두 제약 없이 이용할 수 있는 숙박시설을 의미한다.

7년 전부터 케리는 해안가 마을 바원헤드Barwon Heads에 별장을 짓고 여행객들을 위한 숙소로 운영해왔다. 자신의 어머니와 같은 고령자나 장애인을 위해 시설에 신경을 썼지만, 게스트들과 대화를 나누면서 모든 사람의 요구사항이 각각 다르고 숙박업계 전반적으로 개선해야 할 사항이 많다는 것을 깨달았다. 호텔 웹사이트에 장애인들이 이용할 수 있는 접근 가능한 숙소라고 쓰여 있어도 막상 가보면 부족함이 많았다. 리셉션 카운터는 너무 높아 직원의 눈을 마주치기 어려울 정도였고 휠체어용 경사로나 손잡이 레일 등 기본적인 시설이 없어 입구부터 난관에 부딪힐 때도 많았다.

접근 가능한 숙소로 홍보하면서 실상은 단순히 법적인 필수 조건만을 갖춰 실제 이용하는 장애인들에게 큰 도움이 되지 않는 것이 문제였다. 특히 호주 건축법에는 호텔 욕실에 장애인용 샤워 의자를 제공해야 하는 규정이 있어 접이식 벤치가 설치되어 있다. 하지만 실제로 벤치를 이용할 경우 낙상할 위험성이 높아 사용할 수 없다고 한다. 이런 제반 환경을 확인하기 위해 여행할 때마다 미리 전화를 걸어 휠체어가 들어갈 수 있는 건물인지, 적합한 시설을 갖추었는지, 접근 가능한 방을 예약할 수 있는지 호텔 직원에게 확인해야 하는 등 넘어야 할 산이 많았다.

케리는 이러한 격차를 줄이기 위해 장애인과 비장애인을 포함해 모든 여행객들이 필요한 정보를 쉽게 확인하고 숙소를 예약할 수 있는 사이트인 '액세서블 어코모데이션'을 오픈한다. 2019년 시작된 액세서블 어코모데이션은 척추 장애 지원 비영리단체 SCIA, Spinal Cord Injuries Australia 와 함께 숙박업계를 변화시키고자 노력 중이다. 케리는 본인의 경험과 지식을 바탕으로 숙박업체와 호스트가 더 많은 객실을 접근 가능한 숙소로 바꾸고 적합한 서비스를 제공할 수 있도록 온라인 교육 프로그램을 시행한다. 장애인을 포함해 접근성이 필요한 사람들의 여행 경험을 개선하고 숙박업체의 비즈니스 잠재력을 극대화하도록 지식을 공유하는 것이다. 호텔 직원을 위한 트레이닝도 실시한다.

액세서블 어코모데이션은 에어비앤비 Airbnb 와 유사하게 호텔 및 단기 숙박 임대 호스트와 게스트를 연결해주는 플랫폼 역할을 하며 숙소를 등록하기 위해서는 철저한 심사를 거쳐야 한다. 접근 가능한 숙소로 검증된 곳은 '공인된 접근 가능한 숙소Accessible Accommodation Qualified' 마크를 표시한다. 호스트는 정확하고 상세한 정보를 제공하기 위해 장애인 편의시설과 관련된 약 50개의 질문에 답변해야 한다. 또한 현재 숙소의 모습을 촬영해 게스트가 예약 전에 객실과 욕실을 포함한 시설을 미리 확인할 수 있도록 사진과 영상으로 보여준다. 응급상황 시 빠르게 대처할 수 있도록 근처 병원에 대한 정보도 적혀있다. 사이트에서는 고객을 보호자가 필요한 휠체어 이용자Assisted Wheelchair User, 독립적인 휠체어 이용자Independent Wheelchair User, 보행 보조기구 이용자Assisted Walking 세 가지 카테고리로 구분해 필요한 사항에 맞춰 숙소를 검색할 수 있도록 했다.

액세서블 어코모데이션 사이트의 방문자는 한 달에 3만 명 이상이다. 자체 온라인 예약 시스템을 도입한 이후, 접근 가능한 숙소에 대한 예약이 최대 70퍼센트 이상 증가했다. 접근 가능한 객실은 일반 객실의 예약까지 높이는 효과가 있다. 예를 들어 호주 외곽의 경치 좋은 호텔에서 결혼하는 신혼부부는 모든 하객이 편하게 머물 수 있도록 접근 가능한 객실이 있는 장소를 찾는다. 연로하신 부모님을 위해 접근 가능한 객실을 예약하고 친구들을 위해서는 같은 호텔의 일반 객실을 예약하기 때문이다. 이처럼 접근 가능한 객실이 있다는 것만으로도 전체 예약이 증가할 수 있다. 장애가 없더라도 고령자의 경우 계단이 없는 숙소나 손잡이가 있는 샤워 부스 등이 갖춰진 접근 가능한 숙소를 선호한다. 접근 가능한 호텔에 대한 고객의 수요가 증가하면서 현지 숙박업계에서는 장애인용 편의시설과 서비스에 더욱 투자하는 추세다.

2023년 액세서블 어코모데이션은 호주 최대 아파트 호텔 브랜드 퀘스트Quest와 파트너십을 맺었다. 액세서블 어코모데이션 플랫폼을 통해 퀘스트의 접근 가능한 객실을 예약할 수 있다. 액세서블 어코모데이션은 퀘스트에 근무하는 1,200명의 직원에게 접근 가능한 관광 서비스와 편의시설에 대한 교육을 시행했다. 케리는 "접근 가능한 호텔의 객실과 욕실은 병원처럼 보일 필요가 없으며, 우아하고 세련될 수 있다"고 말한다. 그동안 쌓은 전문 지식을 바탕으로 더 많은 퀘스트

Countryhouse Retreat - Victoria
VIDEO WALKTHROUGH

예약 전 미리 확인할 수 있도록 제공되는 숙소 영상

출처 | 액세서블 어코모데이션

의 객실에 접근 가능한 디자인을 적용할 수 있도록 지원할 계획이다.

◆

접근 가능한 여행은 선택이 아닌 필수

세계적인 관광대국 호주 정부에서도 접근 가능한 관광Accessible Tourism에 관심을 가지고 꾸준히 투자하고 있다. 호주보건복지부에서 발간한 「호주의 장애인People with disability in Australia」 보고서에 따르면, 호주 인구 6명 중 1명에 해당하는 440만 명이 장애를 가지고 있다. 접근 가능한 관광 국가로 거듭나기 위해서는 많은 변화가 필요한 상황이다. 대표적인 관광지 그레이트 배리어 리프Great Barrier Reef, 골드코스트Gold Coast, 케언즈Cairns 등이 소재한 퀸즐랜드주 정부는 2023년을 '접근 가능한 관광의 해'로 선언하고 중소 관광업체에 1,000만 호주 달러

접근 가능한 객실 내 주방과 욕실   출처 | 퀘스트

(86억 원)를 투자해 인프라와 기술 개발을 지원할 계획이라고 발표했다.

호주의 접근 가능한 관광 시장 규모는 연간 33억 호주 달러(2조 8,380억 원)로 추산되며 이는 관광업계에서 가장 빠르게 성장하는 분야다. 전체 관광 시장의 약 17퍼센트를 차지한다. 호주관광연구소Tourism Research Australia의 데이터에 따르면, 장애가 있는 사람들의 약 4분의 3이 정기적으로 여행을 하고 있으며 이들을 지원하는 제품이나 기술이 존재한다면 더 많은 사람들이 여행을 떠나고 싶을 것이라고 답변했다. 이러한 수요는 트래블테크와 결합해 관광산업에 새로운 기회를 제공할 전망이다. 관광 경험과 숙박시설, 교통에 대한 접근성을 개선하는 것만으로도 성공 가능성이 크다.

2023년 세계보건기구WHO의 발표 자료에 따르면, 전 세계 인구의 16퍼센트인 약 13억 명이 장애를 겪고 있다. 세계관광기구UNWTO에서는 책임 있고 지속 가능한 관광 정책의 핵심은 관광 시설, 제품, 서비스에 대한 모든 사람의 접근성이라고 강조했다. 모든 국가에서 누구나 접근할 수 있는 관광지, 관광 상품 및 서비스를 제공하도록 권고하고 있다. 접근성은 인권에 대한 존중과 더불어 관광지와 기업이 모든 방문객을 포용하고 수익을 높일 수 있는 비즈니스 기회이다.

보건복지부가 발표한 장애인 현황 통계 자료에 따르면, 2019년 기준 한국의 등록장애인은 261만 8,000여 명이며 시각장애인은 25만명에 달한다. 결코 적지 않은 숫자다. 이에 우리나라에서도 정부와 공공기관을 중심으로 접근 가능한 관광 정책과 사업을 추진 중이다. 한국에서는 접근 가능한 관광 대신 '무장애 관광'이라는 용어를 주로 사용한다. 한국관광공사에서 운영하는 '열린관광 모두의 여행' 사이트를 통해 전국 7,700개의 무장애 여행지와 추천 코스, 명소, 음식점, 숙박 시설 등을 확인할 수 있다. 지체장애인, 시각장애인, 청각장애인이 원하는 편의 정보를 선택해 여행지 검색이 가능하다. 정부는 2022년부터 무장애 관광도시 조성 사업을 추진해 모든 관광객이 교통, 편의시설, 정보 접근에 제약 없이 여행할 수 있는 기반을 마련해왔다. '무장애 열린 관광지'로 선정된 전북 진안군의 마이산은 2023년 6월 국내 최초로 '시각장애인을 위한 관광 해설 동행 프로그램'을 소개했으며 앞으로 지속적인 모니터링을 통해 무장애 여행 코스를 포함한 체험 콘텐츠 개발과 홍보를 추진해나갈 계획이다.

접근 가능한 관광은 성별, 나이, 신체 상태 등과 관계없이 모든 사람들이 관광을 즐길 수 있는 환경을 만드는 것이다. 접근성을 높이는 일은 장애인만을 위한 것은 아니며 결국 모두를 위한 일이다.

강지선(멜버른무역관)

실버싱글

혼자 늙어가는 사람들을 위하여

앞으로 사람들은 그냥 '늙어가지' 않을 것이다. 이제 우리는 '혼자' 늙어간다. 고령화와 폭발적인 1인 가구의 증가는 우리 사회의 주요한 흐름 중 하나다. 이러한 현상은 비단 우리나라뿐 아니라 다양한 국가에서도 살펴볼 수 있다. 사회 변화상에 맞춰 '실버싱글'들을 위한 다양한 비즈니스도 생겨나고 있다. 갱년기 여성들을 위한 제품부터 혼자 사는 사람들을 위한 안전 시스템까지 진화하고 있는 '실버싱글' 산업에 대해 살펴보자.

| 실버싱글 |

갱년기 여성들을 위한
펨테크가 온다

실리콘밸리

펨테크FemTech라는 용어는 2016년 기업가 아이다 틴Ida Tin이 처음 제시했다. 여성을 의미하는 'Female'과 기술을 의미하는 'Technology'의 합성어로 디지털 기술을 활용한 여성 건강 관련 상품과 서비스, 소프트웨어를 의미한다. 초기 펨테크 시장은 월경, 임신, 수유 관리 등 젊은 여성 중심이었으나 최근 중년 여성을 중심으로 시장이 확대되는 추세다. 갱년기부터 완경기를 테마로 한 서비스까지 다양하다. 이는 평균 수명이 증가하면서 완경 이후의 삶도 길어짐에 따라 갱년기 건강 관리의 중요성이 주요 관심사로 부상했기 때문이다.

전 세계 인구의 절반은 여성이고, 그 여성들 모두가 필수적으로 갱년기를 거친다는 점에서 중년 여성을 위한 펨테크 시장은 엄청난 잠재력을 가지고 있다. 여성은 완경 이후에 인생의 3분의 1 이상을 보낸다. 추세에 따르면 2030년까지 전 세계적으로 12억 명의 여성이 갱년기 이후라는 삶의 단계에 있을 것으로 추정된다.

대다수의 여성이 갱년기에 발생하는 여러 가지 건강 문제로 어려움을 겪지만, 치료받는 여성은 25퍼센트에 불과하다. 이로 인한 경제적 손실 또한 상당하다. 글로벌 컨설팅 기업 맥킨지McKinsey가 인용한 연구 결과에 따르면, 갱년기 증상 중 하나인 일과성 열감Hot Flash 즉 신체 부위에 갑작스럽게 느껴지는 열감만으로도 연간 1인당 약 1,400달러(182만 원)의 건강 비용이 발생하고, 약 770달러(100만 1,000원)의 생산성 손실이 발생하는 것으로 추정된다.

갱년기 여성을 위한 헬스케어는 더 이상 틈새시장이 아니다. 독일의 글로벌 리서치 전문기관인 스태티스타의 조사에 따르면, 글로벌 펨테크 시장은 2025년에는 487억 달러(63조 3,100억 원) 규모까지 커질 것이다. 전 세계 인구의 절반을 고객으로 하는 펨테크는 막대한 가치를 창출하는 시장이며 여성의 삶과 생계 개선을 위한 기회를 제공한다. 펨테크 시장이 주목받는 것은 시대적이고 필연적인 흐름이다.

◆

손목 밴드로 조절하는 일과성 열감

　많은 여성들이 갱년기에 접어들면 일과성 열감과 홍조를 경험한다. 존스 홉킨스 의과대학의 분석에 따르면, 갱년기 여성의 80퍼센트가 일과성 열감 증상을 겪는다. 이것은 여성 호르몬인 에스트로겐 수치 저하로 인해 발생하는 증상으로 체온조절에 관여하는 자율신경의 균형이 깨지기 때문인 것으로 알려져 있다. 이로 인해 얼굴이나 목, 머리와 가슴 부위의 피부가 갑자기 붉게 변하면서 전신에 불쾌한 열감과 발한을 느낀다. 이런 증세는 하루에 5~10회, 많게는 30회까지도 나타나면서 갱년기 여성들에게 고통을 준다. 에스트로겐 기반 호르몬 요법이 가장 효과적인 치료 방법으로 알려졌지만, 뇌졸중이나 혈전 및 기타 위험성이 있다.

　이런 와중에 엠버 웨이브Embr Wave의 출시는 치료법을 찾고 있던 갱년기 여성들에게 희소식이 되었다. 엠버 웨이브는 여성의 갱년기 증상과 관련해 선도적인 소비자 솔루션을 보유한 회사 엠버 랩스Embr Labs에서 출시한 제품이다. 일과성 열감에 의한 안면홍조, 수면 장애 및 불안을 관리하려면 교감 신경계의 균형을 유지해야 하는데 이 제품은 온도 조절 메커니즘을 활용한다.

　엠버 웨이브의 디자인은 단순하다. 시계처럼 생긴 장치의 측면에는 두 개의 버튼이 있는데 온도 조절을 위한 것이다. 하나는 냉각파,

다른 하나는 온열파가 방출되도록 한다. 열감이나 홍조가 느껴질 경우 냉각 버튼을 누르면 되고, 원 상태로 돌리려면 온열 버튼을 누르면 된다. 엠버 랩스에서 자체적으로 수행한 실험 결과에 의하면, 손목은 온도 변화에 민감하기 때문에 3분 뒤에는 사용자의 뇌가 주변의 온도를 최소 5~9℃ 정도 더 시원하게 느낀다. 게다가 엠버 웨이브에서 방출되는 냉각파는 자연스러운 심신 반응을 유발해 기분을 낫게 하는 효과도 있으며, 착용하고 자면 잠들 때까지 걸리는 시간이 감소하고 수면의 질도 좋아지는 것으로 나타났다. 엠버 웨이브와 연동되는 앱은 장치의 사용량, 빈도, 사용 시간 등의 데이터를 축적하고 학습해 사용자 맞춤형 솔루션을 제공한다.

엠버 웨이브는 온도의 힘을 활용해 안전하고 자연스럽게 문제를 해결하는 솔루션을 제공하면서 업계에 반향을 일으켰다. 엠버 랩스는

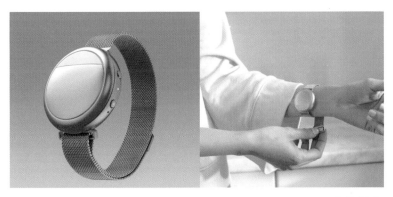

시계처럼 착용하는 엠버 웨이브

출처 | 엠버 랩스

이 제품으로 미국은퇴자협회 AARP, American Association of Retired Persons Foundation 노화 부문 혁신상, 타임의 '최고 혁신상', 글로벌 시장 조사 기관 프로스트앤드설리번의 '완경기 기술 리더상', 'iF 디자인상' 등 수많은 상을 받았다. 회사 설립 이후 지금까지 총 11번의 펀딩 라운드를 통해 약 5,020만 달러(652억 6,000만 원)의 자금을 조달한 상태다. 이 중 3,500만 달러(455억 원)에 해당하는 자금은 2023년 5월에 조달을 마쳤으며, 해당 금액의 투자를 주도한 고스트 트리 파트너스 Ghost Tree Partners의 고위 관계자는 언론과의 인터뷰에서 갱년기에서 완경기 사이 여성 시장 부문의 큰 잠재성을 시사하기도 했다. 엠버 웨이브는 급속한 성장에 힘입어 미국 대형 유통업체인 코스트코, 월마트, 샘스클럽, FSA 스토어, 베스트바이, 타겟 등과 파트너십을 확보하고 소매 채널을 확대하는 중이다.

◆

인공지능을 이용한 맞춤형 갱년기 건강 관리

이제는 갱년기 건강 관리가 중요하다는 인식이 널리 퍼졌음에도 불구하고, 여전히 당사자가 말을 꺼내기 어려운 분위기가 존재한다. 서로간에도 충분히 정보를 공유하지 못하는 여성들은 자신에게 일어나는 신체적, 정신적 변화에 적절히 대비하지 못한 채 갱년기를 보낸다. 호르몬의 변화에 따른 자연스러운 현상이지만, 충분한 정보를 확보하지 못한 여성들은 침묵 속에서 불필요하게 고통받는다. 의료기관의 도움을 받는 것에 소극적이며, 자기 몸에 대한 통제력이 부족하다고 자책하기도 한다. 의료기관은 도움이 필요한 갱년기 여성이 많다는 사실을 인지하고 있지만, 그들이 스스로 찾아오지 않는 한 적극적으로 문제를 해결해주기는 어렵다.

리사 헬스Lisa Health의 창업자이자 CEO인 앤 가르니에Ann Garnier는 자신이 큰 문제 없이 갱년기를 극복하는 15퍼센트의 운 좋은 여성 중 한 명이라고 생각했다. 일과성 열감, 수면 부족, 체중 증가로 고생하는 친구들과 달리 항상 추위를 느꼈고, 죽은 듯이 잠을 잤으며, 체중은 늘 일정했기 때문이다. 그러다 하루아침에 상황이 바뀌어 그녀는 '땀 흘리는 멍한 좀비'가 되었다. 리사는 오랫동안 의료기술 분야 종사자로 일했고 의료 서비스에 대해 방대한 지식을 가진 소비자이기도 했다. 그런 그녀가 중년 여성의 건강 문제로 지원을 받는 것이 생각보다 어렵다고 느꼈다면, 다른 여성들에게는 더욱 힘든 일이었을 것이다. 여기서 착안해 앤은 갱년기 여성의 건강 관리 격차를 해소하기 위한 서비스 '미드데이Midday'를 만들었다.

미드데이는 갱년기 동안 신체적, 정서적으로 일어나는 일을 조명하고 일과성 열감, 수면 장애, 질 건조증, 기분 변화, 체중 증가와 같은 증상을 관리하며, 갱년기에 급격히 증가하는 만성 질환의 위험을 사전에 대비할 수 있는 맞춤형 건강 솔루션이다. 특히 미드데이는 인공지능 기술과 웨어러블 감지 기술을 사용하기 때문에 개인마다 다르게 나타나는 증상과 갱년기 단계 변화에 따라 맞춤화된 데이터 기반 경험을 제공한다. 앱은 미국 최고의 종합병원 중 하나인 메이요 클리닉 Mayo Clinic과 협력하고 있기 때문에 사용자는 앱을 통해서 언제든지 갱년기 전문의에게 상담을 요청할 수 있다. 그리고 앱 안의 알고리즘을 통해 메이요 클리닉의 갱년기 케어 전문가들이 내리는 꼭 맞는 처방을 받아볼 수도 있다. 미드데이 프리미엄 버전에는 안면홍조를 감지하고 측정하는 것뿐만 아니라 실시간으로 완화시켜주는 기능을 포함해 고도화된 증상 추적을 위해 상업용 웨어러블 기술을 사용하는 알고리즘이 새로 추가될 예정이다.

미드데이 외에도 미국에서는 카리아 Caria, 메노라이프 Menolife, 헬스&허 Health & Her, 밸런스 Balance 등 다양한 앱이 활발히 이용되고 있다. 이러한 앱을 통해 사용자들은 갱년기 증상과 일상 활동을 기록하고

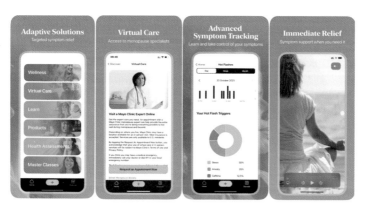

미드데이의 앱 화면

출처 | 리사 헬스

관리하며, 커뮤니티 활동을 통해 정보를 교류하고 있다. 증상 완화에 도움이 되는 식단 정보나 인지행동요법CBT, Cognitive Behavioral Therapy, 최면 요법과 같은 연구 기반 접근법에 대해서도 배울 수 있다. 중점을 둔 서비스는 조금씩 다를 수 있지만, 이들이 목표하는 바는 동일하다. 바로 갱년기 여성들이 자신에게 찾아온 삶의 단계를 두려워하지 않고 자연스럽게 받아들이며 건강한 방식으로 극복할 수 있도록 돕는 것이다.

◆

호르몬 대체 요법을 활용한 디지털 치료 솔루션

갱년기에 시작되는 여러 증상들은 난소 기능 소실로 인해 에스트로겐이라는 여성 호르몬이 감소하면서 나타난다. 때문에 여성 호르몬을 외부에서 보충하는 호르몬 대체 요법HRT, Hormone Replacement Therapy으로 치료하는 것이 사실 가장 효과적이다.

호르몬 대체 요법은 이제 충분히 생성되지 않는 호르몬을 갱년기 이전의 수치로 개선해 신체적, 감정적 증상을 치료하는 방법이다. 호르몬 대체 요법을 사용하면 갱년기에 흔히 나타나는 일과성 열감, 발한, 수면 장애 등의 증상이 상당 부분 호전되는 것으로 알려져 있다. 20여 년 전, 미국에서 특정 호르몬 제재를 갱년기 치료에 사용할 경우 유방암과 심혈관계 질병을 유발할 수 있다는 연구 결과가 제기되면서 많은 여성들이 호르몬 치료를 꺼리게 되었다. 하지만 현재는 안전하고 다양한 호르몬 대체 요법이 연구되고 있고, 부작용을 걱정하며 호르몬 대체 요법을 사용하지 않는 것보다 사용해서 얻는 이익이 훨씬 더 크다는 것이 학계의 중론이다.

위노나Winona는 갱년기 헬스케어 및 노화 방지 요법에 중점을 둔 치료 플랫폼이다. 도움이 필요한 갱년기 여성들은 온라인 페이지에 접속해서 위노나의 의료 전문가에게 증상 등에 대해 충분히 상담하고, 장기적으로 갱년기 건강을 개선할 수 있는 방법을 처방받는다. 병원에 가지 않고도 치료를 받을 수 있기 때문에 매우 편리하다. 위노나는 필요한 경우 증상에 효과적이라고 판단되는 약물을 처방하기도 하지만, 이들의 대표적인 서비스는 생물학적 동일 호르몬(천연 호르몬)을 활용한 솔루션을 제공하는 것이다.

위노나가 제공하는 솔루션은 제품에 포함된 호르몬의 종류에 따라 에스트로겐 요법, 프로게스테론 요법, 스테로이드 호르몬인 DHEA 요법으로 구분된다. 에스트로겐 요법은 갱년기 여성의 전반적인 몸

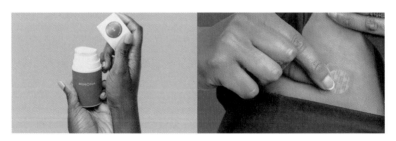

디지털 치료 솔루션에 사용되는 에스트로겐 바디 크림(좌)과 패치(우)　　　출처 | 위노나

관리에 효과가 있는 호르몬 대체재로서 바디 크림, 질 크림, 경구 보충제나 패치 형태 등 다양한 방법으로 제공된다. 프로게스테론 요법은 증상에 따라 에스트로겐 요법과 함께 권장되기도 하며, 바디 크림이나 경구 보충제 형태로 제공된다. DHEA 역시 증상에 따라 병용 요법으로 권장되기도 하며 경구 보충제 형태로 제공된다. 위노나가 제공하는 솔루션에 사용되는 제품은 모두 미국 식품의약국FDA 승인을 받았다.

미국에서는 현재 위노나 외에도 에버나우-Evernow, 미디Midi 등 호르몬 대체 요법을 이용한 갱년기 여성 맞춤형 디지털 치료 솔루션들이 활발하게 운영되고 있다. 갱년기 여성들에게 효과적으로 다가갈 수 있는 수단이기 때문이다. 대체로 여성들은 갱년기 증상이 발생했을 때 의료기관을 찾아가 적극적으로 관리하기보다는 시간이 지나면 해결될 것이라는 막연한 생각으로 참는다. 각종 약물에 대한 거부감을 가진 여성들이 많다는 점도 이러한 디지털 치료 솔루션의 잠재성을 반증한다. 시장조사기관 마켓츠앤드마켓츠의 분석에 따르면 글로벌 디지털 치료 솔루션은 다양한 비약물적 치료에 대한 선택지를 넓혀준다는 점에서 시장 전망이 매우 밝다. 2022년부터 2027년까지 연평균 31.6퍼센트로 성장해 2027년에 시장 가치가 177억 달러(23조 100억 원) 규모에 달할 것으로 전망된다.

노년기 삶의 질이 중요한 시대

갱년기 건강 관리가 여성들의 평생 건강에 매우 중요한 영향을 미치는데도 불구하고 그에 관한 연구는 다른 분야에 비해 훨씬 뒤처져 있다. 이유는 여러 가지가 있겠지만 전문가들이 꼽는 첫 번째 이유는 아이러니하게도 여성의 평균 수명이 길어졌기 때문이다. 1500년대부터 1800년대까지 여성의 평균 기대 수명은 30~40세에 불과했다. 그러나 의학의 발달과 경제 발전, 생활환경의 개선 등으로 기대 수명은 차츰 늘어났다. 우리나라 여성가족부가 발표한 「2022 통계로 보는 남녀의 삶」에 따르면, 2020년 기준 여성의 기대 수명은 86.5년이다. 보통 46세를 기준으로 완경이 일어난다는 사실을 볼 때, 여성은 완경 이후 어쩌면 인생의 절반에 가까운 기간을 보내야 한다.

노인 인구는 점점 증가하고 있다. 갱년기 건강에 대한 관심은 삶의 질 향상에 초점을 맞추는 현대 의학의 관점과도 닿아 있기 때문에 갱년기 여성을 위한 펨테크 분야는 향후 비약적으로 발전할 것으로 보인다.

한국에서도 여성의 건강에 초점을 맞춘 펨테크 시장이 커지고 있지만 아직 갱년기 여성을 위한 서비스는 생소하다. 그동안 한국의 펨테크 산업은 월경과 임신, 육아, 다이어트 등의 분야에 집중된 경향이 있었고, 상대적으로 갱년기 여성은 테크 분야의 수요자층으로 인식되지 않았다. 그러나 앞으로의 시장 가능성은 크다. 미국을 비롯한 선진국도 비슷한 과정을 거쳤다. 젊은 여성을 대상으로 한 초기 펨테크 시장이 비약적으로 발전한 다음 차차 갱년기 여성 대상 서비스로 시장이 확대되는 추세였다. 한국에서도 머지않아 갱년기 건강 관리와 관련한 테크 서비스 수요가 늘어날 것으로 예상된다. 한국 실정에 맞는 서비스로 시장을 개척하는 새로운 기업의 출현을 기대한다.

이지현(실리콘밸리무역관)

스마트 리빙의 안전과 독립성 혁명, 리비 얼라이브

프랑크푸르트

한국을 비롯해 고령화 사회로 접어든 국가들은 여러 가지 문제에 직면했다. 저출산과 맞물린 노동 인구의 감소나 복지 문제 등으로 몸살을 앓고 있다. 고령화는 주거 환경과 관련해서도 큰 우려를 낳는다. 특히 혼자 사는 노인들이 집안에서 안전하게 생활할 수 있는 환경을 마련하는 것은 중요하고도 어려운 문제다. 생명과 직결되어 있기 때문이다. 홀로 생활하다가 불의의 사고를 당하더라도 발 빠르게 대응할 수 있는 시스템이 마련된다면 이러한 걱정을 상당 부분 덜 수 있을 것이다. 물론 이런 문제는 비단 노인뿐 아니라 혼자 생활하는 1인 가구도 마찬가지다.

독일은 고령 인구뿐만 아니라 1인 가구도 많다. 독일 연방통계청 Statistisches Bundesamt 에 따르면 2022년 기준 1인 가구 수는 총 1,670만 7,000가구로 집계됐다. 1인 가구가 전체에서 차지하는 비중은 무려 40.8퍼센트에 달한다. 한국 역시 2022년 11월 기준 34.5퍼센트로 1인 가구는 해가 다르게 증가하고 있다. '혼자' 늙어가는 현상이 갈수록 두드러진다는 걸 알 수 있다. 이제는 단순히 늙어감에 대해서가 아니라, 홀로 생활하며 나이드는 삶에 대한 사회적인 고민이 필요하다.

◆

고령자의 삶을 보호하는 독일 장기요양보험제도

노인들이 인간의 존엄성을 유지하며 독립적인 생활을 유지하기 위해서는 정부 차원의 지원이 필요하다. 독일은 사회보장제도를 최초로 도입한 국가로 알려졌으며 정부 차원의 사회보험체계가 잘 구축되어 있다. 1883년 6월 15일, 당시 수상이었던 비스마르크 Otto Von Bismarck 가 근로자를 위한 건강보험 법률을 도입하면서 독일의 법정 건강보험이 시작됐다.

독일의 공보험은 건강보험 Krankenversicherung 과 장기요양보험 Pflegeversicherung 으로 나뉘며, 대다수 국민은 이 두 가지 보험에 의무적으로 가입되어 있다. 건강보험은 건강 관련 비용을 지원하고, 장기요양보험은 장기요양 서비스와 관련된 비용을 지원한다. 장기요양보험은 신체적, 정신적, 심리적인 장애로 인해 일상생활에서 지속적이고 독립적으로 대처할 수 없는 사람들을 위해 5단계로 요양 등급을 나눠 혜택을 제공한다. 등급이 높아질수록 장애의 심각성과 제공되는 지원 혜택이 증가한다.

1등급이 가장 낮으며 경중 장애가 있는 사람에 해당한다. 가사 활동 지원 또는 의료 서비스 등을 받을 수 있다. 돌봄 서비스는 보험자가 스스로 선택할 수 있다. 독일 연방보건부에 따르면, 요양 등급 1등급에 해당하는 이의 경우 매월 최대 125유로(17만 5,000원)씩 연간 최대 1,500유로(210만 원)의 지원금을 청구할 수 있다. 사용하지 않은 지원금은 다음 달로 이월되며, 연말까지도 미사용한 누적액은 다음 해 상반기까지 쓸 수 있다.

◆

고령자 친화적 사회, 존중과 자율을 향한 길

독일은 현재 초고령화 사회에 진입했으며, 이에 따라 사회적 인식에도 변화가 일어나고 있다. 먼저 삶의 경험에 대한 존경이다. 고령자의 삶의 경험은 독일 사회에서 다양한 방식으로 수용된다. 예를 들어 정부와 비정부 기관에서는 고령자들이 주축이 되는 조언 기구를 설립하고 그들의 경험과 지식을 활용한다. 또한 교육 기관이나 커뮤니티에서는 고령자들을 대상으로 강연이나 워크숍을 개최하여 그들의 경험을 전수받거나 자문을 구하기도 한다.

독일은 독립적인 생활과 자율성을 존중하는 제도가 정착되어 있다. 예를 들어 고령자들을 위한 주거 시설이나 독립생활을 지원하는 프로그램이 있다. 또 고령자들은 의료 서비스에 대한 선택권을 가지고 치료나 복지에 관해 스스로 결정을 할 수 있다.

고령자 간의 상호 연대와 사회적 참여 시스템도 잘 되어 있어 다양한 사회 활동에 참여할 수 있다. 예를 들어 지역 커뮤니티 센터에서 모임, 스포츠, 문화예술 활동에 참여할 수 있으며 자원봉사 프로그램을 통해 자기 경험과 기술을 활용한 기여도 할 수 있다.

독일은 고령자 친화적인 환경 조성에도 많은 노력을 기울인다. 가령 도시 계획에서는 고령자들의 이동성과 접근성을 고려하여 보행로나 교통 시설을 개선하고 공공 교통을 편리하게 이용할 수 있도록 한다. 그리고 고령자들의 니즈를 고려하여 문화 시설이나 스포츠 시설의 접근성을 개선하고 편의를 제공한다.

◆

고령자의 독립적인 생활을 도와주는
스마트 리빙 스테이션

독일의 고령자 보호 시스템과 친화적인 문화에도 불구하고 걱정거리는 여전히 남아 있다. 바로 혼자 지내는 고령자에게 갑자기 무슨 일이 벌어졌을 때 어떻게 대처할 것인지의 문제다. 어느 날 독일의 한 형제에게 한순간 비극이 찾아올 뻔했다. 그들의 아버지는 자식들과 400킬로미터나 떨어진 곳에서 홀로 생활하고 있었는데 갑작스럽게 뇌졸중으로 쓰러지고 말았다. 의식을 잃고 바닥에 쓰러져 6시간 동안 도움을 받지 못한 상황이 벌어졌다.

이 사건으로 가슴을 쓸어내려야 했던 형제는 혼자 사는 고령자들이 위험에 처했을 때를 대비한 제품을 개발했다. 첨단 센서 기술을 탑재한 스마트 홈 기기가 그것이다.

이 형제는 독일 홈시스템스HUM Systems의 CEO인 알리 레자 후만파르Ali Reza Humanfar와 공동창업자이자 최고마케팅책임자CMO인 아미르 후만파르Amir Humanfar다. 두 사람이 개발한 스마트 홈 기기 리비 얼라이브Livy Alive는 혼자 생활하는 고령의 사용자를 위한 실내 생활 모니터링 시스템이다. 일상적인 활동을 감지하며 혹시 모를 불의의 사고나 위험 상황에 대처하기 위한 기능을 제공한다. 고급 센서 기술과 라이브 스트리밍 기능을 결합하여 사람이 활동을 멈추거나 낙상하는 것을 감지하는 등 다양한 기능도 앱에 탑재되어 있다. 고령자들이 자유롭고 독립적으로 생활할 수 있는 환경을 조성하면서도 가족이나 간병인과의 협력을 강화하여 안전하게 생활하도록 지원하는 제품이라 할 수 있다.

리비 얼라이브는 후만파르 형제의 아버지와 같은 상황에 부닥친 사람에게 결정적인 도움이 될 혁신적인 제품이다. 이 제품은 스마트 홈

고령자의 일상을 보호하는 리비 얼라이브   출처 | 홈시스템스

이니셔티브 독일Die Smart Home Initiative Deutschland이 개최한 2022년 독일 스마트 홈 시상식에서 '최우수 제품상'을 수상하기도 했다.

◆

보고, 듣고, 냄새 맡고, 직감할 수 있는 다기능 실내 모니터링 및 경보 시스템

리비 얼라이브는 다양한 기능을 탑재한 스마트 리빙 스테이션이다. 우선 위험 상황을 즉시 감지하는 기능이 눈에 띈다. 스마트 리빙 스테이션은 수많은 센서를 통해 실내 움직임을 감지하고 다양한 공기 오염 지표를 측정해 잠재적인 위험을 조기에 파악한다. 모든 것은 자동으로 이뤄지기 때문에 사용자가 별도의 조치를 취할 필요가 없다.

위험 상황이 발생했을 때는 신속히 알려준다. 사용자의 가족이나 간병인의 스마트폰으로 즉시 푸시 알림이나 SMS를 전송한다. 또 외부 침입 감지와 비활성 상태 감지를 통해 도난 경보, 사이렌 알람, 비디오 녹화 등의 기능을 제공한다. 사용자의 가족은 통신망을 통해 화상 연결을 할 수 있어 상황을 실시간으로 모니터링하고 신속히 대응할 수 있다. 또 화재감지기가 내장되어 있어 과열된 가스레인지나 불이 붙은 양초와 같은 화재 위험 요인을 조기에 감지하고 경보를 울린다. 또한 탑재된 공기 센서는 일산화탄소 농도, 가스 누출, 온도 및 습도 측정 등의 기능이 있고 공기의 독성 농도가 높은 경우에는 경보를 울린다.

　실시간 움직임 감지와 알림 기능도 있다. 정밀한 레이더 기술을 사용하여 실내에 누가 있는지 한눈에 확인할 수 있다. 사용자의 움직임을 실시간으로 지켜보다 필요한 경우에 멀리 있는 가족 구성원이 알림을 받도록 설정할 수도 있다. 리비 얼라이브는 소음 수준도 측정한다. 기준치 이상의 소음이 발생할 경우 알림을 준다. 또한 고화질 카메라와 상호 통신 기능도 있어서 외부와의 의사소통이 원활하다. 그리고 HD 180° 초광각 카메라, 고품질 마이크, 스피커를 내장하고 있어 사용자와 멀리 떨어져 있는 가족이 직접 화상 통화로 소통할 수도 있다.

　낙상 방지를 위한 지능형 야간 조명으로 야간 생활의 안전에도 도

위험 요인을 감지하는 리비 얼라이브　　　　　　　　　　출처 | 홈시스템스

움이 된다. 리비 얼라이브는 어두운 밤에도 고품질의 야간 투시가 가능하도록 자동 IR 필터와 수많은 적외선 LED도 탑재되어 있다. 실내 전체를 한눈에 볼 수 있는 라이브 스트리밍을 통해 사각지대를 없애고, 비활동 감지 및 넘어짐 감지 기능으로 어둠 속에서도 움직임을 감지하며, 움직임이 있는 동안에는 간접 조명을 자동으로 활성화한다. 따라서 야간에 발생할 수 있는 낙상 위험이 크게 줄어든다. 그리고 이 제품은 정전이 발생하더라도 내장된 배터리로 작동하며, 모바일과 연동하여 외부에서도 실시간으로 상황을 모니터링할 수 있다. 기기의 작동 및 스마트폰 연동 기능은 6,800밀리암페어시 mAh 의 내장형 배터리를 통해 전원이 일시적으로 차단된 경우에도 계속해서 작동된다. 그러나 전원 공급이 4~5시간 이상 중단되는 경우 배터리 용량이 소진

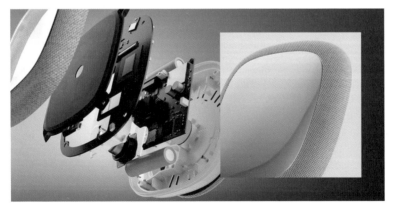

최고 수준의 보안과 암호화된 데이터 전송을 보장하는 리비 얼라이브　　　출처 | 홈시스템스

되므로 주의해야 한다.

리비 얼라이브는 고령화 인구를 대상으로 제작되어 사용 편의성도 뛰어나다. 스마트폰 앱은 편리하고 간편하여 별도의 교육이 필요하지 않다. 언제든지 원격으로 장치에 접속하여 알람을 활성화하고 가족과 소통할 수 있다. 또한 독일 최고의 데이터 보안과 서버 관리로 개인정보보호에도 완벽을 자랑한다. 최고 수준의 보안 기준을 준수하며, 암호화된 데이터 전송을 통해 데이터의 안전성을 보장한다. 모든 데이터는 독일 내 서버에서 안전하게 관리된다. 개인정보보호를 강화하기 위해 추가적인 보안 기능도 제공한다.

◆

고령화 사회에서의 미래 산업 트렌드와 기회

이러한 스마트 홈 기술은 실버산업과 싱글산업의 니즈가 겹쳐지는 트렌드를 보여주고 있다. 나이를 불문하고 1인 가구가 자기 집에서 더 안전하고 독립적인 생활을 할 수 있도록 돕는다. 추가적으로는 초고령화 사회의 노동력 부족도 해결해주리라 기대해 볼 수 있다.

독일연방통계청에 따르면, 독일의 65세 이상 인구는 1991년 1,200만 명에서 2021년 1,840만 명으로 증가했다. 전체 인구 대비 비중도 1991년 15퍼센트에서 2021년 22퍼센트로 눈에 띄게 증가했다.

독일 경제주간지 비르트샤프트보헤Wirtschaftswoche에 따르면, 노인

돌봄의 필요성이 점점 높아지고 있음에도 불구하고 독일은 이미 20만 명의 간호 전문인력이 부족한 상황이다. 이는 점점 심화될 것으로 예측된다. 이런 상황에서 스마트 홈 기술은 대안으로 떠오르고 있다.

미래의 산업 트렌드를 예측하는 것은 쉽지 않다. 그러나 인구 통계학적 변화는 분명한 사실을 알려준다. 독일연방통계청에 따르면, 독일은 2035년까지 노인 인구가 크게 증가할 것으로 예상된다. 67세 이상 은퇴 인구는 2035년까지 약 2,000만 명으로 2020년 대비 약 22퍼센트 증가할 전망이다. 또한 보살핌을 필요로 하는 노인 인구수는 2055년에는 약 680만 명으로 2021년 대비 37퍼센트 증가할 것이라고 한다. 독일은 이미 세계에서 평균 연령이 높은 국가 중 하나다.

초고령화로 인해 노동 인구는 감소하고 사회적 혜택을 받는 인구는 증가하여 경제에 영향을 미칠 것으로 보인다. 그러나 이러한 변화에는 기회도 존재한다. 노인을 위한 실버산업 시장이 이미 상당한 규모를 갖추고 있기 때문이다. 2021년 기준 독일의 간호보건 부문의 부가가치 규모는 약 450억 유로(63조 원)에 달한다.

독일 경제연구소DIW에 따르면 노년층이 건강, 여행, 의약품에 들이는 돈은 나이가 들수록 더 늘어나는 것으로 확인되었다. 자산 운용사 PGIM은 고령 인구의 증가로 인해 안경, 보청기, 관절 임플란트 등에 대한 수요뿐만 아니라 치매, 고혈압, 당뇨 등을 치료하기 위한 제약 산업과 명품 제조 산업, 노년층의 독립적인 생활을 지원하는 실버테크 제품에 대한 수요가 증가할 것으로 본다.

수요의 증가는 관련 시장의 성장과 확대로 이어진다. 즉 실버산업의 성장은 구매력 있는 고령 인구가 있기 때문에 가능한 것이기도 하다. 고령화 시대에는 부의 이동이 연령에 따라 함께 이동할 것으로 보인다. 독일의 대표적인 경제 신문 한델스블라트Handelsblatt는 세계 인구가 고령화되고 있으며, 이는 노인 인구의 증가로 이어진다고 한다. 동시에 부는 연령 피라미드에서 상향으로 이동하고 있으며, 이는 미래에 특히 독일, 일본, 프랑스, 미국 등 기대 수명이 높은 선진국에서 부유한 노인들이 점점 더 늘어날 것을 의미한다.

◆

독일 스마트 홈 시장,
주목받는 성장세와 혁신적인 전망

독일 스마트 홈 시장은 빠르게 성장하고 있다. 스태티스타에 따르면, 독일 스마트 홈 시장의 매출 규모는 2022년 약 59억 2,000만 유로(8조 2,880억 원)에서 2026년 약 91억 8,000만 유로(12조 8,520억 원)로 크게 증가하며, 연평균 성장률은 11.6퍼센트에 달할 전망이다.

이러한 성장은 다양한 요인들의 상호작용에 기인한다. 앞서 말한 1인 가구의 증가, 간호 인력 부족, 그리고 고령 인구의 증가는 스마트 홈 시장의 발전을 촉진하는 주요 요인이다. 또한 의료 기술의 발전과 건강에 대한 관심 증가, 교육 및 소득 수준의 향상으로 삶의 질 향상을 위한 개인의 투자는 점점 늘어나고 있다.

우리 기업이 독일 시장에 진출하기 위해서는 고령 인구의 증가에 따른 독일의 수요 동향을 주목해야 한다. 의료 서비스, 건강 관리 및 웰빙 분야에서의 수요가 크게 증가하고 있으며, 예방 의료, 장기 치료, 건강관리 기술 등의 분야에서 혁신적인 발전이 이뤄지고 있다. 특히 고령자들의 삶의 질 향상과 독립적인 생활을 지원하는 서비스에 대한 수요가 높아지고 있다. 건강보조기기, 노인 복지 서비스, 생활 편의 솔루션 등이 주목받고 있는데, 이러한 분야에서 혁신적인 제품을 개발하고 공급하는 것이 중요하다. 치매, 만성 질환 등 노인성 질병에 대한 연구와 치료 기술 개발에 대한 수요도 증가할 것으로 예상된다. 제약 산업과 의료 기술 분야에서의 혁신은 노인 인구의 건강과 복지를 향상시킬 수 있다. 돌봄과 복지 서비스에 대한 수요도 크게 증가할 것으로 기대된다.

인공지능, 로봇 기술, 스마트 기기 등의 기술 혁신은 고령화 사회에서의 문제 해결에 핵심적인 역할을 할 것이다. 인간과 로봇의 협업, 스마트 홈 솔루션 등은 노인들의 생활을 더욱 편리하게 만들어 줄 것이다.

우리 기업은 독일의 초고령화 사회에 따른 트렌드에 관심을 가지고, 소비자의 니즈에 부응하며 혁신적인 제품으로 경쟁력을 확보해 나가는 것이 중요하다. 독일 스마트 리빙 시장은 안전과 편의성을 제공하는 기술적 발전을 통해 미래의 성장 가능성을 향해 전진하고 있다.

우리 기업들이 이러한 동향을 인식하고 적극적으로 대응한다면 경쟁력을 가지고 독일 시장에 진출할 수 있을 것으로 기대한다.

송계숙(프랑크푸르트무역관)

3

PART

Green Economy

그린 이코노미

애그테크

미래 먹거리를 책임질 신기술

우리나라 농축산업은 기후 위기와 환경오염, 고령화로 인한 노동인구 감소라는 삼중고에 빠져 있다. 비단 우리나라만의 문제가 아니라 세계적 추세이기도 하다. 한편 리스크 속에서 기회를 잡으려는 기업들은 지속 가능한 경작 기술을 속속 발표하며 시장을 개척하고 있다. 농업(Agriculture)과 첨단기술(Technology)의 합성어인 '애그테크(AgTech)'라는 말이 등장한 배경이다. 인공지능을 활용해 가축을 돌보거나 적합한 비료를 제공하는 기술들이 특히 주목받고 있다. 새롭게 대두되는 애그테크는 어려움에 빠진 우리나라 농축산업에도 많은 인사이트를 제공할 것이다.

스마트워치? 뉴질랜드 소는
스마트 넥밴드를 한다

오클랜드

모든 것이 풍족하고 넘쳐날 것 같은 평화로운 나라 뉴질랜드에서 우리는 한동안 부족하다는 의미의 'Shortage'라는 단어를 자주 목격했다. 코로나19가 한창일 때 길거리 상점들은 'Staff Shortage(직원 부족)'라고 써붙인 채 가게 문을 잠갔나 하면, 슈퍼마켓 진열대에선 밀가루, 치킨 너겟, 계란, 버터, 유제품 등이 텅텅 비어 있는 것을 자주 목격할 수 있었다. 거기에다 2023년 1월 전례 없는 홍수에 이어 2월 사이클론 가브리엘이 연달아 강타하며 뉴질랜드는 역사상 세 번째로 '국가 비상 사태'를 선언하였고, 과수원 및 농가들은 피해를 온몸으로 입어 이미 치솟아 있던 식품 가격 인플레이션은 더 악화되었다. 시민들 사이에서 "장보기 무섭다"라는 말이 절로 나왔다.

2,600만 마리의 양과 1,000만 마리 소들이 뛰어놀고 사방이 바다인 평화로운 나라 뉴질랜드에는 해마다 세계 곳곳의 '워홀러'들과 영주권을 희망하는 사람들이 줄을 서왔다. 하지만 이제 뉴질랜드에 식량과 인력은 더 이상 넘쳐나지만은 않는 것 같다. 코로나19와 연이은 자연재해로 인하여 식량 공급, 운송, 유통에 이르기까지 반복해서 문제가 발생한 뉴질랜드에서 국가 식량안보는 그 어느 때보다 중요해졌다.

◆

'울타리가 없어도 걱정 없다' 인공지능 탑재 스마트 넥밴드

사실 뉴질랜드 농가도 그간 나름의 어려움이 있었다. 한마디로 땅은 넓고, 사람은 부족하다. 뉴질랜드에서 농업은 수출의 80퍼센트 이상을 차지할 만큼 국가 주력 산업인데, 520여만 명의 적은 인구수와는 다르게 면적은 한국의 2.7배로 농장의 크기가 크다 보니 농부의 어깨는 무거울 수밖에 없다. 가까운 섬나라인 피지, 사모아, 통가로부터 온 계절 근로자들로 피크 시즌을 감당하고 있지만, 코로나19가 터지자 속수무책으로 번진 농가 인력 부족은 글로벌 기업인 제스프리 Zespri마저 인력난에 허덕이게 했다. 지능형 농업을 일컫는 '스마트 파밍 Smart Farming'은 이제 뉴질랜드에서 생존을 위한 필수 요소가 되었다. 이제 더 이상 외국인 노동자들에게 의존할 수만은 없는 뉴질랜드 농가의 어려움을 해결해주는 효자 아이템이 있다. 바로 '스마트 넥밴드'다.

230억 달러(29조 9,000억 원)에 이르는 수출 규모를 자랑하는 뉴질랜드 낙농 산업의 주인공인 젖소들은 요즘 인공지능을 탑재한 멋진 목걸이를 목에 메고 있다. 우리에게 스마트워치가 있다면, 뉴질랜드 소에게는 스마트 넥밴드가 있다. 동물 관리 분야에서 세계적인 기술을 보유하고 있는 뉴질랜드 기업 갤러허Gallagher 그룹은 1938년 이래 많은 농가들을 돕고 있는데 대표적인 기술이 소의 목에 부착하는 스마트 넥밴드 '이셰퍼드E-Shepherd'다. 이 기술은 뉴질랜드 전역에 걸친 상용화와 세세로의 기술 수출을 코앞에 두고 있다.

이셰퍼드는 가상 울타리 기술 개발 업체인 에이거센스Agersens에서 개발했다. 갤러허는 2016년부터 이셰퍼드에 투자하기 시작했고, 2021년에는 에이거센스를 인수했다. 이 기술의 핵심인 '가상Virtual'은 요즘 핫한 키워드 중 하나인데, 가상 울타리Virtual Fence가 이셰퍼드 소프트웨어에 생성되면 동물이 착용하고 있는 스마트 넥밴드로 전송되고, 동물은 이런 가상의 경계선을 인식하여 훈련되는 원리다. 쉽게 말해 이셰퍼드를 착용한 소들은 이 가상 울타리 바깥으로 나가면 발생하는 경보음 때문에 나가지 못하고 미리 농부에 의해 설정된 방목 구역 안에 머물도록 훈련되는 것이다. 만약 소가 경보음을 무시하고 울타리에 접근하면 넥밴드는 동물에게 혐오감을 주지만 무해한 수준의

애그테크

스마트 넥밴드를 한 소와 갤러허의 이셰퍼드 기술 출처 | 갤러허

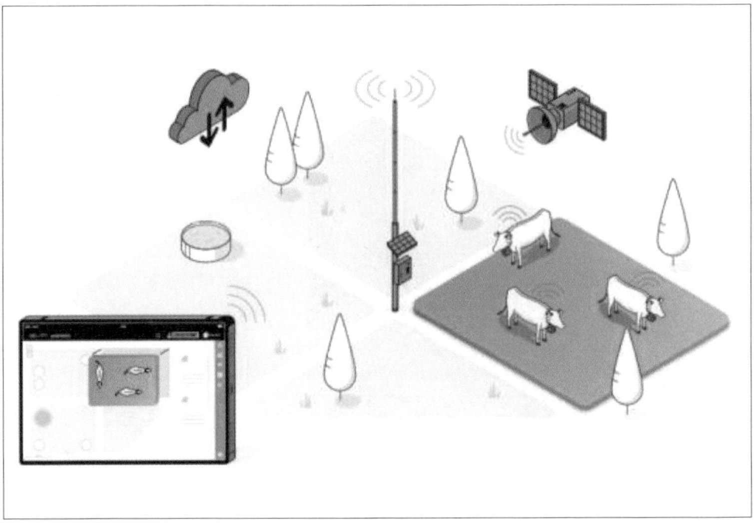

이셰퍼드 가상 울타리 작동 원리 출처 | 갤러허

진동을 전달한다. 동물들은 반복되는 소음 및 진동과 여러 번의 상호 작용을 거쳐 보통 2~7일 안에 경계선을 터득하게 된다.

◆

태양열로 작동하며 동물의 건강까지 챙겨주다

이런 소의 목에 부착하는 스마트 넥밴드는 갤러허 그룹 외에도 성공적인 스타트업으로 꼽히는 홀터Halter 역시 기술을 보유 중이다. 갤러허와 홀터 모두 세계적인 농업박람회이자, 남반구의 최대 규모 농업 전시회인 '필데이즈Fieldays'가 열리는 고장 해밀턴에 본사를 두고 있다. 홀터 역시 태양열로 작동하는 전자 목걸이electronic collars로 소리와 진동을 이용해서 울타리 없이 소의 원격 이동 및 관리를 돕는 기술을 개발했다.

이 목걸이는 최적의 번식 시기를 감지하며 농부에게 소 건강 알림까지 제공한다. 이 스타트업은 론칭 초반부터 해외투자를 많이 받았는데 최근에는 베세머벤처파트너스Bessemer Venture Partners가 주도한 펀딩에서 8,500만 달러(1,105억 원)를 유치했다는 소식을 발표했다. 홀터의 고객들이 전해주는 이야기를 들으면, 이 스마트 목걸이가 젖소뿐 아니라 농장주나 직원의 생활에도 큰 변화를 불러왔음을 알 수 있다. 한 언론에서 취재했던 홀터의 와이카토Waikato 농장주는 새벽녘에 소를 따라 착유장으로 자전거를 타고 가는 대신 아침에 차 한 잔을 마시며 앱으로 가상 울타리를 설치하고 소의 상태를 확인하는 것으로 하루를 시작한다고 말했다. 200헥타르(60만 5,000평)가 넘는 대규모 낙농 농장에서 휴대폰 앱으로 얼마나 많은 일을 할 수 있는지 놀랍다며 이런 기술이 더 많은 젊은이들을 농가로 끌어들이기를 바란다고 말했다. 시스템을 도입한 이후 농장의 우유 생산량은 10퍼센트 증가하였으며, 직원 근무 시간은 15퍼센트 줄어들었다. 또한 재고 손실은 절반으로 줄고, 교배 관리도 훨씬 쉬워졌다.

뉴질랜드는 가축으로 인한 수질 오염, 질병 전파, 둑 손상 등의 악영향을 방지하고자 강과 호수 근방 3미터 안에서 소, 사슴, 돼지 등 가축을 사육할 수 없는 '가축사육 금지규정 Stock Exclusion Regulations'을 포함한 담수규정 개혁을 2020년 9월에 발표하였다. 이런 새로운 규정을 준수하기 위해 농부들은 2025년 7월까지 강, 호수, 습지 근방 3미터 밖으로 가축의 이동을 제한해야 하는데, 업계는 전통적인 울타리를 대체할 솔루션으로 가상 울타리를 택했다. 특히나 지형적인 어려움으로 전통적인 울타리를 치기 어려운 조건의 농장에서는 적은 인력으로 가축을 관리하고 가축 데이터 수집까지 한 번에 해결할 수 있다는 점에서 스마트 넥밴드가 더욱 빛을 발했다. 갤러허와 홀터의 스마트 넥밴드가 이제는 뉴질랜드 전역으로 확장되면서 머지않아 스마트 넥밴드를 착용하지 않은 소는 '원시 소'가 될지도 모른다.

◆

뉴질랜드의 다양한 농가 인공지능 기술들

스마트 넥밴드 기술을 보유한 뉴질랜드 내 다른 업체들은 아직 가상 울타리 기술은 없지만, 기본적으로 가축의 행동을 모니터링하는 기술들을 탑재하고 있다. 예를 들어 소의 식사량이나 되새김질 등의 이상 반응을 증상이 없을 때부터 탐지할 수 있어 유방염, 자궁염, 유방암 등의 질병에 미리 대응할 수 있다. 그리고 기존에는 소의 교배 시기를 확인하기 위해 일일이 꼬리에 페인팅을 하는 등의 노동이 요구되었는데 열 감지 heat detection 기능으로 최적의 수정 시기를 파악하여 농가의 효율을 크게 늘릴 수 있다.

보편적인 젖소 자동 착유 기술들도 이제는 레이저 위치 센서로 젖소의 위치를 자동으로 탐지하여 착유하고 젖소의 건강 상태를 살펴 유방암을 예방하는 등 동물 질병까지 관리한다. 게다가 원격으로 착유 과정, 시간, 세척 등을 컨트롤할 수 있어 기기의 마모 및 유지보수 비용 역시 대폭 줄일 수 있다. 이외에도 3D 모델링 기술을 이용해 소의 보행에서 절름발이 조기 징후를 파악해 유병률을 낮추는 기술, 소의 병원체를 정확히 파악하여 관련 질병들을 빨리 파악하고 진단하는 기술, 가축을 농장에서 떠나보내야 할 최적의 시기와 적절한 가격 등의 의사결정을 돕는 기술 등 이제는 가축의 질병에 대한 선제 대응과 농부의 의사결정을 돕는 지능형 사물인터넷 IoT 기반 애그테크 AgTech 가 대세가 되어가고 있다. 애그테크는 농업 Agriculture 과 기술 Technology 의 합성어로 '농업테크'를 뜻하며 '스마트팜'이 대표적이다.

◆

환경보호와 식량안보의 해결책, 스마트파밍

세계 최대의 유제품 및 육류 수출국 중 하나로 꼽히고 있는 뉴질랜드에서 농업은 뉴질랜드 경제와 직결되어 있다. 뉴질랜드 1차산업부 MPI 는 현재 구제역 foot-and-mouth disease 과 아프리카돼지열병 ASF, African Swine Fever 을 뉴질랜드에 위협이 되는 질병으로 꼽고 있다. 그런데 앞서 열거한 애그테크의 도움으로 가축의 개별 질병뿐만 아니라 이런 전염병을 예측 및 대응할 수 있다면 뉴질랜드 내 식량안보 문제 해결에 한 걸음 다가설 수 있을 것이다.

2022년에 뉴질랜드 온실가스의 주범으로 알려진 가축의 메탄가스에 세금을 매기는 일명 '소 방귀세(Cow's fart tax 혹은 Cow's burp tax)' 법안이 통과되면서 한동안 세계 언론들은 떠들썩하게 보도했다. 이 법안이 확정되면 2025년부터 뉴질랜드 농부들은 해당 세금을 물게 되는데 이런 이유로 농가의 애그테크 도입은 그 어느 때보다도 더 중요해졌다. 인력난에 더해 가축 세금까지 물게 생긴 뉴질랜드 농부들은 그간 '보수적'이라는 다소 억울한 누명을 써왔더라도 이제 얼리어답터 early adopter가 될 이유가 충분해 보인다.

한국은 뉴질랜드에 비해 농지 면적이 협소한 편으로 최근 식량자급률이 지속적으로 하락 추세에 있다. 농림축산식품부에 따르면 2021년 44퍼센트 수준까지 떨어졌는데 곡물자급률은 20퍼센트 수준에 불과하다. 농가 인구는 2013년 284만 명 수준에서 2022년 216만 명까지 떨어졌다. 한국 정부는 식량안보 강화 목표에 따라 2027년까지 식량자급률을 55.5퍼센트로 끌어올리려는 계획으로 논에 쌀 대신 밀과 콩 등의 전략 작물을 재배할 경우 지원금을 주는 제도인 '전략작물직불제'를 2023년에 새로 도입하였으며, 또한 해외 곡물 공급망도 확충해나갈 계획이다.

뉴질랜드와 직접적으로 비교하긴 어렵지만 식량안보 및 인력난이

애그테크

라는 중대한 이슈는 양국이 모두 공유하고 있는 문제다. '탄소 순배출 제로'라는 어려운 숙제를 해결해나감에 있어 한국의 강점 분야인 IT 기술의 힘을 빌려 양국이 애그테크의 든든한 동반자가 되길 기대해 본다.

이보라(오클랜드무역관)

| 애그테크 |

축산인들의 눈과 손이 되어주는
인공지능

◆

타이베이

2023년 1분기, 대만은 달걀 부족 이슈로 떠들썩했다. 한동안 마트에서는 냉장 판매하는 세척란과 상온에 두고 파는 비세척란 진열대가 덩그러니 비어있었다. 달걀을 확보하기 어려워진 식당들은 다른 식재료로 대체하거나 메뉴를 바꾸는 등 자구책을 마련해야 했다.

대만 정부가 달걀 수입 확대를 통한 수급 안정화 조치를 시행하면서 시장의 불안감이 어느 정도 잦아들었지만, 심각했던 달걀 부족 현상은 식량안보에 대한 위기감을 촉발하기 충분했다. 글로벌 통계 사이트 아워월드인데이터 Our World in Data 에 따르면, 2020년 기준 대만의 1인당 연간 달걀 소비량은 15.75킬로그램(달걀 263~315개)으로 우리나라의 1인 소비량 12.03킬로그램(달걀 201~241개)보다 훨씬 많았다. 거의 매일 달걀을 먹는 대만 사람들이 식량 위기를 절감하기에 모자라지 않은 이슈였다.

대만에서 달걀 수급이 어려워진 데는 치사율이 높은 조류 인플루엔자의 유행과 양계장 시설 낙후에 따른 산란율 저하 등이 영향을 미친 것으로 추정된다. 대만의 산란계 농가는 일반적으로 벽면이 뚫린 개방형 계사를 운영한다. 벽면이 뚫려 있다 보니 예년보다 추운 날씨나 일교차 등으로 산란계들이 호흡기 질병에 걸릴 가능성이 높고 야생조류의 접근에 의한 조류 인플루엔자 감염에도 취약하다는 문제점을 안고 있다.

◆

아이체이스, 인공지능으로 양계농가의 수고를 덜다

2021년 대만에 등장한 아이체이스 iCHASE (智逐科技)는 인공지능 기반 데이터 측정·분석으로 스마트 양계장 환경을 조성하는 스타트업이다. 아이체이스 대표 에이든 창 Aidan Chang (張光甫)의 부모는 산란계 농가 등에 농기계를 판매하는 일을 했다. 대학에서 기계 엔지니어링을 전공한 그는 대기업 취업과 의료기기 분야의 창업 경험 이후 어릴 적부터 친숙했던 양계산업에서 새로운 길을 개척했다. 닭고기는 소고기나 돼지고기에 비해 소비량이 꾸준히 증가하고 있지만 양우나 양돈 분야에 비해 스마트 솔루션을 제공하는 경쟁자가 많지 않다는 점에서 사업 기회를 포착했다.

아이체이스가 이미 개발을 완성해 농가에서 사용하고 있거나 출시를 앞둔 제품으로는 육용계용 체중계, 야생조류 퇴치기, 수포음 탐지기가 있다. 세 제품 모두 인공지능을 기반으로 데이터를 측정하고 분석한다는 공통점을 갖고 있다. 국내외 닭고기 가공업체에서 사용되고 있는 체중계는 인공지능 카메라가 내장된 체중 측정 장치 아래 직경 60센티미터의 원판이 매달려 있는 모양이다. 높은 곳에 올라가는 닭의 습성을 고려해 원판은 바닥에서 살짝 띄워 두었다. 닭들이 원판 위로 올라서면 인공지능 카메라가 사진을 찍고 개체 수와 전체 무게를 측정해 평균 체중을 산출하는데, 이렇게 측정하고 산출한 체중 데이터는 2시간 간격으로 원격모니터링 시스템에 기록된다.

대만에서는 일반적으로 계사당 1만 2,000~1만 5,000마리의 육용계를 사육하는데, 전통적으로는 일주일에 한 번씩 20~30마리를 골라 체중을 측정하는 방식으로 닭의 생장을 파악해왔다. 계사 수가 대여섯 개에 달하는 양계농가는 체중 샘플링 작업에만 반나절이 꼬박 걸렸다. 아이체이스의 인공지능 체중계는 7,500마리당 1대꼴로 계사당 2~3대가 설치되며 계사당 하루 평균 3,000여 마리의 체중을 측정한다. 힘도 들고 시간도 오래 걸리는 작업을 사람 대신 매일 수행하는 셈이다. 수작업으로 하는 것보다 정밀한 결과를 산출할 수 있어서 양계농가에 큰 도움이 되고 있다. 인공지능 체중계로 다량의 체중 샘플

인공지능 카메라가 내장된 양계농가용 체중계 출처 | 아이체이스

데이터를 확보하는 과정은 닭의 체중 균일도를 맞추어 불필요한 비용 발생을 막는 효과로 이어진다. 닭의 평균 체중이 들쭉날쭉해 균일도가 떨어지거나 목표 체중인 2킬로그램을 맞추지 못하면 도계장에서 과태료를 부과하기 때문이다.

육용계 사육 시 닭의 활동성을 유지하는 것도 체중 관리만큼 중요하다. 체구가 일정 수준으로 커지면 움직임이 둔해지고 한자리에 머물러 있는 경향이 있으므로 발바닥에 병변이 발생하기도 한다. 그럴 경우 닭발은 판매할 수 없어 손실로 이어진다. 그래서 전통적으로는 계사 관리자가 닭 사이를 헤집고 돌아다니며 닭 몰이를 해서 닭을 움직이게 만들었다. 지금은 로봇을 도입해 이 작업을 대신하는 경우도 있다.

아이체이스의 경우, 레이저 빔으로 이 작업을 대신하고 있다. 우선 계사에 설치된 인공지능 카메라가 회전하면서 직경 20미터 이내에 있는 닭의 활동 상태를 감지한다. 움직이지 않거나 졸고 있는 닭이 포착되면 인공지능 카메라에 내장된 레이저가 바닥에 빔을 쏘아 닭들이 움직이도록 유도한다. 닭들이 움직이는 빛에 호기심을 갖고 운동하는 원리다.

야생조류 퇴치기도 이 레이저 빔과 같은 원리로 작동한다. 육용계는 보통 벽으로 둘러싸인 실내 공간에서 사육하지만, 야생조류를 통한 조류인플루엔자에서 자유로울 수 없다. 참새, 직박구리, 비둘기 같은 야생조류가 환기구에 변을 볼 경우 바이러스에 노출될 위험이 있기 때문이다. 야생조류 퇴치기도 레이저 빔이 내장된 인공지능 카메라를 활용한다. 계사 밖에서 회전하며 야생조류를 관찰하다가 환기구 근처에 접근하면 근처 외벽으로 레이저 빔을 쏘아 쫓아내는 식으로 작동한다. 날이 밝는 무렵부터 해가 질 때까지 관찰하고 퇴치하므로 사람이 직접 순찰해야 하는 수고를 덜 수 있다.

퇴치율과 퇴치 횟수는 원격 모니터링 시스템에 매일 기록된다. 인공지능 카메라는 레이저 빔을 쏘기 전에 구역 안에 접근한 야생조류의 수를 판독하고, 퇴치 후에는 남은 개체 수를 촬영해 퇴치율을 분석한다. 야생조류의 접근 여부나 접근한 개체 수를 감안하지 않고 주기적으로 레이저 빔을 쏘면 야생조류가 학습을 할 수 있다. 이에 아이체이스는 기준값보다 접근 개체 수가 높은 곳을 겨냥해 레이저 빔을 쏘는 식으로 정밀도를 높였다.

야생조류 퇴치기는 개방형 축사가 일반적인 양우농가에서도 도입하고 있다. 소 축사의 경우, 바이러스 감염 방지보다는 사료를 노리고 날아드는 야생조류 접근을 막기 위해서다. 특히 젖소의 경우 영양상태가 우유 생산량에 영향을 미칠 수 있기 때문에 배합사료 섭취량이 중요하다. 농가에서는 그동안 사료를 급식할 때 평균적으로 소가 먹는 것보다 많은 양을 가져다 두는 방식으로 야생조류 문제를 다뤄왔다. 이제 양우농가에서는 인공지능 야생조류 퇴치기를 설치해 사료 비용을 절감하는 효과를 볼 수 있게 됐다.

야생조류 퇴치기 수요는 운반차가 사료를 담아가는 사료 투입장에서도 발생한다. 사료 투입장은 트럭이 드나드는 개방형 공간이라 야생조류가 날아들기 쉽기 때문에 야생조류 퇴치기는 조류 인플루엔자에 노출될 가능성을 미연에 방지하는 좋은 도구다. 야생조류 퇴치 솔루션은 양계산업을 비롯한 전체 축산업에서 발생하는 비탄력적인 수요 중 하나인 셈이다.

아이체이스가 2023년 말 출시를 앞둔 인공지능 수포음 감지기는 닭의 건강 상태를 모니터링하고 호흡기 질병에 조기 대응할 수 있게 하는 제품이다. 사람이 호흡기 질환에 걸리면 숨소리가 거칠어지는 것처럼 닭도 호흡할 때 평소와 다른 소리를 내게 된다. 전통적으로는 계사 관리자의 관찰에 기대는 방식으로 증상을 모니터링해왔다. 닭이 휴식을 취하는 밤 8시에서 9시에 계사를 순찰하며 숨소리를 듣는 것이 일반적인데, 사람의 청각으로 수포음을 감지하려면 계사에서 취침하는 수고를 감수하며 6년 이상 훈련해야 한다.

아이체이스의 수포음 탐지기는 매일 저녁부터 다음 날 새벽까지 닭이 내는 소리를 녹음한다. 계사 관리자들이 계사당 3~4개 구역으로 나눠서 소리를 확인하듯 수포음 탐지기도 계사당 3~4개를 설치해 작동시킨다. 수포음 탐지기가 수집한 데이터는 정상과 이상 범주의 비율을 분석해 제공된다. 수포음 비율이 정상 수치를 벗어났을 때는 탐지기에 달린 경고등이 초록 불에서 빨간 불로 바뀐다. 평소 계사를 순찰하며 문제 여부를 빠르게 체크하는 데 도움이 된다.

매일 수포음을 측정하고 분석해 데이터를 제공하는 만큼 양계농

하우징 일체형 CCTV 모양을 한 인공지능 야생조류 퇴치기 출처 | 아이체이스

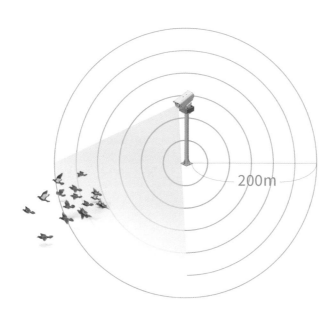

반경 200미터 이내 야생조류 접근을 판독하는 야생조류 퇴치기 출처 | 아이체이스

가에서는 조기에 문제를 파악할 수 있으며, 상황이 더 심각해지기 전에 적절한 조치를 할 수 있다. 아이체이스에 따르면, 사람이 계사를 순찰하며 숨소리를 듣는 것보다 질병 판단 시점을 이틀 정도 앞당길 수 있다고 한다.

아이체이스의 스마트 계사 관리 제품군은 농가뿐만 아니라 닭고기 가공업체가 관리 효율을 제고하는 데도 쓰이고 있다. 위탁사육 농가별 닭의 사육 상태를 실시간으로 모니터링할 수 있고 출하와 도축 시점, 배차 노선 등을 더욱 정밀하게 계획할 수 있기 때문이다.

◆

피할 수 없는 미래 스마트 농업

육용계로 만드는 치킨은 한국의 대표적인 인기 메뉴다. 해외에도 잘 알려져 옥스퍼드 영어사전에 한국어 발음 그대로 '치맥chimaek'이란 단어가 등재되기도 했다. 전국민이 즐겨 먹는 만큼 우리나라에 있는 치킨 가맹점 수만 3만 개에 달한다. 공정거래위원회 자료에 따르면, 2022년 기준 국내 치킨 가맹점 수는 전년 대비 13.6퍼센트 증가한 2만 9,373개에 달했다. 전반적인 닭고기 소비량도 많아졌다. 농촌진흥청이 2020년에 실시한 「닭고기 소비 실태 및 인식조사」에 따르면, 우리나라 성인 1인당 연간 닭고기 소비량은 3년 전보다 1.2킬로그램 증가한 15.67킬로그램으로 분석됐다. 닭고기를 일주일에 한 번 이상

돔카메라 모양의 인공지능 수포음 감지기   출처 | 아이체이스

데이터 대시보드를 통해 효율적인 관리를 도와주는 아이체이스   출처 | 아이체이스

소비하는 가구는 전체의 70.8퍼센트에 달했는데 3년 전보다 5.6퍼센트 포인트, 6년 전보다는 무려 18.2퍼센트 포인트 늘었다.

우리나라에서 소비되는 닭고기 100마리 가운데 83마리는 국내에서 생산된다. 한국농촌경제연구원 KREI, Korean Rural Economic Institute 이 2023년 초에 발표한 「농업전망2023」 자료에 따르면, 2022년 기준 우리나라의 닭고기 자급률은 83.3퍼센트에 달한다.

닭고기 소비가 많고 자급률은 높은 한편으로 축산농가는 고령화되고 있다. 통계청 자료에 따르면, 2005년에는 65세 이상 경영주가 운영하는 축산농가 비율이 25.2퍼센트로 네 가구당 한 가구 정도였으나 2019년에는 두 가구당 한 가구 수준인 43.6퍼센트로 높아졌다. 우리나라와 마찬가지로 1차 산업 비중이 낮은 대만에서도 농가의 고령화가 심화되고 있다. 2021년 기준 대만의 농목(농업+목축업) 인구는 총 218만 명이며 그중 34.9퍼센트가 65세 이상이다. 3년 사이 3.5퍼센트 포인트가 늘었다.

고령화는 심화되고 양계업종에 종사하려는 청년은 많지 않기에 스마트화가 대안으로 떠오르고 있다. 스마트 기기 사용이 익숙한 후계농들은 작업 환경의 스마트화를 추구하고 있으며, 기성세대들은 수익성이 좋은 사업을 물려주기 위해 스마트화에 관심을 보이고 있다는 것이 아이체이스 대표 에이든의 설명이다.

"농업의 스마트화는 최첨단 기술을 필요로 하지 않는다"고 에이든 대표는 말한다. 농가의 투자 접근성을 고려하면서 농민이 겪고 있는 애로사항을 정확하게 겨냥하는 것이 더 중요하다는 것이다. 어떤 부문에 도움이 필요한지 파악하고 경제성이 높은 사업 모델로 스마트화를 제공해야 한다는 설명이다. 에이든 대표가 농가와 소통하는 데 노력을 기울이는 것도 농민들의 일상적인 작업과 축적된 경험치를 바탕으로 자동화·스마트화가 가능한 부분을 포착하기 위함이다.

2022년 5월, 육용계용 인공지능 체중계로 기술력을 처음 선보인 아이체이스는 앞으로도 성장 잠재력이 높은 양계산업에 우선 집중해 제품 개발을 이어갈 계획이다. 에이든 대표는 양계인들이 닭의 생장과 건강 상태를 판단할 때 체중이나 수포음뿐만 아니라 벼슬, 눈, 발의 상태도 눈여겨본다는 점에 주목하고 있다. 인공지능, 클라우드, 센서 등의 IT기술로 닭의 상태를 측정하고 분석하는 다양한 솔루션을 개발해나가겠다는 것이 아이체이스의 포부다.

현대인이 영양을 공급받는 데 농업이나 축산업은 필수불가결하다. 그러나 농업 인구는 고령화되고 농업 기피 현상도 심화하고 있다. 노동력 부족 대책과 관리 효율 제고 측면에서 농업의 스마트화는 필연적인 추세가 되었다. 대만 스타트업 아이체이스의 사례는 육용계 수요가 많고 양계 인구는 고령화되고 있는 우리나라에도 강렬한 시사점을 던지고 있다.

유기자(타이베이무역관)

| 애그테크 |

애그테크, 전통 농업의 한계를
돌파하다

◆

멕시코시티

영국의 사상가 토마스 맬서스Thomas Malthus는 1798년 그의 저서 《인구론》에서 산술급수적으로 증가하는 식량 증산 속도보다 기하급수적으로 증가하는 인구 증가 속도가 훨씬 빨라 인류가 심각한 식량난으로 멸망하리라 예측했다. 다행히 인류는 멸망하지 않았으나 21세기에도 식량안보는 여전히 중요한 이슈 중 하나다. 최근 미·중 경쟁과 코로나19, 러시아·우크라이나 사태 등으로 인해 범세계적 공급망 재편이 일어나며 곡물 가격 변동성이 확대되고, 기후변화로 인해 작황도 부진해지며 식량안보의 중요성이 날로 커지고 있다.

맬서스의 예측을 빗나가게 한 핵심은 기술의 진보였다. 이번에도 식량안보 문제를 해결하기 위한 열쇠는 농업 분야에 기술을 적용하는 애그테크에 있다. 자동화 설비부터 인공지능, 빅데이터, 블록체인 등 다양한 기술이 농업 분야에 적용되고 있다.

시장조사 전문기관인 마켓츠앤드마켓츠에 따르면 글로벌 애그테크 시장 규모는 2023년 현재 162억 달러(21조 600억 원)로 추정되며, 2028년까지 연평균 9.4퍼센트 성장하여 254억 달러(33조 200억 원)에 달할 전망이다. 기술별로는 작물 내 변동성을 관찰 및 관리하는 정밀 농업이 48퍼센트로 가장 큰 점유율을 차지하고 있고, 정밀 임업이 27퍼센트, 축산 11퍼센트, 스마트 온실 9퍼센트, 기타 5퍼센트 순이다.

정밀 농업은 스마트 농업 시장에서 가장 큰 점유율을 차지하는 분야로 농업 생산성을 증진하고 자원관리를 효율화하기 때문에 생산자에게 높은 수익을 제공하고 소규모 농장의 성장을 도울 것이다.

◆

비료의 새로운 장을 열다, 그린비티에스

멕시코는 1차 산업이 GDP의 4.4퍼센트에 달하며 영토의 13퍼센트를 농업에 활용하고 있는 국가다. 멕시코는 노동력이 저렴하고 농부들의 자금 조달 능력이 낮은 편으로 아직 북미 시장보다는 애그테크 확산이 느린 편이나 점차 애그테크에 대한 관심이 늘어나는 추세다.

《잭과 콩나무》라는 동화책을 보면 하룻밤만에 하늘까지 자라나는 요술 콩이 나온다. 현실에 그런 요술 콩은 없지만, 대신 어떤 작물이든 뿌리의 영양소를 7배 강화해서 쑥쑥 자라나게 만드는 트리코데르마균Trichoderma을 활용한 비료가 있다.

2017년 호두를 재배하던 엘리아스 가족은 해충으로 인해 심각한 흉작을 겪었다. 생명공학자였던 세이리 엘리아스Seiry Elias는 방법을 찾다가 해충 퇴치에 효과적이라고 알려진 트리코데르마균을 활용해보기로 했다. 트리코데르마균은 토양이나 낙엽, 그루터기, 썩은 나무에서 나는 곰팡이의 일종이다. 이 균을 배양해 작물 근처에 살포하면, 포자가 물이나 습기와 접촉하며 식물의 뿌리로 직접 이동한다. 이 포자는 8일 후 관 모양으로 뻗어져 갈라진 균사가 얽혀 결합한 균사체로 변하기 시작한다. 그리고 작물의 뿌리 발육을 촉진시켜 영양소를 7배나 증가시킨다. 트리코데르마균을 활용한 결과는 대성공이었고, 화학비료와 살충제 없이도 호두나무의 90퍼센트를 살릴 수 있었다.

이 생명공학자는 트리코데르마균에서 가능성을 보고, 산업디자이너 레오넬 알타미라노Leonel Altamirano와 협업하여 본격적으로 상업화할 방법을 찾기 시작했다. 기존에 트리코데르마를 활용한 사례를 보면 많아야 세 가지 종류의 균을 배합했는데, 그린비티에스Green BTS는 세계 최초로 네 가지 균을 배합하여 토양과 작물의 종류에 상관없이 사용할 수 있는 제품을 만들었다. 첫 실험 대상이었던 호두 외에도 고추와 수박 등 다양한 작물에 테스트하면서 습기가 있는 곳이라면 어디서든 쓸 수 있다는 것을 알게 되었다.

애그테크

트리코데르마균을 합성하는 모습

출처 | 그린비티에스

그린비티에스 작동 원리에 대해 소개하는 직원들

출처 | 그린비티에스

멕시코 시장을 타깃으로 한 티투 베타

두 사람은 제품을 더욱 발전시키기 위해 그린비티에스라는 회사를 설립했다. 다양한 경연대회에서 우승한 결과 칠레의 한 비즈니스 인큐베이터에 입주하게 되었고 각각 멕시코 시장을 겨냥한 티투 베타 T2 Beta와 미국 시장을 노린 그린루트Greenroot를 개발하게 되었다.

2018년에는 멕시코의 대형 사탕수수 농가 중 한 곳에서 테스트 요청을 받았는데, 트리코데르마균을 적용하자 사탕수수 부피가 39퍼센트, 길이가 40퍼센트 증가했다. 기존에는 60톤을 생산하던 업체가 15퍼센트 증가한 69톤을 생산할 수 있게 되었다. 뿐만 아니라 연구실 테스트 결과 설탕 농도가 15퍼센트 증가했다. 100달러(13만 원)어치 비료를 구입함으로써 무려 350달러(45만 5,000원)의 수익을 낼 수 있게 된 것이다.

이런 성공사례들을 보고 네슬레와 펩시콜라 같은 글로벌 기업들이 그린비티에스의 고객이 되었고, 간판 고객들이 생기자 그린비티에스를 향한 투자 러브콜이 시작됐다. 사업 규모는 점점 확대되었다. 그린비티에스의 제품을 사용한 농지의 면적은 2017년 100헥타르에서 2022년 10배인 1,000헥타르로 늘어났고, 2023년에는 2,000헥타르로 두 배가 될 전망이다. 2022년까지 300여 개 이상의 농가에서 그린비티에스 제품을 활용해 생산성을 늘릴 수 있었고, 그 결과 얻게 된 추가 수익은 25만 달러(3억 2,500만 원)에 이른다.

그린비티에스의 제품은 효과가 뛰어나면서도 사용이 간편하다는 장점이 있다. 물에 희석해서 쓰는 분말 형태이기 때문에 다른 비료들

관개 시스템을 통해 그린비티에스를 살포하는 모습

그린비티에스 적용 전후의 비교

보다 부피가 작고 무게가 가벼우며, 또 관개 시스템에 넣으면 급수와 동시에 작물에 공급되기 때문에 편리하다. 보통 한 패키지가 5킬로그램 이하로 소량씩 판매되고 있기 때문에 운송 비용도 절감되는 장점이 있다.

그린비티에스는 기존의 화학 비료들과 달리 100퍼센트 천연성분이기 때문에 토지 보존, 탄소 배출, 식품 안전 세 가지 측면에서 농업의 패러다임을 바꿨다. 우선 그린비티에스의 제품을 활용하면 화학성분의 살충제를 사용할 필요가 없기 때문에 토양오염 걱정이 없다. 둘째, 기존 제품들과 달리 사용 시 탄소가 배출되지 않는다. 2022년까지 그린비티에스의 제품을 사용한 농지 1,000헥타르에서 2,200톤의 탄소를 감축한 셈이다. 그리고 마지막으로 인체에 해롭지 않은 천연성분이기 때문에 식품 안전에도 기여한다.

◆

인공지능으로 적합한 비료를 제공하는 솔레나

과유불급이라는 인생의 진리는 비료 사용에도 똑같이 적용된다. 솔레나Solena는 인공지능 기술을 활용하여 내 토양과 작물에 딱 적합한 비료를 추천해주는 기업이다.

멕시코의 생명공학자인 이르빙 리베라Irving Rivera와 옥타비오 곤잘레스Octavio Gonzáles는 농업 생산성에 대해 예전부터 관심이 많았다. 두

애그테크

사람은 멕시코 농가의 비료 사용 실태를 분석했는데, 결과는 매우 충격적이었다. 사용되고 있는 비료 중 20~60퍼센트가 작물에 적합하지 않은 비료였으며, 심지어 과사용으로 인해 작물에 해가 되는 경우도 있었다.

그래서 2015년부터 2017년까지 바이오 비료를 만들어 여러 지역에서 실험을 진행했는데, 테스트 기간 중 알게된 것은 바이오 비료에 대한 멕시코 농부들의 인식이 부족하다는 점과 바이오 비료가 막상 효과가 없을 때도 많다는 점이었다. 어떻게 하면 작물에 딱 맞는 비료를 쓸 수 있을지 고민한 끝에 두 사람은 2017년 솔레나를 설립했다.

인공지능을 활용해 비료를 개발하는 솔레나   출처 | 솔레나

솔레나의 창립자들은 비료 오남용 해결을 위한 첫 열쇠를 토양 미생물학에서 찾았다. 이들은 회사를 설립하기 전 2년간 다양한 토지에서 테스트를 진행했고, 아무리 좋은 비료라도 사용하는 땅과 맞아야 한다는 점을 알게 됐다.

작물별로 최적의 여건을 조성하기 위해 솔레나는 토양을 진단할 수 있는 키트를 판매한다. 키트의 사용법은 다음과 같다. 우선 토양 샘플을 채취한다. 그다음 토양을 진단받고, 결과에 따라 비료를 처방받는 세 단계를 거치게 된다. 솔레나는 특히 토양 샘플을 채취할 때 가장 생산성이 좋은 토양과 가장 생산성이 나쁜 토양 두 가지를 채취

솔레나의 토양 진단 키트　　　　　　　　　　　　　출처 | 솔레나

솔레나 연구실에서 토양을 분석하는 모습 출처 | 솔레나

솔레나의 토양별 비료 솔루션 출처 | 솔레나

하게 하여 특성을 비교하는데, 이때 각각의 토양이 가진 좋은 미생물을 생물학적 자본-Biological Capital 이라고 표현한다. 그리고 비료를 처방할 때는 이런 생물학적 자본을 최대한 활용함으로써 비료 사용을 최소화하도록 하고 있다.

앞장의 사진에서 확인할 수 있듯이 솔레나가 처방해주는 비료는 성분이 어떤지, 얼마씩 사용해야 하는지 포장지에서 바로 알아볼 수 있다.

솔레나는 토양 진단 및 비료 처방에 있어 신기술을 적극적으로 활용한다. 2022년 솔레나는 토양 진단 키트의 모든 게놈 정보를 통합하고 이를 인공지능과 결합시켜 분석 과정을 며칠에서 몇 시간으로 단축하는 데 성공했다. 또한 독일의 업무 솔루션 회사인 SAP에서 개발한 스마트 농업 시스템과도 연동하여 작물과 토양의 상태를 기록하고 관리하는 기능도 제공한다. 수합된 정보를 데이터베이스화함으로써 빅데이터를 통한 분석도 추진하고 있다. 앞으로도 솔레나는 이런 기술을 활용한 솔루션을 개발해나갈 예정이라고 한다. 기술과의 접목이 확대될수록 더 간단하지만 더 정확한 매칭이 가능해질 것이다.

한국은 식량자급률이 낮은 편이며 주요 곡물 대부분을 수입하고 있다. 농작물 경작 면적과 농업 인구도 점차 줄어들고 있기 때문에 식량안보는 항상 중요한 이슈다. 그렇기 때문에 전통적인 노동과 토지의 한계에 얽매이지 않고 품질 좋은 작물을 더 많이 만들 가능성을 열어주는 애그테크는 한국 농업의 미래라 할 수 있다. 멕시코의 애그테크 사례에서 알 수 있는 것은 어느 농가에서도 시도할 수 있는 간단한 해결책이 존재한다는 점이다. 소자본으로 도입할 수 있는 애그테크는 농가 규모에 상관없이 한번 시도할 만한 해결책이 될 것이다.

박주영, 마리아나 발렌수엘라(멕시코시티무역관)

에코 소비

소비로 가치관을 드러내는 사람들

　　　　　　　　　　　　　　과거에는 싸고 품질이 좋으면 소비
자들의 선택을 받을 수 있었다. 그러나 최근의 경향은 '가성비'가 더 이상 소비자 선택의 충분
조건이 될 수 없다는 것을 보여준다. 환경과 윤리적 옳음을 중시하는 새로운 세대는 소비를 통
해 자신의 가치관을 증명하기 때문이다. 환경을 보호해야 한다는 생각이 전 지구적으로 공유
되면서 기업 활동에도 다양한 제약과 규제가 생기고 있는 중이다. 국가 단위의 연합뿐 아니라
개별 국가 차원에서도 각종 정책이 발표되고 있다. 기업을 둘러싼 외부 환경의 변화가 지금까
지의 경영 방식을 바꾸길 촉구하는 와중에 글로벌 비즈니스 시장에선 어떤 일들이 벌어지고
있는지 살펴보자.

| 에코 소비 |

음식으로 음식을 포장하는
친환경 시대

스톡홀름

2022년 성인 22명 중 무려 17명의 혈액에서 미세플라스틱이 검출
됐다는 기사가 네덜란드에서 보도된 적이 있다. '배달의 천국'으로 불
리는 한국은 온갖 포장 음식과 테이크아웃 음료 등에 플라스틱 용기
를 많이 쓰고 있으니 아마 네덜란드보다 심할지도 모른다.

전 세계가 플라스틱으로 몸살을 앓고 있다. 우리는 플라스틱이 없
는 세상을 상상할 수 있을까? 가령 마트에 가면 얇은 플라스틱 비닐로
포장된 오이를 볼 수 있다. 소비자 손에 들어가는 순간 바로 버려지고
환경오염을 일으키는 이런 포장재 대신, 인체에 무해하면서 먹을 수
도 있고 보존 기간까지 늘려주는 무색무취 코팅제가 있다면 어떨까?

세이브지Saveggy 대표 바히드 소라푸르Vahid Sohrabpour 박사는 환경에 막대한 악영향을 끼치는 플라스틱의 대체 방안을 고민하고 있었다. 그리고 전 세계에서 연간 15억만 톤의 신선식품이 생산되어 총 45퍼센트, 그 중에서 유통과정만으로도 30퍼센트가 소비되지 못한 채 버려지는 현실에 주목했다. 그는 채소와 과일의 신선도 유지를 위해 자연 고유의 특성을 이용한 혁신적인 방안을 연구했고 그 결과 100퍼센트 생분해가 가능한 특수 액체 코팅제 개발에 성공한다.

바히드 소라푸르 박사는 식품 패키징에 관한 전문가다. 세계 최대 식품 패키징 기업 중 하나인 테트라팩Tetra Pak에서 근무하며 식품 공급망에서의 패키징 최적화를 고민하고, 스웨덴 룬드대학교에서는 식품 패키징 및 폐기물을 줄일 방안을 연구했다. 이후 그는 관련 전문가

보존 기간을 늘려주는 생분해 액체 코팅제가 적용된 오이와 바나나

출처 | 세이브지

들과 논의를 나누던 중 식용 코팅제에 관해 알게 되었고, 과거 테트라
팩에서 함께 근무했던 동료와 2020년 세이브지를 창업했다. 세이브지
는 'Save'와 'Veggie'의 합성어다. 이후 세이브지는 현재의 기술을 개발
하기 위해 룬드대학교와 밀접하게 협업을 해왔으며, 유럽과 스웨덴 최
대 식품 유통망 중 하나인 리들Lidl, 이카ICA 등 유통업계의 큰 관심을
받고 있다. 유럽연합과 그린테크 투자가 등으로부터 제품 상업화와
다양화를 위해 총 약 2,000만 크로나(24억 원)가량을 투자받기도 했다.
향후에는 채소나 과일뿐 아니라 육류 등 적용 범위를 더욱 확대하여
탄소 저감과 지속 가능한 식품 유통을 위해 혁신하는 것이 목표다.

◆

자연에서 자연으로, 100퍼센트 생분해 코팅제

그렇다면 이 코팅제는 어떻게 만들어질까? 쉽게 말하면 특정 식물
들을 갈아 추출물을 얻어 코팅 물질로 혼합하여 얇은 막을 만드는 것
이다. 이 막은 채소에서 발생하는 가스와 수분을 제어하고 미생물 침
투로부터 보호한다. 만들어진 코팅제는 생산자 또는 유통기업이 채소
와 과일에 스프레이로 뿌리거나 담그는 형태로 입히게 된다. 산화와
미생물 번식을 막고 수분과 형태를 유지할 수 있게 도와줘 품목에 따
라 최대 3~4배 이상 유통기한을 늘릴 수 있다.

코팅제에는 어떤 합성 화학 물질이나 유전자 변형, 석유 기반 물

에코 소비

질, 미세 플라스틱 등이 포함되지 않고 재생 가능한 식물 기반 원료이자 비건 성분으로 만들어져 여느 음식과 동일하게 섭취할 수 있다. 자연에서 만들어져 자연으로 돌아가는 100퍼센트 생분해 패키징으로 현재 오이, 바나나 등과 같은 거의 모든 채소와 과일 적용에 성공하였으며, 상용화를 앞두고 다양한 기업들과 협업 개발을 진행 중이다.

앞선 사진에 있는 해당 코팅제를 입힌 오이와 그렇지 않은 일반 오이를 비교해보면 코팅제를 입히고 3주가량이 지난 오이는 그렇지 않은 일반 오이와 눈으로 확연히 구분될 만큼 상품성을 그대로 유지한다. 상온에서 10일이 지난 바나나도 마찬가지다.

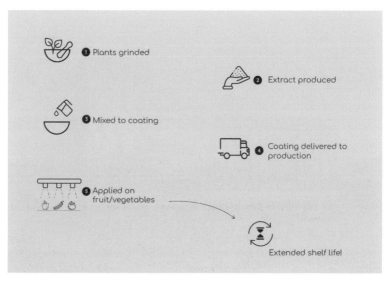

생분해 액체 코팅제 제조와 유통 과정   출처 | 세이브지

성공을 지원하는 스웨덴의 혁신 기술 육성 지원 시스템

세이브지의 성공적인 기술 개발은 기업 자체의 노력뿐 아니라 오픈 이노베이션을 위한 정부, 지자체, 학교 등의 노력이 일구어낸 결실이다. 세이브지가 위치한 메디콘 빌리지Medicon Village는 과거 아스트라제네카AstraZeneca의 연구시설이 소재하던 스칸디나비아 최대 생명과학 클러스터의 일부로 생명과학 유망 스타트업을 집중적으로 지원하는 인큐베이터 기업 스마일SmiLe이 입주해 있다.

인큐베이터 기업 스마일이 있는 메디콘 빌리지   출처 | 스마일

스마일은 룬드시, 룬드대학교, 스코네주 등으로부터 자금을 지원받아 운영되는 비영리기관으로 스웨덴 혁신청Vinnova, 경제지역개발청Tillväxtverket, 유럽연합 등의 지원을 받는다. 기업들은 매우 저렴한 비용으로 인큐베이터 사무실에 입주하고, 개발부터 상용화까지 전담 코치와 투자가 네트워크를 통해 전 주기에 걸쳐 도움을 받을 수 있다.

특히 인큐베이터 안에는 생명과학 중소기업이 필요로 하는 고가의 연구개발 장비들이 구비되어 있어 활용도가 높고, 세이브지 역시 이 연구실을 사용할 수 있어 개발에 큰 도움을 받았다. 또한 이곳은 에릭슨 휴대전화와 블루투스 기술, 의료용 초음파 등이 가장 처음 개발된 지역으로 다양한 기술과 혁신을 주도한 오랜 역사를 자랑한다.

◆

거대 식품 유통망과 유럽연합이 주목하는 지속 가능한 패키징

세이브지는 설립 초기부터 스웨덴과 유럽의 거대 식료품 유통망 기업들의 많은 관심을 받았다. 식품 유통과정에서 플라스틱을 대체하여 탄소를 절감하고, 유통기간을 늘려 지속 가능한 식품 소비에 기여할 수 있기 때문이다.

독일에 본사를 둔 유럽 최대 식료품 유통망 중 하나인 리들은 2020년 '미래 지속 가능 프로젝트Future Initiatives, Sustainabillity Emergency'를 통해 세이브지의 기술이 혁신적인 식품 유통 대안이라는 점을 높이

평가하고, 122개 혁신 기술 중에 세이브지를 선정하여 약 200만 크로나(2억 4,000만 원)를 지원했다. 이는 세이브지의 본격적인 개발 자금이 되었다. 이후 세이브지는 탄소 저감을 위한 그린테크 벤처투자가들로부터 800만 크로나(9억 6,000만 원) 투자유치에 성공해 제품 개발을 확대하고 있다. 특히 스웨덴 및 인근 발트국가에 약 1,600여 개 매장을 보유하고 있는 스웨덴 최대 식품 유통체인 이카ICA로부터도 지속 가능성을 주목받아 패킹 허브 공급을 위한 파일럿 계약을 체결하였으며, 이를 통해 스웨덴 채소생산자협회 Odlarlaget와 함께 협력하여 코팅 기술을 적용한 채소 유통을 앞두고 있다.

나아가 유럽연합에서도 국제 협력 연구개발을 지원하는 유레카 Eureka 유로스타 프로그램을 통해 총 900만 크로나(10억 8,000만 원)를 지원받았다. 이를 위해 지속 가능한 식품을 개발하는 포르투갈의 아르보레아 바이오 푸드Arborea Bio Foods 및 아이슬란드 기업 토르베르크 Thorverk 등과도 협력 개발을 진행한다.

◆

유럽이 플라스틱 대체재에 주목하는 이유

유럽은 왜 세이브지의 기술에 주목할까? 유럽연합은 2050년까지 탄소 중립을 목표로 자원 채취에 이어 대량생산과 폐기로 종결되는 기존 선형경제에서 벗어나 지속 가능한 성장과 순환을 의미하는 순환

경제 실행계획을 수립한 바 있다. 설계부터 생산, 유통, 폐기물, 수거, 재활용으로의 순환을 통해 원료의 신규 투입을 최소화하고 자원의 순환성을 향상시키려는 목적이다. 유럽연합은 자원 순환성 향상을 위해 노력해야 하는 7대 핵심 분야를 선정했는데 플라스틱, 포장재, 식품 등이 포함되어 있다. 세이브지의 기술은 유통에 사용되는 플라스틱과 식품 폐기물을 동시에 크게 줄여 이러한 순환 경제 달성에 기여한다.

유럽연합은 2019년부터 일회용 플라스틱 사용규제 지침 법안을 통과시키고, 이후 식기류 등 열 가지 품목에 대한 사용을 전면 금지했다. 나아가 2020년 7월에는 플라스틱세를 채택하며 회원국별 연간 포장재 생산량에서 재활용 플라스틱을 제하고 남은 폐기물에 대해 킬로그램당 0.8유로(1,100원)를 유럽연합에 납부토록 한다. 플라스틱 사용으로 인해 회원국에 실질적인 경제적 부담이 발생하는 것이다. 나아가 같은 해 12월에는 플라스틱 폐기물 수출금지 규제를 발표하여 역내 폐기물을 개도국으로 전가할 수 없도록 책임을 강화하고 있다. 이에 대체재 개발과 폐기물 감축, 재활용률을 높이기 위한 근본적인 방안이 요구된다.

스웨덴 역시 2045년까지 유럽연합보다 빠른 탄소 중립 달성을 목표로 순환경제 전환 추진은 물론 플라스틱 사용에 대한 대안 마련이 가속되고 있다. 2020년 5월에는 플라스틱 봉투에 별도 세금을 부과하여 사용에 제한을 두었으며, 스웨덴 환경보호청 Naturvårdsverket 에서는 2021년 지속 가능한 플라스틱 사용 로드맵을 통해 친환경적인 원료 및 생산, 자원의 똑똑한 사용, 자연으로의 폐기물 최소화, 재활용 대폭 확대 및 관련 시스템 고도화 등을 네 가지 핵심과제로 발표했다. 특히 일부 일회용 플라스틱에 대해서는 2022년 1월부터 유럽연합과 마찬가지로 관련 제품을 금지하고, 2023년 1월부터는 패키징에 대한 생산자 책임 법령을 확대 시행하면서 설계, 생산, 수집, 폐기물 관리에 대해 더욱 엄격한 관리와 보고 의무를 이행토록 했다. 나아가 플라스틱 패키징의 원료 재활용을 강조하며 2025년까지 최소 50퍼센트 이상을 달성토록 하고, 2024년 1월부터는 가정에서 발생하는 해당 폐기물에 대한 수집, 운영에 대한 책임을 지자체로 옮겨 관리 감독을 더욱 강화키로 했다.

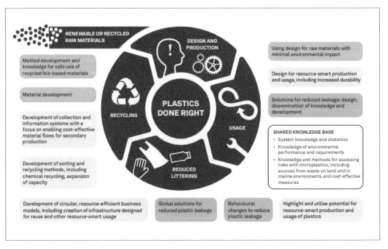

탄소 중립을 위한 스웨덴 플라스틱 감축 로드맵　　　　　출처 | 스웨덴 환경보호청

◆

탄소 중립을 위한 스웨덴 기업들의 노력

플라스틱 대체재 개발 및 폐기물 절감을 위한 세이브지의 노력과 기술은 스웨덴 내에서 독보적이다. 그러나 세이브지만 이러한 노력을 하는 건 아니다. 플라스틱 분야의 순환 경제 활성화를 위한 업계의 노력은 스웨덴 혁신청 등의 관계 기관 지원과 함께 꾸준히 늘어나고 있다.

디자인 스튜디오 회사인 투모로우머신Tomorrow Machine 역시 자연이 내용물을 보존하는 방식에서 영감을 받아 감자 전분으로 만든 생분해 주스 병을 만들었다. 플라스틱 병은 분해에 수십 년이 걸리지만, 내용물은 얼마 지나지 않아 금방 상하게 된다는 점에 주목했다. 그래서 제품을 소비한 후에 바로 분해시킬 수 있는 병을 개발한 것이다. 곤쉘 GoneShells 이라 불리는 이 제품은 오렌지처럼 껍질을 벗겨 물에 분해하여 폐기할 수 있으며, 심지어 먹을 수도 있다. 이런 용기가 과연 내용물을 담을 수 있을지 걱정이 되겠지만, 내외부는 액체나 기름, 산소로부터 분리할 수 있는 생분해 가능 물질로 코팅이 되어 있어 주스와 같은 액체를 담을 수 있다. 현재 독일 글로벌 주스회사인 에케스그라니니Eckes-Granini 와 협업하여 음료 용기 시제품 개발을 완료하고, 상업화를 위해 관련 기업들과 연구개발을 진행하고 있다.

우블레Ooble 라는 기업 역시 스무디나 쉐이크, 주스 등 음료에 사용하는 생분해 비건 빨대를 만든다. 창업자는 스웨덴 룬드대학교에서 인간중심 디자인 사고 수업 프로젝트를 진행하던 중 식품 패키징 산업의 지속 가능한 솔루션을 고민하게 되었다. 이후 특허로 인정받은 기술로 차가운 음료 안에서도 40분 동안 그 모양을 견고하게 유지할 수 있는 빨대를 개발했다. 음료를 모두 마신 후에 빨대는 과자처럼 씹어먹을 수 있다. 액체 안에서는 딱딱하고 견고한 형태를 유지하고 음료의 맛에는 전혀 영향을 주지 않지만 씹었을 때만 맛을 느낄 수 있다. 현재 시나몬과 초콜릿 맛을 판매한다.

스웨덴은 국토 면적의 70퍼센트 이상이 숲으로 덮여 있는 세계 4위의 펄프, 종이, 목재 수출국이다. 이런 환경에 기반해 펄프 원료 또는 폐기물을 활용한 플라스틱 대체재 개발 기업이 많이 탄생하고 있다. 최근 스웨덴 내 혁신기업으로 주목을 받고 있는 풀팩Pulpac은 일반 펄프에 해당하는 셀룰로오스 섬유를 사용해서 거의 모든 3차원 형태의 단단한 패키징 제품을 생산하는 기술을 보유하고 있다. 기존의 섬유 몰딩 방식과 달리 물을 거의 사용하지 않는 건조 몰딩 방식을 사용하기 때문에 물의 사용량을 극히 줄이고 폐수가 발생하지 않아 환경 영향이 매우 낮으면서도 자원 효율이 높다. 풀팩은 식기류 같은 일회용 플라스틱 대체품뿐만 아니라 제약 패키징 등 각종 산업의 제품 개발에 주력하고 있다. 기존의 섬유 성형 방법보다도 10배 이상 제조가 빨라 저비용 고효율이면서도 플라스틱에 비해 탄소 배출을 약 80퍼센트가량 낮출 수 있다.

플라스틱프리PlasticFri라는 기업은 밀 싹이나 옥수수 껍질 같은 농

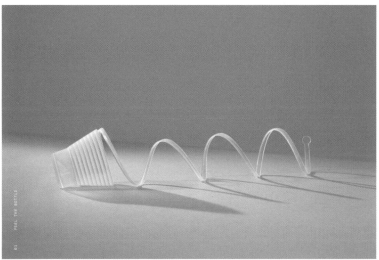

감자 전분으로 만든 먹을 수 있는 주스 병 출처 | 곤쉘

업 부산물을 사용해 100퍼센트 생분해 가능 제품을 생산한다. 실제 마트에서 볼 수 있는 신선한 채소 포장, 과일 보관용 플라스틱 봉투부터 쓰레기봉투, 일회용 앞치마 등 다양한 제품을 출시했다. 카스머티리얼Cass Materials AB은 종이와 펄프 산업 폐기물을 활용하여 소위 스티로폼이라고 알려진 EPSExpanded Polystyrene와 같은 화석연료 기반 물질을 대체할 수 있는 산업용 폼Foam 제품을 만든다. 그 어떤 합성물질이나 계면활성제 등의 사용 없이 제조하는 친환경 생산은 물론이고, 100퍼센트 나노셀룰로오스 물질로 만들어 환경에 영향을 끼치지 않고 분해될 수 있다. 또한 소재의 특성상 무척 가볍지만 높은 강도를 가지고 있어 더욱 주목할 만하다.

이러한 대체재 개발 노력 외에도 스웨덴에서는 재활용 확대 및 관련 기술 첨단화를 통한 자원 순환성 강화에도 높은 관심을 가지고 투자하고 있다. 이를 통해 신규 플라스틱 원료 투입과 폐기 소각량을 줄여 화석연료 사용과 탄소 배출 절감이 가능하기 때문이다.

스웨덴은 1994년부터 가정에서 소비한 플라스틱 병의 보증금 반환 시스템이 시행되었을 만큼 국민들의 재활용 인식 수준이 높다. 그러나 스웨덴 환경보호청에 따르면, 2020년 기준 전체 플라스틱 폐기물 중 원료로 재활용되는 비율은 약 10퍼센트에 불과하며 전체 폐기물 중 플라스틱 패키징은 약 34퍼센트가 원료로 재활용되고 있다. 나머지는 소각되어 환경오염을 야기하거나 산업용 연료로 쓰이고 있어 플라스틱 재활용 역시 과감한 투자가 필요한 분야로 떠올랐다.

먹을 수 있는 비건 빨대 　　　　　　　　　　　출처 | 우블레

섬유 건조 몰딩 방식으로 만든 알약 패키징 　　　출처 | PA Consulting

스웨덴 환경보호청은 2015년부터 온실가스 배출량의 절감을 위한 미래 그린전환 기술에 투자하는 기후투자 프로젝트Klimatklivet를 운영하고 있으며, 설립 이래 2023년 3월까지 총 135억 크로나(1조 6,200억 원)를 투입했다. 관련한 다른 자금 조달을 포함하면 총 320억 크로나(3조 8,400억 원)에 이른다. 최근에는 재활용 및 순환 분야에 최대 투자금을 투입하고, 그중에서도 패키징 생산자 책임제도와 연계한 가정 플라스틱 폐기물 수집 및 분류 자동화 기업에 약 1억 크로나(120억 원)를 지원하기도 했다.

이와 같은 대규모 투자를 유치한 곳은 스웨덴 플라스틱 재활용 기업Swedish Plastic Recycling AB인데, 스웨덴의 플라스틱 산업정보협의회, 식료품 유통협회와 무역협회 등이 공동으로 이끄는 비영리 기업이다. 2019년부터 스웨덴 전역을 대상으로 유럽 최대 플라스틱 패키징 수집 분류 공장을 운영해왔다. 최근 신규 투자를 받아 6만 제곱미터에 이르는 자동화 공장으로 연간 20만 톤을 처리하는 '사이트 제로Site Zero'를 건설한다. 센서 기술을 활용해 사실상 모든 종류의 플라스틱을 높은 정확도로 분류하여 재활용할 수 있게 한다. 나아가 시설은 재생 에너지로 가동되며 재활용할 수 없는 소량의 플라스틱 폐기물은 탄소 보관소Carbon Capture Storage에 보관된다. 이런 프로젝트를 통해 스웨덴 시장 내에서 플라스틱 생산자들이 관련 폐기물 수집과 재활용을 통한 생산자 책임을 이행하도록 하고 궁극적으로 순환 경제에 기여한다.

한국은 어떨까? 우리 정부 역시 '2050 탄소 중립'을 달성하기 위해

에코 소비

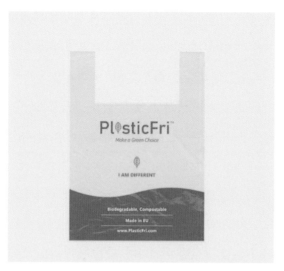

농업폐기물로 만드는 대체 플라스틱 봉투   출처 | 플라스틱프리

한국형 순환 경제 이행계획을 발표하고 생산 및 유통단계의 자원순환 강화를 강조한 바 있다. 특히 2050년까지 석유계 플라스틱을 순수 바이오 플라스틱으로 대체하고, 폐플라스틱 재활용을 높이기 위해 적극적인 투자와 규제 완화를 펼치고 있다. 식품 공급망에서도 폐비닐 등 플라스틱 발생을 최소화하려는 노력이 확대됨에 따라 한국에서도 관련 대체재와 재활용 기술에 대한 수요가 높아질 것으로 보인다.

탄소 중립을 목표로 하는 지속 가능한 산업 및 공급망 전반에 대한 고민은 어느 국가도 피해갈 수 없으며, 이에 대한 실행계획은 모든 국가에서 찾아가야 할 글로벌 어젠다가 되었다. 우리도 스웨덴의 많은 혁신기업들과 같이 기존과 다른 새로운 혁신을 시도하는 용기가 필요하다.

하서희(스톡홀름무역관)

에코 소비

버려지는 쓰레기의 가치 있는 변화,
테라사이클

달라스

캐나다 출신의 프린스턴대학교 신입생 톰 쟈키Tom Szaky는 고등학교 졸업반 시절 친구들과 추억을 쌓기 위해 함께 식물을 키웠다. 그 후 대학 진학을 위해 미국으로 떠나야 했던 톰은 문득 식물들이 잘 자라고 있는지 궁금해진다. 짧은 휴가 동안 차를 몰고 캐나다로 향했던 그는 깜짝 놀라고 말았다. 식물들이 시들었을 거라는 예상을 깨고 놀라우리만큼 울창해진 것이다. 그는 캐나다에 남아 식물을 키워온 친구들에게 성장의 비법에 대해 흥미로운 사실을 듣게 된다. 그들이 식물을 키우기 위해 공급한 것은 시중에 판매되는 비료나 식물용 영양제가 아니라 그들이 먹다 남은 음식물 쓰레기를 지렁이에게 먹여 나온 배설물(분변)이라는 것이다. 이는 당시 경제학 원리를 수강하며 하루 종일 수요와 공급 곡선, 그리고 가격과의 상관관계를 연구하던 그에게 획기적인 사업 아이디어를 떠올리게 한다.

엄청난 공급이 존재하는 동시에 누구도 원하지 않은 나머지 공급하는 쪽에서 오히려 돈을 주고 팔아야 하는 유일무이한 아이템, 즉 음식물 쓰레기를 이용해서 가치 있는 재화를 만들어낼 수 있다면 두 배의 경제적 효과를 창출하는 것이 아닐까? 휴가에서 돌아온 톰은 음식물 쓰레기를 이용한 퇴비 사업을 시작하기 위해 시장조사에 착수했다. 그리고 학교의 협조로 기숙사 인근 부지를 무상으로 임대했다. 그다음 카페테리아에서 받은 음식물 쓰레기를 가지고 지렁이 배설물 퇴비를 생산하는 데 성공했다. 이것이 테라사이클이 2001년 최초로 만든 상품인 지렁이 분변 비료Worm Poop Plant Food다. 독특한 것은 원료 자체를 폐기물로 만들었을 뿐 아니라 코카콜라, 펩시, 스프라이트 등 쓰고 버려진 제각각의 음료수 페트병에 담았다는 것이다. 이 독특한 비료는 미국의 대표적인 친환경 유기농 슈퍼마켓 체인인 홀푸드마켓 Whole Foods Market에서 출시되자마자 날개 돋친 듯 팔려나갔다.

◆

소비자와 기업이 함께 참여하는 재활용 프로그램

미국 환경보호국EPA, Environmental Protection Agency에 따르면, 미국에서

매년 3,570만 톤가량의 플라스틱 폐기물이 발생하고, 그중 8.7퍼센트(약 300만 톤)만이 재활용된다. 재활용되지 못한 폐기물의 대부분은 매립되고 일부는 소각된다. 미국의 환경단체 라스트비치클린업Last Beach Cleanup의 설립자인 잰 델Jan Dell은 영국 언론사 가디언과의 인터뷰에서 미국의 플라스틱 폐기물 중 절반 이상은 해외로 수출되는데, 이마저도 중국 등 수입 국가에서 더 이상 받아들이지 않기 시작하면서 재활용률이 점차 감소하는 추세라고 했다. 게다가 현재 미국은 국내에서 발생하는 플라스틱 폐기물을 자체적으로 재활용할 수 있는 능력이 거의 없다.

테라사이클은 이런 현실에 의문을 가졌다. 폐기물들은 정말 그렇게 버려질 수밖에 없을까? 지렁이 분변 비료로 업계의 관심을 모은 테라사이클의 다음 행보는 폐기물 생성의 주범인 기업과 잠재적 폐기물을 사는 소비자들을 재활용 산업에 직접 참여시키는 재활용 솔루션 사업이었다.

테라사이클은 사회공동체 속에서 기업의 역할이 바뀐 점에 주목했다. 기업은 재화를 생산하여 판매하는 데에서 그 역할을 마치는 게 아니었다. 제품을 구매함으로써 필연적으로 발생하는 쓰레기를 처리하는 일은 소비자의 몫으로 미뤄왔던 과거와는 달라졌다는 것이다. 요즘 기업들은 제품의 품질이나 가격만으로 평가받지 않는다. 기업이 사회적·환경적으로 책임을 다하는지, 그가 속한 공동체를 위해 사회적 가치를 창출하는지 등 기업의 지속 가능성에 대해 엄밀한 평가를 받는다. 그리고 이런 요소들이 소비자들의 제품 구매 결정에 엄청난 영향을 끼친다. 테라사이클은 이런 사회 인식의 변화에서 사업의 가능성을 찾았다. 기업을 대신해 재활용이 어려운 폐기물들을 소비자로부터 직접 수거해주고, 이를 재활용이 가능한 소재로 변환시켜 제품 생산에 다시 활용할 수 있게 했다. 그리고 이런 폐기물 중 일부는 기업 특성을 반영한 기념품 또는 공공 재화로 업사이클링 upcycling 하여 자원순환에 대한 실질적인 해결책을 기업에 제시했다. 또한 재활용을 직접 수행해야 하는 소비자의 진입장벽을 낮추기 위해 세척이나 라벨 제거 등을 거치지 않은 폐기물들도 일괄 수거하여 참여율을 높였다. 그리고 소비자가 폐기물 재활용 결과를 체감할 수 있도록 가치 있는 제품으로 재탄생시켜 되돌려주었다.

테라사이클과 협업하여 자사 포장 폐기물을 재활용하는 네스프레소 커피캡슐 　출처 | 테라사이클

캡슐커피 제조사 네스프레소Nespresso도 테라사이클과 협업했다. 사용 완료한 알루미늄 커피 캡슐을 수거해 이를 주방용품이나 볼펜 등으로 만든 뒤 제품 프로모션에 이용했다. 미국 아이들이 사랑하는 대표적인 간식인 고고스퀴즈GoGo squeeZ도 동참했다. 소비자들이 먹고 남은 애플소스 파우치와 뚜껑을 모아 지정 수거소로 보내면 매 발송 건당 2포인트를 적립시켜주고, 포인트당 1센트(13원)로 환산해 원하는 자선 단체나 학교에 기부할 수 있도록 했다.

테라사이클은 현재 미국 지역에서만 150여 개 식품, 의류, 뷰티, 완구 등 각종 소비재 브랜드 기업들과 협업하여 기업의 재활용 솔루션을 대행하고 있다. 소비자들이 지정된 장소에 직접 갖다 두거나 우편으로 부치는 간단한 참여를 통해 사회 기부와 같은 가치 있는 경험을 하도록 유도함으로써 재활용을 독려한다. 이렇게 재활용에 대한 인식을 일깨워 기업과 소비자가 함께 참여하는 선순환의 비즈니스 모델을 제시하고 있다.

◆

모든 유형의 폐기물을 재활용하는 제로 웨이스트 박스

테라사이클은 "모든 폐기물은 재활용할 수 있다"고 말한다. 하지만 정부나 지자체에서 재활용품으로 수거하는 폐기물의 유형은 매우 한정적이다. 재활용이 까다로운 폐기물일 경우 수거하여 운반하고 세척하고 원료로 가공하는 비용을 제하고 나면 재활용으로 얻을 수 있는 수익은 거의 없거나 오히려 밑지는 경우가 많기 때문이다. 그렇기에 재활용을 통해 최소한의 이익이라도 얻을 수 있는 폐기물에 한해서만 수거한다. 이렇게 일반적으로 재활용되지 못하고 버려지는 폐기물에 대한 해결책으로 제로 웨이스트Zero-Waste 박스가 있다.

제로 웨이스트 박스는 약간의 비용을 지불하더라도 내가 소비한 물건이 환경에 피해를 주지 않는 방식으로 건강하게 폐기되거나 재활용되는 것을 원하는 이들을 위한 서비스다. 박스는 지자체나 회사, 개인에게 유료로 판매된다. 과자 포장지에서부터 장난감, 마스크, 헌옷, 화장품 공병에 이르기까지 일반적으로는 무료로 수거되지 않는 폐기물들을 수거할 목적이다. 소비자들은 각자의 폐기 목적에 맞는

다양한 유형의 박스를 구매한 후 폐기물을 박스에 담아 테라사이클로 다시 보내주기만 하면 된다. 이후 각각의 박스들은 테라사이클의 재료 회수 시설MRF, Materials Recovery Facility로 보내져 비슷한 물질끼리 분류되고, 세척·분쇄 등 처리 과정을 거친 후 원자재로 돌아가 새 제품으로 재탄

제로 웨이스트 박스   출처 | 테라사이클

생된다. 플라스틱 가구에서부터 물뿌리개, 건축용 튜브, 바닥 타일, 놀이터 바닥재 등 재활용 원료가 활용될 수 있는 곳은 무궁무진하다.

◆

쓰레기 없는 사회를 만들기 위한 루프 플랫폼

재활용이 여러 차례 반복되다 보면 제품 품질은 어쩔 수 없이 떨어진다. 재활용되어 새롭게 만들어진 제품 또한 궁극적으로는 폐기라는 종착지에 서게 된다. 테라사이클에게는 다음 목표가 있다. 재활용을 통해 쓰레기의 양을 줄이는 것에서 나아가 궁극적으로는 쓰레기가 발생하지 않는 사회를 만드는 것이다.

신소재 개발로 제품 포장 단가는 계속 하락하고, 인건비는 상승하고, 포장 용기 디자인은 복잡해지면서 재활용 수익성은 점차 감소하고 있다. 반면에 소비자들은 환경보호의 필요성을 점차 절감하고 있는 모순적인 상황 속에서 테라사이클은 2019년 5월 루프Loop라는 별도의 회사를 출범시켰다. 샴푸, 린스, 세탁세제에서부터 아이스크림 등 종류를 불문한 다양한 소비재들을 재사용이 가능한 다회용기에 담아 판매하는 서비스다. 자체 플랫폼을 통해 판매되며 빈 용기는 회수 후 세척하여 재사용한다. 친환경이나 재활용이 아닌 '재사용'에 초점을 둔 루프 서비스는 이미 코카콜라, 유니레버, 네슬레, P&G, 로레알 등 200여 개의 글로벌 소비재 기업들 그리고 월마트, 크로거, 테스코

등 대형 유통기업들과도 파트너십을 맺었다. 미국, 캐나다, 영국, 프랑스, 일본, 호주에서 사업을 전개하고 있다. 미국 최대 슈퍼마켓 체인인 월마트의 본사가 소재한 미국 아칸소주의 일부 월마트 지점에서는 식료품, 의약품 등을 당일 배송하는 인홈InHome 서비스를 통해 루프 자체 용기에 담긴 거버Gerber 유아식, 팬틴Pantene 샴푸 등을 구매할 수 있다. 제품을 다 쓰고 나서는 용기를 폐기하는 대신 인근 매장에 반납하면 된다. 제품마다 상이하나 유리 공병의 경우 0.5~1달러(650~1,300원), 스테인리스 용기의 경우 2~3달러(2,600~3,900원) 정도의 보증금을 루프 앱을 통해 돌려받을 수 있다.

루프는 용기 재사용을 통해 기업의 포장 비용을 줄여주는 동시에 회수나 세척 같은 번거로움을 도맡아 기업의 부담을 줄였다. 소비자들에게도 불편한 추가 작업을 거의 요구하지 않는 데다 기존 제품과 크게 차이 없는 가격대를 유지했다. 이러한 서비스와 가격 정책으로 기업과 소비자 양쪽에서의 참여도를 끌어올리고 있다.

재사용이 가능한 다회용기에 담긴 제품들

출처 | 월마트

에코 소비

버린 쓰레기도 다시 쓰는 자원순환이 필요한 이유

지난 2021년 코카콜라 산하 리서치 기관 CCRRC Coca-Cola Retailing Research Council가 시행한 「지속 가능성에 대한 소비자 행태 조사」 보고서에 따르면, 미국 슈퍼마켓 쇼핑객 10명 중 7명은 제품 구매 시 가능한 한 환경에 미치는 영향을 줄이기 위해 노력한다고 답했다. 우리나라 국민들도 마찬가지다. 조금 비싸더라도 제품 생산 과정 중 환경 파괴 요인이 있었는지, 포장 및 소재가 친환경인지, 제품을 생산하는 기업이 공정거래를 수행했는지 여부 등을 고려하여 구매를 결정하는 '가치 소비'가 트렌드로 자리 잡고있다. 기업들 또한 새로운 소비 행태를 적극적으로 받아들이고 기업 차원에서 캠페인을 하거나 친환경 소재로 패키지를 바꾸는 등 '자원순환'을 위해 실질적인 노력을 기울이고 있다.

우리가 쓰레기로 평가하는 폐기물 중에도 여전히 쓸모 있는 자원은 존재한다. '쓰레기라는 개념을 없애자 Eliminating the Idea of Waste'라는 테라사이클의 비전처럼 이미 버려진 폐기물도 다각도로 접근하여 다시 사용할 방법을 찾고, 재활용하고 재생하는 과정을 장려하는 자원순환은 지속 가능한 미래를 위해 우리가 반드시 거쳐야 할 과정이다. 기업도 변화하는 소비자들의 선택을 받으려면 자원순환에 대한 고려는 필수다. 따라서 기업 실정에 맞는 자원순환 방법을 모색하고, 제품 연구

개발 단계에서부터 이를 적극 고려하여 상품화해야 한다. 그런 노력을 소홀히 하지 않는다면 국내뿐 아니라 글로벌 시장에서도 충분히 경쟁 우위를 선점할 수 있을 것이다.

이재인(달라스무역관)

에코 소비

100억 인구를 먹여 살릴 미래의 고기, 3D 프린팅 대체육

마드리드

수천 년 동안 육류는 인류의 영양소 공급에 중요한 역할을 해왔다. 그러나 최근 몇십 년 동안 환경오염과 동물복지 등에 대한 인식이 개선되면서 많은 사람들이 육류 소비에 대해 새로운 생각을 갖게 되었다. 어쩌면 비효율적이고 지구에 해를 끼치는 일일지도 모른다고 말이다. 그러나 인간에게는 단백질이 필요하다. 환경파괴, 식량 부족이란 문제와 단백질 섭취의 필요성이라는 딜레마는 어떻게 풀어야 할까?

지난 2019년 유엔식량농업기구FAO, Food and Agriculture Organization of the United Nations가 발표한 보고서에 따르면, 2050년에는 지구 전체 인구가

약 100억 명에 달하고 육류 소비량은 4억 5,500만 톤에 육박할 것으로 예상된다. 늘어나는 인구에 비해 소비할 수 있는 육류 단백질은 턱없이 부족해질 것이다. 일부 학자들이 주장하는 '단백질 위기Protein Crisis'는 더 이상 과장된 얘기가 아니다. 단백질 위기란 인간이 섭취할 동물성 단백질이 부족해지는 사태를 말한다. 이 위기를 해결하기 위해 육류나 육류 가공품을 도축이 아닌 다른 방법으로 똑같이 생산한다면 어떨까? 스페인의 한 스타트업이 3D 프린터로 만든 대체육을 출시해 신선한 충격을 주고 있다.

◆

바이오프린팅 푸드테크 스타트업, 코쿠스

스페인 나바라주Navarra에 소재한 코쿠스Cocuus System Ibérica는 팟치 라룸베Patxi Larumbe와 다니엘 리코Daniel Rico가 요식업에 대한 끊임없는 연구개발을 통해 설립한 스타트업이다. 이 기업은 2017년에 설립되어 식품 분야에서 전문적이고 혁신적인 메카트로닉스 솔루션을 제공하고 있다.

메카트로닉스란 기계공학, 전자공학, 전자회로, 소프트웨어 등이 융합된 기술을 말한다. 창립자 중 한 명인 팟치는 전산응용설계CAD, 전산응용가공CAM, 전산응용해석CAE 등 컴퓨터를 활용한 제품 설계 및 생산 작업 자동화에 능하다. 또한 3D 프린팅, 레이저 절단 등 다양한 용도로 사용되는 컴퓨터 수치 제어 기술인 CNC Computer Numerical Control 는 물론 로봇공학 같은 다양한 분야에서 전문성을 갖고 있다.

그는 레이저 기술에 대한 지식을 활용하여 나바라주 시수르 메노르Cizur Menor 지역에 식품 산업용 앱 연구소를 만든 경험도 있다. 코쿠스의 공동 창립자이자 운영총괄을 맡고 있는 다니엘은 예술, 음악, 커뮤니케이션 등 인문학 지식을 겸비한 산업 디자인 엔지니어. 그 또한 팟치처럼 로봇에 대해 관심이 많았다고 한다. 현재 다니엘은 기업의 엔지니어링, 생산, 커뮤니케이션 부서들의 관리 총괄을 맡고 있다.

코쿠스 창업 초기에는 케이터링 및 이벤트 회사 등에 식품 레이저 절단기와 식품용 잉크젯 프린팅 기기를 납품했고, 코로나19 팬데믹 전까지 100여 개의 고객사를 보유하고 있었다. 그러나 스페인 기업들

코쿠스 창립자 팟치 라룸베(좌)와 다니엘 리코(우)　　　　　　　출처 | 나바라닷컴

모두가 그랬듯 코쿠스에도 코로나19 이후에 변화가 찾아왔다. 고객들은 단순한 기능 이상을 원했고 코쿠스는 기계를 직접 설계하기로 했다. 코쿠스의 노력은 여러 곳에서 인정받았다. 2018년에는 바르셀로나 푸드테크 식품 전시회에서 '최고혁신기업상'을 수상했으며, 2019년에는 마드리드 HIP Hospitality Innovation Planet 전시회 신산업모델어워즈 Horeca New Business Models Awards 에서 '최우수 혁신 및 파괴적 기술상', 2020년에는 마드리드 식품 분야 '혁신스타트업기업상', 2021년에는 중소기업 및 스타트업 분야 '우수혁신상 Quality Innovation Award' 등을 수상했다.

현재 코쿠스는 바이오테크니션 Biotechnician, 엔지니어, 건축가, 영양사, 수학자, 산업디자이너, 가변기하학 전문가 등 다양한 분야 출신의 직원 20명을 두고 있다.

◆

식품을 데이터로, 데이터에서 식품으로

코쿠스의 파괴적 기술 Disruptive Technologies 에 대해 좀 더 구체적으로 알아보자. 코쿠스의 기술은 식물 베이스 물질 또는 배양된 세포를 가지고 유기물을 합성하는 생합성의 원리를 이용하여 대체육을 만드는 것이다. 그러니까 자연적으로 고기 자체가 형성되는 원리를 이용하는 것인데, 먼저 실제 고기를 3차원 입체 컴퓨터 단층 촬영 CT, Computed

Tomography하여 지방, 살코기, 뼈, 힘줄 등 고기를 구성하는 성분들을 이미지화한 후 3D 프린터로 출력한다. 프린팅 방식은 코쿠스가 독자적으로 개발한 '가변형상 병렬다중압출Variable-Geometry Parallel Multi-Extrusion' 기법으로 스페인 대체육 산업에서는 최초로 특허를 받았다.

이 기술로 3D 출력을 하면 제품을 찍어내기 전에 재료의 지방층을 줄이거나 늘리는 방식으로 입맛에 따라 고기를 디자인하고 질감도

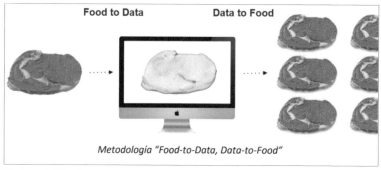

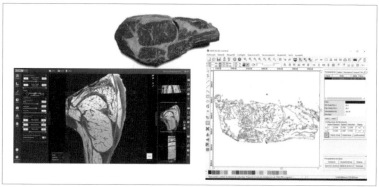

코쿠스의 'Food-to-Data, Data-to-Food' 기술

출처 | 코쿠스

조절할 수 있다. 또 세포 단층을 형성할 때 비타민, 특정 효능을 가진 활성 성분, 응고인자, 식이섬유 등을 첨가할 수 있어서 소비자 특성에 따라 영양소를 달리한 맞춤형 고기를 만들어낼 수 있다. 코쿠스는 식품에 대한 아주 높은 기준을 가지고 있어서 대체육을 만들 때도 실제 고기와 똑같은 구성 요소를 갖춰야 하는 점, 냉동이 가능하며 해동할 때 상하지 않아야 하는 점 등 세세한 부분까지도 고려하고 있다고 한다.

◆

코쿠스의 기술로 발전하는 스페인 대체육 산업

코쿠스의 사업모델은 B2B Business-to-Business로 식품 업종 기업에 기계 또는 식품을 인쇄할 수 있는 산식 등을 판매하는 구조다. 식품별로 개발된 생산기기는 한 대당 50~100만 유로(7~14억 원) 정도다. 또한 기업들이 새로운 제품을 생산할 수 있도록 연구개발도 지원하여 출력을 위한 수학 산식 수립이나 생산라인 구축, 상용화를 위한 테스트 제품 개발 등에 도움이 되는 자문 서비스도 진행하고 있다.

코쿠스의 기술로 만들어진 대체육은 모두 식물성 원료를 기반으로 한다. 코쿠스의 3D 출력 베이컨은 특히 시장에서 선두를 달리고 있는데, 베이컨 출력 기계가 설치된 기업들에서 생산하는 양이 연간 100만 킬로그램에 다다른다. 돼지 한 마리가 5년간 생산해야 하는 베이컨을 기계 한 대에서 5분 안에 찍어낼 수 있다니 놀라울 따름이다.

에코 소비

또한 그들이 발명한 기술 중 소프트미믹Softmimic 이라는 기술은 겉은 고기 또는 생선 모양을 하고 있으면서 속은 퓌레(갈아서 체로 걸러 걸쭉하게 만든 음식)의 식감을 가지고 있어 음식물을 씹거나 삼키는 데 어려움이 있는 사람들도 섭취가 가능하도록 고기를 인쇄하는 기술이다.

육식에 이미 적응되어 있는 사람들에게 대체육은 아직은 생소하고 시도해보기 어려울 수도 있다. 코쿠스는 사람들이 대체육을 좀 더 긍정적으로 받아들일 수 있도록 2023년 9월경 내수 시장을 시작으로 3D 베이컨을 상용화할 계획이다. 2023년 말에는 참치와 푸아그라도 소비자들을 만난다.

◆

지속 가능한 환경과 동물복지의 대안, 대체육 시장

식품산업 스타트업에 대한 경영컨설턴트 기업인 이터블어드벤처 Eatable Adventures 의 보고서 「2022 스페인 푸드테크」에 따르면, 3D 대체육 산업은 미래에 중요한 역할이 기대되는 분야로 투자자뿐만 아니라 바이어나 스페인 정부로부터도 주목받고 있다. 글로벌 리서치 전문기관인 스태티스타의 통계를 봐도 그 가능성은 매우 크다. 전 세계 3D 대체육 시장 규모는 최근 6년간 급성장했고, 2020년 말 기준 시장 규모는 174억 달러(22조 6,200억 원)였다. 2026년에는 시장 가치가 370억 달러(48조 1,000억 원) 이상으로 획기적인 성장을 이룰 것으로 전망된다.

대체육을 만드는 3D 프린팅 기계와 코쿠스 창립자 팟치 　　　　출처 | 코쿠스, KOTRA 마드리드무역관

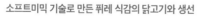

소프트미믹 기술로 만든 퓌레 식감의 닭고기와 생선 　　　　출처 | 코쿠스

　　　　　　　　　　　　　　　　　　　　　　　　　　　　에코 소비

덴마크 바이오 기업인 다니스코Danisco와 글로벌 시장 리서치 기업인 입소스Ipsos가 공동으로 진행한 연구에 따르면, 2025년까지 아시아 태평양 주요 시장의 식물성 대체육 수요는 2배 이상 늘어날 것이다. 또한 이슬람 시장에서도 식물성 원료로 만든 대체육 베이컨이 팔리게 될지 모른다.

지속 가능성, 동물복지, 건강을 동시에 생각하는 가치소비의 관점에서 3D 프린팅 대체육은 육류 섭취로 인한 여러 가지 문제점을 해결할 수 있는 생태적 대안이 될 것이다. 유엔식량농업기구에 따르면, 축

3D 프린터로 출력한 베이컨, 소고기, 연어

출처 | Professional Horeca

산업을 통해 배출되는 온실가스가 지구 온실가스 배출량의 16.5퍼센트나 된다고 한다. 대체육 개발은 지구 온난화의 주범인 온실가스, 탄소 배출량 감소에 큰 기여를 하게 될 것이다. 전 세계적으로 확산되고 있는 ESG 경영과 가치소비 트렌드에 발맞춰 우리나라도 대체육 시장에 관심을 갖고 푸드테크 기업을 육성하는 정책이 필요하다.

공소연, 이스마엘 가르데 모고욘(마드리드무역관)

비용은 운전하면서 갚으세요,
바시고 전기차

나이로비

지구가 뜨거워지고 있다. 해마다 찾아오는 폭염은 많은 사람의 목숨마저 앗아가고 있다. 급격한 온난화가 일어난 가장 큰 이유는 온실가스GHG, Greenhouse Gas 배출이다. 기후변화에 관한 정부간 협의체IPCC, Intergovernmental Panel on Climate Change는 지구의 지표 온도가 섭씨 1.5도 마지노선을 넘기지 않아야 한다고 강조했다. 1.5도 마지노선은 인류가 멸종 위기에 도달하지 않기 위해 지켜야 할 기준이다. 지난 2015년 파리기후변화협정에서 각 나라가 합의한 이 마지노선이 위태롭다. 2030년까지 온실가스 배출량을 절반으로 줄이지 않으면 인류는 어려움에 처할 수 있다.

케냐는 2030년까지 온실가스 배출량을 32퍼센트까지 줄이는 것을 목표로 하고 있다. 이를 위해 케냐 정부는 최근 몇 년간 몇몇 스타트업들을 통해서 전기 모빌리티 운영을 시험적으로 시도해왔다. 이런 가운데 전기차 스타트업 바시고BasiGo가 대표적인 사례로 떠오르고 있다. 스와힐리어 'basi'는 영어로는 'just go', 따라서 '즉시 운전 가능!'이라는 의미다. 바시고는 케냐가 수력, 지열, 태양열, 풍력 등의 신재생에너지로 90퍼센트 이상의 전력을 공급할 수 있어 그린에너지 분야에서 세계적인 리더로 떠오르고 있는 점과 재생에너지로 발전된 전력이 야간에는 남아돌고 있다는 점 등을 고려해서 케냐를 이상적인 전기차 사업 지역으로 선정했다고 한다.

실제로 케냐전력청Kenya Power의 CEO인 로즈메리 오두오르Rosemary

바시고 전기버스

에코 소비

Oduor는 "케냐전력청은 야간 비수기 시간에 전기버스 5만 대 또는 전기 오토바이 200만 대를 충전하는 데 필요한 전력을 보유하고 있어 새롭게 떠오르는 e-모빌리티 사업의 가능성이 높다"고 말했다.

◆

투자 비용을 낮추고 충전 인프라 한계를 극복하다

바시고는 6개월간의 시범 운영을 하는 동안 9만 킬로미터를 운행하면서 11만 2,000명 이상의 승객을 태웠다. 이 과정에서 바시고는 케냐에서 전기버스를 운영하며 일어날 수 있는 두 가지 문제를 파악하게 되었다. 첫째는 초기 투자 비용이 높다는 점이며, 둘째는 상시 접근이 가능하고 신뢰할 수 있는 충전 인프라 구축 문제였다. 이를 해결하기 위해 고심한 끝에 바시고 고유의 '운전하면서 갚기 Pay-As-You-Drive' 파이낸싱 모델을 창안하게 되었으며, 두 가지 문제를 효과적으로 해결하게 되었다.

이 배터리 파이낸싱 모델을 통해 전기차 소유자(버스 사업자)는 전기버스를 일반버스(주로 디젤엔진 사용)와 동일한 초기 비용으로 구입할 수 있으며, 운영 및 유지 비용은 일반 버스에 비해 낮기 때문에 더 나은 수익률을 제공한다. 바시고의 전기버스 구매 비용은 1대당 500만 케냐 실링(5,000만 원)이다. 단, 버스에 장착하는 배터리의 소유권은 바시고가 보유하고, 구매자는 '운전하면서 갚기' 서비스 가입을 통해 임대

형태로 운영한다. 바시고는 배터리의 품질 보증은 물론, 수명이 다할 때까지 유지보수 서비스를 제공한다. 이런 서비스가 가능한 것은 배터리에 적용된 소프트웨어와 재정관리 시스템을 연계하여 종합적인 배터리 관리가 가능한 덕택이다.

'운전하면서 갚기'의 핵심은 다음과 같다. 첫째, 킬로미터를 기준으로 일일 요금을 부과하는데 1킬로미터당 우리 돈으로 약 200원이다. 둘째, 전자 청구서 발행을 통해 바시고와 사용자 간에 직접 결제를 할 수 있다. 셋째, 야간 유휴 전력을 활용한 충전이 가능하다. 넷째, 전기버스 운영 관련 표준 서비스 및 유지보수를 제공한다. 다섯째, 배터리 문제가 발생했을 때 배터리를 무료로 교체해준다. 여섯째, 전용 고객 관리와 주행 중 문제 발생 시 긴급 지원 및 무료 소프트웨어 업그레이드를 해준다.

현재로서는 바시고의 '운전하면서 갚기'가 아프리카 최초로 도입된 서비스로 알려져 있는데, 이 파이낸싱 모델이 현지에 적중한 것을 계기로 시내버스 외에 장거리 시외버스, 상업용 차량 등에도 확장하려고 하고 있다. 최소한 10배 이상의 사업 확장이 가능할 것으로 보고 있다.

바시고 전기버스를 충전하는 모습　　　　출처 | 바시고

투자와 파트너십 인기를 누리는 바시고

2022년 11월 바시고는 토요타 통상Toyota Tsusho의 벤처캐피털인 모빌리티54Mobility 54, 실리콘밸리의 교통 시스템 벤처 캐피털인 트럭스브이시Trucks VC, 그리고 아프리카의 시장 혁신을 추구하는 기업들을 지원하는 노바스타벤쳐스Novastar Ventures 등 다양한 곳들로부터 투자를 받았다. 바시고는 660만 달러(85억 8,000만 원)의 기금을 확보해 2022년 한 해 동안 케냐 내 전기차 사업에 총 1,090만 달러(141억 7,000만 원)를 투입할 수 있었다. 트럭스브이시의 파트너인 제프 쇽스Jeff Schox는 "우리는 운송 분야의 미래를 여는 기업들을 지원한다. 바시고에 투자하는 이유는 '운전하면서 갚기' 플랫폼이 아프리카의 거대한 재래식 대중교통 시장을 현대화하는 해결책이라고 판단했기 때문이다"라고 말했다.

바시고는 현지 자본에게도 관심을 받았다. 상업은행인 케이시비은행KCB Bank과 패밀리은행은 바시고와 금융지원 서비스를 체결했다. 이들 은행의 고객이면서 전기차 대중교통 서비스를 운영하는 사업자들은 전기차 구매 시 최대 90퍼센트의 자금 지원을 받을 수 있으며 36개월 상환 조건으로(패밀리은행은 48개월) 전기차를 구입할 수 있다. 이 서비스에는 차량 보험과 전 차량의 운영 현황을 관리할 수 있는 기술적 혜택도 포함된다.

2030년 전기차 대중화 시대를 꿈꾸는 케냐

케냐교통안전청NTSA, National Transport and Safety Authority에 따르면, 2023년 2월 기준 케냐에는 1,350대 정도의 전기차가 운행 중이며 이 중 전기 오토바이가 63퍼센트, 전기 삼륜차가 11퍼센트, 전기 자동차가 14퍼센트 정도다.

아직 전기차 시장은 시작 단계에 불과하다. 하지만 바시고가 2025년까지 전기 마타투(대중교통용 미니버스) 1,000대를 공급하겠다는 계획이 있고, 케냐통계청 자료상 지난 3년간 케냐에서 매년 평균 938건의 마타투가 등록된 점 등을 볼 때 앞으로는 매년 신규 등록 마타투의 36퍼센트가량이 전기차량으로 전환될 것으로 추정된다. 이는 케냐가 e-모빌리티로 전환하는 과정에서 중요한 이정표가 될 것으로 보인다. 결국 2030년 정도에는 신규 등록된 마타투 전부가 전기차일 수도 있다.

발 빠르게 움직이는 바시고의 경쟁사들

2023년 5월 기준으로 바시고의 전기버스는 2022년 3월 출시 이후 4개의 나이로비 버스 사업자와 함께 24만 4,536킬로미터 이상을 주행하고, 29만 1,000명 이상의 승객을 수송했다. 또한 나이로비를 중

에코 소비

심으로 한 광역도시 운행이 확대되면서 메트로트랜스MetroTrans, 슈퍼메트로Super Metro, 시티호파Citi Hopper, 오마사코OMA Sacco, 엠바사바Embassava 5개의 버스 회사들을 고객으로 확보하여 '키쿠유-키텡겔라-나이로비 도심-나이로비 국제공항 노선'을 운행하고 있다.

바시고는 연합차량어셈블러스AVA, Associated Vehicle Assemblers와 협력하여 중국의 전기차 제조사 비와이디BYD의 부품을 CKDComplete Knock Down 방식으로 수입하여 현지 조립 후 판매하고 있다. CKD 방식이란 부품을 수출하여 목적지에서 조립해 완성품으로 판매하는 방식이다. 바시고는 향후 3년 안에 1,000대 이상의 현지 생산 전기버스를 공급할 계획이며, 연합차량어셈블러스는 시범으로 조립했던 25인승 버스를 단계적으로 중단하고 33인승 버스를 조립할 계획이다.

하지만 후발 업체들의 발 빠른 움직임도 만만치 않다. 스웨덴계 케냐 전기차 제조업체인 오피버스Opibus, e-모빌리티 인프라 공급 및 설치 업체인 에코트리파이Ecotrify, 그리고 전기 자전거 생산업체인 키리Kiri EV는 모두 케냐의 전기차 시장에서 경쟁하고 있다.

오피버스는 미래형 디젤 및 가솔린 차량을 전기로 변환하여 상업적으로 사용하는 케냐 최초의 회사이며, 특히 운행 중 소음이 없다는 장점 때문에 관광 회사들에 인기가 있다. 이들은 2021년 12월에 시범 프로그램을 성공적으로 완료한 후, 현지 우버Uber와 협력하여 2022년까지 3,000대의 전기 오토바이를 보급했다. 오피버스에 따르면 케냐 오토바이 산업은 120만 명 이상의 젊은 케냐인을 고용하는 것으로 추정되는 단일 최대 고용 사업이다. 전국에 등록된 오토바이는 160만 대가 넘는데 한 달 평균 1만 6,500대가 수입되고 있다.

◆

e-모빌리티 지원에 발벗고 나선 케냐 정부

케냐 정부는 2019년부터 파이낸스법을 개정했다. 일반차량에 20퍼센트 부과되는 소비세를 전기차는 10퍼센트 부과하고, 일반차량에 35퍼센트 부과되는 소득세를 전기차는 25퍼센트로 조정했다. 그리고 추가 인센티브를 부여하기 위해 그린예산특혜규정 National Green Fiscal Incentives Policy Framework 을 마련하고 있다.

케냐 국영회사인 전력청도 2023년 3월에 케냐에너지조정위원회 EPRA, Energy and Petroleum Regulatory Authority 에 e-모빌리티 관련 전기세 감세 혜택을 요청했으며, 위원회는 4월부터 e-모빌리티 특별세 규정 E-Mobility Tariff Review 2023 을 통해 충전 비용을 낮췄다. 최대 충전 비용은 킬로와트시당 32케냐 실링(300원)이며, 비수기에는 22케냐 실링(200원)으로 일반차량 운영비용보다 훨씬 저렴하다. 예를 들어 나이로비 시내에서 일반 휘발유를 주유하면 리터당 179~186케냐 실링(1,700~1,800원) 정도가 드는데 경우에 따라서는 전기차와 거의 8배 차이가 난다.

킵춤바 머코멘 Kipchumba Murkomen 에너지부 장관은 2023년 4월에 전기버스 15대의 시운전 행사에 참석하여 "정부는 전기차 관련 수입업

슈퍼 메트로사의 바시고 전기버스 첫 개통 출처｜바시고

EV type	Current manufacturing capability		Example products	Example companies
	Assembly	Conversion		
Bus		✓		OPIBUS
Car		✓		OPIBUS
	✓			Nissan
Motorbike	✓			Ecobodaa Kiri EV
Tuk-tuk	✓			Kiri EV
Piktuk	✓			Kiri EV
Scooter	✓			Kiri EV
Handcart	✓			Auto Truck Save Your Energy
Bicycle	✓			POWARD

케냐 내 e-모빌리티 서비스 업체들 현황 출처｜Manufacturing Africa

체, 제조업체, 조립업체, 판매자 및 관련 부품 딜러들에게 인센티브를 제공함으로써 e-모빌리티로의 전환을 적극 지원하겠다"라고 발표하였으며, 그 후 특별전담반을 구성하여 e-모빌리티 분야 활성화를 위한 추가적인 정책 및 법안 마련에 들어간 것으로 알려졌다.

◆

한국의 전기차 시장에도 '운전하면서 갚으세요'가 통할까?

국제에너지기구IEA, International Energy Agency에 따르면, 2021년 말 기준으로 아프리카 지역에는 약 5만 대 이하의 전기차가 등록된 것으로 파악된다. 아직은 전기차 보급이 미미한 상황으로 보이지만, 2040년까지 아프리카 지역의 전기차 등록 대수가 20배 이상 증가할 것으로 추정하고 있다. 이런 분위기에서 케냐 전기차 분야의 움직임은 의미가 크다. 특히 전기차의 핵심이자 비용 부담이 큰 배터리에 대해 바시고의 '운전하면서 갚기' 전략은 케냐뿐만 아니라 전 아프리카에 전파되어 전기차 보급 혁명을 유도할 것으로 보인다.

그러면 우리 시장에는 어떨까? 국제에너지기구가 발간한 「2023년 글로벌 전기차 전망·충전 인프라 동향」 보고서에 따르면, 2022년 말 기준으로 한국의 충전기 1대당 전기차 대수는 2대로 유럽(13대)이나 중국(8대)보다 크게 앞선다. 참고로 세계 평균은 10대다. 하지만 운전자 입장은 조금 다르다. 충전시설 부족을 이유로 전기차 구매를 망설이는 사람이 적지 않다. 정부가 매년 수만 개의 충전기를 보급해 보급률은 세계 1위가 됐지만, 막상 소비자 접근성은 떨어지는 경우도 생기곤 한다. 필요한 장소엔 충전기가 없거나 있어도 고장난 채로 방치된 경우가 있다. 정부의 충전시설 보조금이 소비자가 아닌 충전 사업자에게 지불되기 때문에 실제 사용자의 니즈와 관계없이 충전기가 세워지는 것이 문제라고 보는 시각도 있다.

우리도 바시고처럼 전기차를 보급하며 '운전하면서 갚기' 방식을 도입한다면 어떨까? 전략적인 지역에 충전소를 배치하고, 소프트웨어를 활용하여 실시간 모니터링을 하는 등 여러 가지 장점을 도모할 수 있다. 우리 사회에 전기차 보급률을 높이는 방편이 될 수 있지 않을까?

윤구(나이로비무역관)

소프트웨어 플랫폼으로
1인 기업도 탄소 중립에 도전한다

뉴욕

인공지능 기반 고객 서비스 플랫폼을 개발한 스미스는 동업자 3명과 시작한 회사를 직원 20여 명이 일하는 사업체로 성장시켰고 이름을 대면 알만한 기업들과도 계약을 맺었다. 미디어를 통해 기업들의 지속 가능한 경영과 탄소 중립 선언 뉴스를 심심치 않게 접했지만 '대기업들이나 하는 일이지'라며 대수롭지 않게 넘겼던 스미스는 고객사와의 미팅에서 자사의 탄소 배출량에 대한 질문을 받고 깜짝 놀랐다. 고객사 측은 앞으로 기업의 공급망 관리 차원에서 벤더 기업들의 탄소 발자국 정보를 요구할 수 있다고 설명했다.

뉴욕주 맨해튼에서 직장생활을 하는 린다는 요즘 점심 식사를 위해 즐겨 찾는 샐러드 체인점 저스트샐러드Just Salad에서 메뉴 고르는 재미에 빠졌다. 메뉴별로 탄소 배출량이 적혀있어 비교해보고 배출량이 좀 더 낮은 메뉴를 골라 주문하고 있다.

스미스와 린다의 사례에서 알 수 있듯 요즘 기업의 탄소 배출에 대한 관리 요구는 규모와 업종을 가리지 않고 산업 전반으로 확산되고 있다. 탄소 배출과 관련된 규제가 강화되고 있어 대기업 중심으로 공급망의 탄소 배출 관리가 더욱 엄격해지는 추세다. 또 소비자들이 탄소 배출과 관련하여 기업에 기대하는 사회적 책임도 커지고 있다. 탄소

저스트샐러드 앱에 표기된 탄소 배출량

출처 | 저스트샐러드

'2g'이라고 탄소 배출량을 표기한 신메뉴 포스터

출처 | KOTRA 뉴욕무역관

문제는 실제 기업의 매출에도 영향을 미친다. 탄소 배출량 측정 기업인 클라이멋파트너ClimatePartner가 발행한 「2022 기후 행동 인식 보고서 Climate Action Awareness Report 2022」 보고서에 따르면, 글로벌 소비자의 80퍼센트가 기업이 기후 변화에 책임감 있게 대응하는지를 매우 중요하게 여긴다고 응답했고, 60퍼센트는 구매 시 탄소 중립이나 기후 친화적 인증climate-friendly label 취득 여부를 중요하게 여기는 것으로 나타났다. 소프트웨어 관리 기업인 PDI의 「2023 비즈니스 지속 가능성 인덱스 조사」에서도 비슷한 결과가 나왔다. 미국 성인 1,000명을 대상으로 한 PDI의 설문조사에 따르면, 75퍼센트는 자신의 구매가 환경에 미칠 영향을 염려하고 있다. 탄소 중립에 기여하는 제품에 더 많은 비용을 지출할 의사가 있는지 묻자 64퍼센트가 그렇다고 답했고, 기성세대보다 환경에 더 많은 관심을 보이는 18~34세 젊은 층은 이 비율이 75퍼센트에 달했다. 이렇듯 소비자의 인식은 점점 변화하고 있지만 자영업자나 중소기업이 대기업처럼 전담팀을 꾸리거나 전문가를 고용해 탄소 배출량을 측정하고 관리하기란 사실상 불가능하다.

◆

모든 기업의 탄소 중립을 지원하는 그린플레이시스

그린플레이시스GreenPlaces는 아마존Amazon이나 파타고니아Patagonia 와 같은 유명 브랜드나 대기업이 아니어도 모든 기업이 탄소 중립을 실현할 수 있도록 솔루션을 제공한다. 중소기업이나 자영업자가 자체적으로 탄소 발자국을 추적하고, 탄소 감축 계획을 세워 실행에 옮기는 과정은 많은 시간과 노력이 필요하겠지만 그린플레이시스는 이들을 위해 이미 해결책을 마련해 놓았다. 웹 기반 소프트웨어 플랫폼으로 사업체의 탄소 배출량을 산출하고, 환경 전문가의 맞춤형 솔루션을 제공해 탄소 문제를 통합적으로 관리할 수 있는 서비스를 제공한다.

그린플레이시스는 먼저 기업의 전기, 수도, 가스 등 에너지 사용과 회계 시스템, 직원 관리 플랫폼 등을 통해 수집한 정보로 연간 배출하는 탄소량을 국제 표준인 스코프Scope 분류에 따라 측정한다. 스코프는 기업 운영에 직간접적으로 배출되는 탄소를 범주별로 나누어 구분한 것이다. 스코프 1은 차량이나 공장 가동 등으로 직접 발생하는 온실가스이며 스코프 2는 사무실·매장 운영 등을 위한 냉난방으로 발생하는 탄소, 스코프 3은 스코프 1, 2를 제외하고 원료 조달부터 직원 출장, 배송, 투자 등 업스트림과 다운스트림 과정에서 발생하는 모든 탄소 배출을 광범위하게 포괄하는 범주다. 스코프 1부터 3까지 각 범주별 배출량과 전체 배출량 대비 비중을 제시하고, 데이터를 기반으로 탄소 배출 동향이나 특이사항 등을 분석해 업체 측에 전달한다. 또 그린플레이시스의 지속 가능성 전문가들은 고객사가 탄소 배출을 감축하고 상쇄할 수 있도록 대안을 안내한다. 단순한 보고를 넘어 지속 가능성 지표를 개선하기 위한 맞춤형 권장 사항과 통찰을 보여주는 것이다.

그린플레이시스는 또 고객사의 지속 가능성 목표와 참여 프로젝트, 완료 혹은 진행 중인 이니셔티브들을 소개하는 웹페이지를 만들어 고객사의 투자자나 일반 소비자들이 해당 업체의 지속 가능성에 대한 노력과 성과를 확인할 수 있도록 하고 있다. 해당 웹페이지는 고객사의 요구에 따라 맞춤 제작이 가능하며, 별도의 개발자나 웹디자이너 없이도 최신 데이터와 함께 업데이트된다.

그린플레이시스는 자사의 소프트웨어를 워크데이Workday, 리플링Rippling, ADP 등 사업체 운영 시 통상적으로 사용하는 고객사의 툴과 연동해 필요한 데이터를 직접 입력하는 번거로운 과정을 없앴다. 또 대기업에 적합한 시중의 시스템과 달리 식당, 로펌, 호텔, 비즈니스 서비스, 소매점 등 소기업 비중이 높은 산업군 각각의 특성에 맞게 서비스를 구성해 제공하고 있다. 그린플레이시스의 알렉스 레시터Alex Lassiter 설립자 겸 최고경영자는 지난 2022년 10월, 400만 달러(52억 원)의 초기 자금 투자를 발표한 보도 자료를 통해 "전 세계 탄소 배출의 70퍼센트를 차지하는 작은 기업들이 기후 변화 대응을 위한 리소스가 부족하다는 사실을 인지했다"라며, "이 사업체들은 탄소 발자국을 추적하는 것 이상의 기능과 실행이 용이한 솔루션을 필요로 한다"라고 말했다. 또 "목표 달성을 위해 실행해야 할 세부사항을 입력할 플랫폼과 직원과 고객을 참여시킬 수 있는 툴이 요구된다"라고 덧붙였다. 2021년 노스캐롤라이나주 랄리Raleigh에서 출발한 그린플레이시스는 설립 1년여 만에 100여 개 업체와 계약을 체결했다.

에코 소비

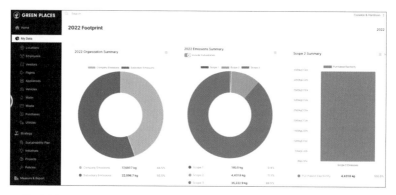

그린플레이시스의 탄소 배출량 분석 그래프　　　　　　출처 | 그린플레이시스

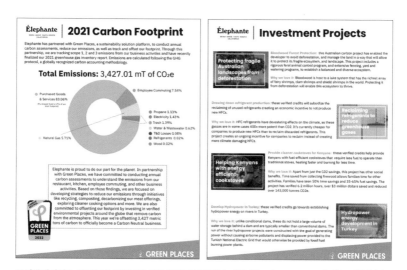

그린플레이시스 고객사인 이탈리안 식당 엘레판테의 탄소 배출 보고서　　　출처 | 그린플레이시스

하와이 최초의 탄소 중립 식당, 메리만스 레스토랑

지난 1988년 하와이 빅아일랜드에서 출발한 식당 메리만스Merriman's의 와이미아Waimea점은 2023년 3월 하와이 최초의 탄소 중립 식당이 됐다. 환경보호에 관심을 기울여 온 이 식당은 기후 변화의 원인으로 지목되는 탄소 배출에 문제의식을 느끼고, 수치로 확인할 수 있는 탄소 중립 달성을 실현하기로 결정했다.

메리만스의 피터 메리만Peter Merriman 대표는 2022년 3월 잡지 푸드&와인과의 인터뷰에서 "요식업은 사회상을 반영한다. 레스토랑 업계에서도 지속 가능성의 가치는 매우 중요하게 여겨지고 있다"라고 밝혔다. 또 "우리의 위치에서 할 수 있는 최선을 다할 것"이라고 탄소 중립 노력의 취지를 밝힌 바 있다. 메리만스는 그간 지역의 농민들과 어부들로부터 식재료를 조달하고, 지속 가능한 방식으로 포획한 수산물을 우선 구매해왔다. 또 식당 소유 경작지에서 제철 과일과 채소를 직접 수확해 손님의 식탁에 올리는 등 친환경 경영을 이어왔다.

탄소 중립이라는 목표에 도달하기 위해서는 먼저 식당을 운영하는 데 배출되는 탄소의 양을 측정해야 한다. 메리만스는 그린플레이시스와 협업하며 연간 탄소 배출량 평가를 받고, 식당 운영으로 발생하는 직·간접적인 탄소 배출 규모를 파악했다. 그리고 지난 2021년 온실가스GHG, Greenhouse Gas 프로토콜을 토대로 「온실가스 배출에 대한

에코 소비

보고서 Greenhouse Gas Inventory Report」를 발간했다. 이후 그린플레이시스와 함께 목표를 설정하고, 탄소 감축 프로젝트 참여와 식당 자체적인 이니셔티브 실행 등을 통해 2022년 한 해 동안 총 516메트릭톤의 탄소를 상쇄하는 데 성공했다. 이는 내연기관차 112대를 영구적으로 제거한 것과 같은 효과다.

그린플레이시스는 메리만스의 탄소 중립을 위해 전 세계의 검증된 환경 프로젝트에 투자해 식당이 배출하는 탄소를 상쇄하도록 했다. 현재 메리만스는 알래스카 지역에 있는 프린스오브웨일스 섬의 8,600에이커 규모의 산림을 보호하는 '클루웍 힌야 산림 프로젝트 Klawock Heenya Forestry Project'와 브라질 북부 파라 Para 지역의 무허가 산림

하와이 최초의 탄소 중립 식당인 메리만스 레스토랑 출처 | 메리만스

파괴를 막는 '파카자이 레드플러스+ 우림 프로젝트Pacajai REDD+ Rainforest Project'를 지원하고 있다.

메리만스는 또한 탄소 배출 감축을 위해 식당이 자체적으로 실행할 수 있는 이니셔티브를 실행하고 있다. 2021년 태양광 패널을 설치해 23메트릭톤이 넘는 탄소 배출을 줄인 데 이어 최근에는 해초 기반 사료로 키워 염소 사육 시 발생하는 메탄가스를 85퍼센트까지 낮춘 염소 치즈를 식재료로 사용해 탄소 배출량을 낮췄다. 또 식당에서 판매하는 와인의 용기를 유리에서 우유 팩과 같은 종이상자로 교체하는 방안을 와이너리들과 협의 중이다. 유리병에 담긴 와인을 종이상자에 담으면 와인 취급으로 발생하는 탄소 배출량을 반으로 줄일 수 있다. 이 밖에 천연가스로 가동했던 주방 조리 시스템을 2023년 안에 모두 전기 인덕션으로 교체할 예정이다. 탄소를 줄이기 위한 메리만스의 모든 세부 전략과 목표의 수립 및 관리, 실시간 현황 파악은 그린플레이시스의 플랫폼을 통해 가능했다.

◆

탄소 중립이 선택 아닌 필수인 시대, 우리 기업은?

지난 2022년 미국 증권거래위원회SEC는 기후 변화 리스크 및 그 영향에 대한 상장 기업의 공시를 의무화하는 규칙 신설을 제안한 바 있다. 기후 공시 의무화 규칙이 시행되면 상장 기업은 기후 관련 재무

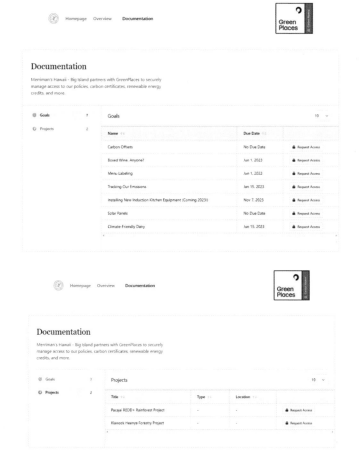

메리만스의 탄소 중립을 위한 프로젝트 및 이니셔티브 관리 툴   출처 | 그린플레이스

지표를 재무제표를 통해 공개하고, 스코프 1~3 탄소 배출량을 측정하여 공시해야 한다. 이 밖에도 기후 변화가 비즈니스의 모델에 미치는 영향 분석과 기후 변화에 대응하는 기업의 거버넌스 등도 공시 대상이다. 미국 증권거래위원회는 2023년 중으로 최종 공시 규제를 발표할 예정이다.

미국 증권거래위원회의 기후 공시 의무화는 미국 상장 기업들과 비즈니스를 하고 있는 우리 기업에도 영향을 미칠 수 있어 적절한 대비가 필요하다. 스코프 3의 경우 납품 기업을 포함한 공급망 업체의 탄소 배출 역시 공시 대상에 포함되기 때문이다. 대기업과 함께 일하기 희망하는 중소기업들에게 탄소 배출은 필수 관리의 대상이 됐다.

소비자 역시 마찬가지다. 미국 소비자들은 환경보호에 높은 관심을 보이고, 기업의 탄소 발자국을 포함한 환경 기여도를 중요한 구매 결정 요인으로 삼고 있다. 보스턴컨설팅그룹Boston Consulting Group 이 지난 2022년 미국 소비자를 대상으로 한 설문조사 결과, 탄소 배출 없이 배송하는 '제로-카본Zero-Carbon 배송'에 추가 요금을 지불할 의향이 있다고 응답한 비율은 82퍼센트로 전년 대비 11퍼센트 포인트 증가했다. 자신의 소비로 발생하는 탄소를 염려하고, 환경에 좋은 영향을 미치고자 하는 이들이 늘어나고 있다. 이는 미국뿐 아니라 한국을 포함한 전 세계에서 공통으로 나타나는 현상이다. 이러한 이유로 탄소 중립 선언도 대기업에서 소기업으로 점차 확산되고 있다.

모든 기업에게 탄소 배출량 측정 및 관리의 필요성이 높아졌지만,

에코 소비

큰 재정적 부담 없이 문제를 해결하는 것은 한국에서도 쉽지 않은 일이다. 그러나 이미 기업의 지속 가능한 경영을 위해서라도 탄소 중립 솔루션을 선택할 수밖에 없는 환경이 조성됐다. 관련 서비스에 대한 기업의 수요는 자연히 늘어날 수밖에 없다.

탄소 배출량을 측정해 국제 표준에 맞게 보고서를 작성해주고, 탄소 중립을 위한 솔루션을 제공하며 모니터링해주는 통합 관리 서비스는 한국에서도 그 수요가 커질 전망이다. 우리나라에도 그린플레이스 같은 기업이 탄생해 더 많은 사업체들이 탄소 중립을 실현할 수 있기를 기대해본다.

김동그라미(뉴욕무역관)

작은 소비

작고 착한 즐거움과 초절약

장기화되는 경기불황은 절약의 일상화를 불러 일으켰다. 주의해야 할 것은 과거의 절약 트렌드처럼 무조건 아끼기만 하진 않는다는 것이다. 필요하다면 여가생활에 돈을 쓰되 합리적인 가격으로 소비하며, 즐길 건 즐기되 친환경적으로 착하게 즐긴다는 것이 소비자들의 새로운 모토다. 장기불황을 겪으며 절약이 일상화된 일본에서는 자투리 시간을 활용해 저렴한 가격으로 이용할 수 있는 편의점형 체육관과 캠핑족들을 위한 친환경 착화탄이 인기를 끌고 있다. 절약 트렌드에 부응하는 새로운 비즈니스 아이템은 어떤 모습인지 함께 살펴보자.

| 작은 소비 |

캠핑족들의 핫템이 된
골칫덩이 먼지

◆

오사카

일본 에히메현 이마바리시(今治市)는 120년 동안 수건 산업을 이어온 수건의 성지다. 실을 꼬는 공장, 실을 염색하는 공장, 수건으로 짜는 공장 등 200개에 가까운 공장이 모여 있다. 이마바리시에서 생산하는 이마바리 타월은 안심·안전·고품질 safe, secure, and high quality 을 추구하며 일본의 품질 Japanese Quality 을 대표하는 제품으로 확고한 입지를 구축해 일본 내에서도 고급 타월로 인정받고 있다.

2022년 2월, 이마바리시의 염색업체 니시센코(西染工)가 이색적인 제품을 출시해 화제가 되었다. 타월을 염색할 때 생기는 솜 뭉치를 가공해 착화제로 만든 상품인데 캠핑 마니아들 사이에서 인기가 높다.

출시 이후 꾸준한 인기를 얻으며 '2022 굿 디자인 상'을 수상하기도 했다. 굿 디자인 상은 공익재단법인 일본디자인진흥회에서 1년에 한 번 제품의 종합적인 측면을 고려하여 디자인을 평가하고 훌륭한 제품에 주는 것으로 높은 공신력을 자랑한다. 덕분에 제품의 인기가 많아지면서 주문이 쇄도하는 상황이다.

'이마바리의 먼지(今治のホコリ)'는 일반 착화제와 다르게 화석연료를 사용하지 않고 면 100퍼센트로 만들어 태워도 냄새가 덜하다. 제품 1개당 솜 뭉치 40그램이 들어있으며, 10그램으로 약 4~5분간 연소한다. 가격은 부가세 포함 660엔(5,900원)이다. 2022년 2월에 출시하자마자 지역 경제지가 제품을 소개했고, 이후에도 지역 방송국과 온라인 뉴스 등 매체에 소개되면서 점점 인기를 얻었다. 니시센코 온라인스토어 외에도 대형 아웃도어 매장 등으로 판로가 확대되었으며,

이마바리타월과 브랜드 로고   출처 | 이마바리타월

닛케이와 TV 아사히에 따르면 출시 후 1년여가 지난 시점의 매출은 출시 당시의 20배 이상을 기록했다고 한다.

◆

환경 부하를 줄이려는 고민 중에 눈에 띈 솜 뭉치

환경에 부담을 줄 수 있는 모든 것을 아우르는 말인 '환경 부하'는 니시센코가 오래전부터 해결하고자 했던 과제였다. 니시센코는 창업 70년 전통의 염색업체인데, 20년 전부터 환경 부하를 줄이고 에너지를 절약하기 위해 노력해왔다. 공장의 배관을 단열재로 덮거나 열효율이 좋은 기계를 도입하는 등의 크고 작은 전략이었다. 지속 가능성 관점에서 폐기물을 줄이는 것을 목표로 늘 새로운 방안을 고민하는 와중에 눈에 띈 것이 염색한 수건을 건조하면 건조기 필터에 달라붙는 솜 뭉치였다.

니시센코에서 나오는 솜 뭉치는 하루에 120리터 쓰레기봉투 2개 분량에 달했으며, 처리 비용도 발생했다. 솜 뭉치는 쌓이면 전기 합선으로 화재를 유발할 수 있는 염색 공장의 골칫거리였다. 그런데 이 골칫거리가 어느 순간부터 회사의 효자 아이템으로 바뀌게 됐다. 오랜 기간 니시센코의 지속 가능 전략을 세우고 추진해 온 후쿠오카 상품 사업부장은 불에 잘 타는 솜 뭉치의 성질을 이용하여 착화제로 만드는 아이디어를 생각해냈다.

작은 소비

착화제 '이마바리의 먼지'

착화제를 사용하는 모습

캠핑에서 모닥불을 피울 때, 파이어스타터(부싯돌)로 불을 지피기 위해서는 불꽃을 옮겨 붙이는 불씨가 필요한데, 솜 뭉치를 불씨로 사용해보니 놀라울 정도로 쉽게 불이 붙었다. 실험을 거듭한 결과 10그램의 솜 뭉치만 있으면 불이 5분 정도 지속해서 타는 것을 확인했다. 숯에 불을 붙이려면 착화제가 5분 정도 계속 연소해야 하는데, 이 조건을 충족한 것이다.

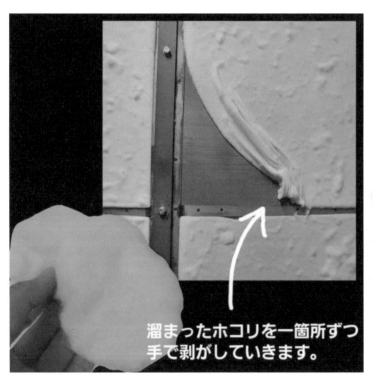

필터에 붙은 솜 뭉치

출처 | 니시센코

작은 소비

◆

소비자의 감성을 만족시켜 주는 이마바리의 먼지

착화제인 이마바리의 먼지는 왜 인기가 많아졌을까? 우선 판매되고 있는 기존 착화탄은 화석연료를 함유하고 있어 좋지 않은 냄새가 난다. 대부분 검은색이나 갈색으로 색상도 평범하다. 반면에 이마바리의 먼지는 면 100퍼센트로 만들어지기 때문에 발화 시 냄새가 기존 제품보다 덜 나서 냄새에 대한 스트레스 없이 사용할 수 있다.

또한 젊은 세대의 윤리적 소비 성향을 고려하면 원래 버려지던 것을 그대로 살려 활용한다는 점, 환경 문제에 기여할 수 있다는 점에서 매력이 있다. 그 외에도 작은 불꽃으로도 순식간에 점화된다는 점, 파이어스타터를 이용해 점화하는 방식이라서 라이터로 불을 붙일 때보다 신선하고 재밌다는 점도 인기 요인이다.

무엇보다 디자인도 예쁘다. 이마바리 타월을 염색할 때 나오는 솜 뭉치이기 때문에 색깔이 다채롭다. 솜 뭉치의 화려함을 보여주기 위해 제품 패키지도 투명한 소재를 선택했다. 공장에서 매일 발생하는 다섯 가지 색상의 솜 뭉치 중 두세 가지 색상을 직원들 각자의 감각으로 조합해 수작업으로 포장하고 있다. 그렇기 때문에 모든 제품은 세상에 하나밖에 없는 상품이다.

니시센코만의 섬세함이 드러나는 부분은 또 있다. 수작업으로 솜 뭉치를 회수하는 것이다. 니시센코가 사용하는 염색기는 건조 후 필터에 붙은 솜 뭉치를 매번 사람의 손으로 제거해야 한다. 따라서 다양한 색상의 솜 뭉치를 색상별로 분리하여 회수할 수 있다. 반면 인근 염색공장 대부분은 집진기를 사용해 일괄적으로 솜 뭉치를 제거하므로 색상별로 먼지를 모으는 것은 불가능하다. 그래서인지 후쿠오카 상품사업부장은 "유사품이 나올 가능성은 적다"고 말하기도 했다.

니시센코는 환경 부하를 줄이기 위해 소비자들의 의견도 적극적으로 반영했다. 사진에서도 보이듯 이마바리의 먼지 자체는 환경친화적이지만 포장용기는 플라스틱이라는 점을 생각할 때 의문이 생길 수 있다. 실제로 상품 출시 후 소비자들로부터 비슷한 피드백을 받았다고 한다.

그래서 니시센코는 2023년 1월부터 종이봉투에 담긴 리필용 제품도 판매하기 시작했다. 리필용 제품 용량은 1개에 40그램으로 케이스 제품과 같지만, 가격은 부가세를 포함하여 330엔(2,900원)이다. 환경을 위해 기업과 소비자가 마음을 모은 셈이다.

◆

판매자와 구매자 모두가 만족하는 환경 문제 해결

이마바리의 먼지는 재활용을 통한 절약과 환경 문제를 고려한다는 관점에서 판매자와 구매자 모두에게 의의가 있다. 판매자 입장에서는 폐기 대상에 불과했던 골칫거리 솜 뭉치를 그 자체의 고유한 성

수작업으로 포장하는
이마바리의 면지

니시센코가 사용하는 건조기

질을 이용하여 상품화하면서 폐기 비용을 절약했다. 업체가 지속 가능성을 실현하기 위해 노력하는 모습도 좋은 이미지를 구축하는 데 도움이 되었다.

소비자 입장에서는 기존 착화제를 사용할 때 겪어야 했던 불편한 점을 보완한 제품이라는 점에서 만족도가 매우 높다. 동시에 제품을 사용하면서 환경 문제 해결에 기여했다는 뿌듯함을 느낄 수 있다.

니시센코는 버려야 할 것으로만 여겨왔던 것을 상품화하고, '에코', '재활용', '지속 가능성' 등의 가치를 부여한 후 SNS 채널을 기반으로 홍보했다. 그 결과 윤리적 소비, 가치 소비를 중시하며 SNS를 활발히 사용하는 MZ 고객층으로부터 큰 사랑을 받고 있다. 우리 기업도

종이봉투에 담긴 이마바리의 먼지   출처 | 니시센코

니시센코와 같은 문제를 안고 있는 경우가 많을 테다. 그러한 문제를 그저 골칫거리로만 여길 게 아니다. 니시센코처럼 발상의 전환을 거쳐 자사만의 강점을 살릴 제품을 개발하고 타깃 고객층에 효과적인 마케팅을 하는 것이 중요하다. 단점을 장점으로 전환할 수 있는 힘도 기업의 경쟁력이다.

고다연(오사카무역관)

| 작은 소비 |

일상 속 절약 실천으로 꾸리는
알뜰한 삶

나고야

불황이 이어지며 '거지방'이라는 카카오톡 오픈 채팅방이 주목받은 바 있다. 서로의 지출 내역을 올리면 사람들로부터 낭비인지 절약인지 즉각적으로 피드백을 받을 수 있는 익명 채팅방으로 '짠테크'와 관련된 노하우가 공유되기도 한다. 월급은 오르지 않고 물가만 오르는 상황 속에서 좀 더 현명하게 지출하기 위해 나타난 트렌드라 할 수 있다.

물가 상승과 실질임금 감소는 우리나라 국민들의 일상생활에도 영향을 미치고 있다. 2023년 5월 25일 한국은행은 실질 국내총생산 GDP 성장률 전망치를 1.4퍼센트, 소비자물가 상승률 전망치를 3.5퍼센트로 발표했다. 2022년(5.1퍼센트)을 제외하면 2011년(4.0퍼센트) 이후 가장 높은 수준이다. 월별 소비자물가 상승률로 본다면 2022년 7월에 6.3퍼센트로 정점을 찍었고, 2023년 들어서는 1월 5.2퍼센트, 2월 4.8퍼센트, 3월 4.2퍼센트, 4월 3.7퍼센트를 기록했다. 2023년 1~3월 누계 소비자물가 상승률은 4.7퍼센트이다. 고용노동부가 2023년 5월 31일 발표한 「2023년 4월 사업체노동력조사 결과」에 따르면, 3월 기준 상용직 1인 이상 사업체의 전체 근로자 1인당 월평균 임금(세전)은 389만 7,000원으로, 전년 동월(383만 7,000원) 대비 1.6퍼센트가량 증가한 수치를 보여줬지만, 물가 수준을 반영한 실질임금은 2.6퍼센트가 감소해 352만 5,000원이 되었다.

경기 침체와 물가 상승, 실질임금의 감소는 비단 한국만의 현상이 아니다. 일본 또한 물가 상승으로 몸살을 앓고 있다. 2023년 3월 일본의 소비자물가지수(신선식품 제외)는 전년 동월과 비교해 3.1퍼센트 오르는 등 높은 수준의 상승이 이어지고 있다. 일본경제신문에서 주요 브랜드를 대상으로 실시한 조사에 따르면, 응답한 93개 기업 중 75퍼센트가 향후 1년간 가격을 인상할 계획이거나 혹은 검토할 방침이라고 답했다. 인상 예정이 없다는 기업은 14퍼센트에 그쳤다. 일본 시장조사 업체 제국데이터뱅크TDB의 추계에 따르면, 2023년도에는 식품 부문의 물가 상승으로 인해 2022년도에 비해 1세대당 2만 6,000엔(23만 4,000원)의 부담이 증가할 예정이다. 후생노동성이 2023년 5월 9일 발표한 「3월 근로통계조사(종업원 5인 이상 사업장)」에 따르면, 물가 변동을 고려한 1인당 실질임금은 전년 동월 대비 2.9퍼센트가 감소했다. 12개월 연속 감소하고 있어 급여 상승폭이 물가 상승폭을 따라가지 못하는 상황이다.

물가 상승으로 인해 실질임금이 감소되는 상황이 지속되자 일본 소비자들도 절약 생활을 강화하고 있다. 일본의 대표적인 빵 브랜드인 야마자키 제빵(山崎製パン)의 경우, 주력 상품보다 약 30퍼센트 정도 저렴한 식빵인 스위트브레드(スイートブレッド)는 2022년 연중 매출액이 전년 대비 37퍼센트 정도 증가했다고 한다.

◆

코로나19가 만든 일본의 건강 지향 트렌드

한편 최근 일본에서 눈에 띄는 트렌드는 '건강 지향'이다. 코로나19가 생활에 많은 영향을 미쳤고 면역력과 건강을 새롭게 인식하는 계기를 제공했다. 전과 달리 건강한 음식 또는 음료를 찾는 소비자들이 많아지며 기업들도 이를 겨냥한 제품을 속속 발표했다.

또한 3년에 걸친 코로나19로 인한 이동 제한은 사람들에게 운동 부족을 느끼게 했다. 제일생명경제연구소(第一生命経済研究所)의 2022년 9월 조사에 따르면 응답자의 73.7퍼센트가 운동의 필요성을 느끼고 있다고 대답했다. 이렇듯 운동에 관심을 갖는 사람이 많아지며 피트니스 클럽을 이용하는 인구가 증가했다. 경제산업성이 2022년 12월 발표한 「특정 서비스 산업 동태 통계 속보」의 피트니스 클럽 동향을 보면 2022년 12월의 전체 매출액은 231억 6,900만 엔(2,085억 2,100만 원)으로 전년 동월 대비 5퍼센트가 증가하며 13개월 연속 증가세를 기록했다. 합계 이용자 수는 1,676만 195명으로 전년 동월 대비 0.1퍼센트 증가, 22개월 연속 증가세를 기록하고 있다.

운동 트렌드의 변화로 일본의 피트니스 센터에도 변화가 나타났다. 이전까지는 코나미 스포츠(コナミスポーツ)와 같은 대형 종합 피트니스 클럽이 주류였다. 이용하는 고객도 건강 관리보다는 신체를 단련하고 싶은 사람이 주였다. 그렇기 때문에 가볍게 가서 운동을 즐기기에는 심리적, 금전적인 부담이 있었다. 그러나 재택근무로 인해 건강 의식 향상으로 운동 수요가 높아지자 지금까지 운동을 즐기지 않던 사람들에게도 부담 없이 운동할 수 있는 공간에 대한 수요가 높아지기 시작했다. 그러면서 금전적 부담 없이 가성비 좋게 운동을 즐길 수 있는 서비스를 찾는 고객들이 차츰 늘어났다. 수요가 발생하자 이러한 소비자들을 겨냥한 서비스가 나타나기 시작했다.

가성비 좋은 서비스를 제공하는 피트니스 센터들은 소규모, 무인, 24시간 영업 등의 특징을 가지고 있다. 이전에는 트레이너의 지도나 관리가 필요했지만, 서비스의 디지털 전환으로 트레이너 없이도 스스로 운동할 수 있는 프로그램이 등장했다. 그리고 매장 운영을 용이하게 해주는 디지털 운동기구도 활성화되어 인력 없이도 피트니스 센터가 원활히 작동될 수 있는 환경이 조성된 점이 이런 변화에 영향을 미쳤다.

◆

언제 어디서든 알뜰하게 운동할 수 있는 콘비니 짐

2022년 11월 4일 발매된 닛케이트렌디 12월호의 '2023년 히트 예측 랭킹'에서 1위를 차지한 것은 '콘비니 짐'이었다. 또한 2023년의 주요 키워드로는 '바디 핵(Body Hack, ボディーハック)'이 선정되었다. 바디 핵은 자신의 건강을 개선하는 다양한 활동 또는 방법과 관련이 있는 신조어다. 해당 잡지에서는 바디 핵이 더욱 다양한 형태로 나타날 것으로 예측하였고 가장 대표적인 사례로 콘비니 짐을 꼽았다.

콘비니 짐은 '콘비니(편의점)'와 '짐gym'의 합성어로 편의점처럼 언제든지 부담 없이 드나들 수 있는 피트니스 센터를 의미한다. 가령 외출 중에 잠깐 시간이 생겼을 때 근처 피트니스 센터에 가서 짧은 시간 동안 운동하는 등 자기 관리 활동을 선택할 수도 있는 것이다.

현재 일본에서 이런 트렌드를 주도하는 곳은 초소형 무인 헬스장 초코잡chocoZAP으로 관련 업계에서 비즈니스를 하던 라이잡RIZAP 주식회사가 오픈한 콘비니 짐이다. 라이잡은 지난 10년간 쌓은 경험을 바탕으로 혼자 운동하는 사람의 운동 습관 저해 요인인 '심리적 장애물', '물리적 허들', '금전적 장애물'을 해소하여 누구나 운동을 지속할 수 있도록 하고 있다.

일반 피트니스 센터와 비교해 초코잡의 가장 큰 장점은 바로 압도적인 저렴함이다. 기존의 24시간 체육관은 낮에는 직원이 상주하는 경우가 많았지만, 초코잡은 기본적으로 무인 체제를 유지하고 직원은 유지보수를 할 때에만 들른다. 이런 운영 방식으로 요금을 대폭 낮출 수 있어 월 사용료가 세금 포함 3,278엔(2만 9,500원)이다. 이는 경쟁업체들 대비 3분의 1 수준이다. 최초에 회원으로 가입하면 입회금과 사무 수수료로 5,000엔(4만 5,000원)을 1회 납부해야 하지만 저렴한 금액으로 365일 언제든지 이용할 수 있어 비용에 대한 부담을 크게 덜 수 있다.

두 번째 특징은 뛰어난 접근성이다. 회원이라면 2023년 7월 말 기준으로 전국 800여 개의 초코잡을 언제든지 추가 요금 없이 이용할

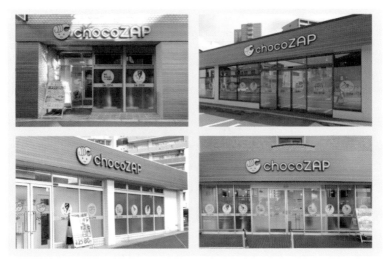

초코잡 매장 전경

출처 | 초코잡

초코잡 내부 모습 　　　　　　　　　　　　출처 | 초코잡

월 3만 원 수준으로 저렴한 초코잡 　　　　출처 | 초코잡

작은 소비

수 있다. 앱을 통해 현재 위치한 지역에 매장이 어디 있는지, 어느 곳이 이용자가 적은지 파악할 수 있다. 마음이 내킬 때나 출퇴근길에, 혹은 여행 중에라도 근처에 초코잡이 있으면 언제든지 운동할 수 있다.

세 번째는 운동을 지속적으로 할 수 있게 하는 서비스 제공이다. 일상적인 트레이닝 성과를 확인해주는 신체조성계와 헬스워치를 회원에게 무상으로 제공한다. 블루투스로 스마트폰에 데이터를 전송해주는 기능이 있어 트레이닝의 성과를 스마트폰 앱에서 실시간으로 확인할 수 있다. 이런 서비스도 운동을 계속하는 동기 부여 요인이 되고 있다.

네 번째는 트레이닝에만 국한되지 않는 서비스 제공이다. 초코잡의 독특한 특징으로 꼽히는 서비스가 있는데, 트레이닝에 관심이 없는 여성 고객도 유치할 수 있도록 셀프 에스테틱 기계 및 셀프 제모기가 설치되어 있다는 점이다. 초코잡 내부에 예약제 개인실을 마련해 시술할 수 있도록 했다. 셀프 에스테틱 기계의 경우, 전자파로 피하지방을 따뜻하게 해 연소를 촉진하는 '바이폴라 방식'의 기기이고, 셀프 제모기는 탈모 살롱에서 도입하는 광제모의 일종인 'IPL 제모'가 가능한 기기이다. 일본에서 에스테틱과 제모는 고가의 서비스 중 하나인데, 이를 월 사용료만 지불하면 추가 요금을 신경 쓰지 않고 계속 이용할 수 있다. 일부 점포에 한정해서는 골프 연습도 가능하도록 시설을 정비해 놓는 등 트레이닝 외에도 안정적으로 회원을 확보할 수 있도록 다양한 서비스를 구비한 것도 특징이다.

초코잡 앱 사용법 　　　출처 | 초코잡

초코잡의 신체조성계와 헬스워치 제공 서비스 　　　출처 | 초코잡

현재 초코잡 매장은 도시 지역의 역 부근을 중심으로 설치되어 있지만, 유지비가 저렴한 콘비니 짐의 특성상 피트니스 센터나 피부관리 시설이 부족한 지방으로의 진출도 기대할 수 있다.

◆

가성비 높은 아이템으로 삶의 질을 높이자

앞으로도 물가 상승은 한동안 이어질 것으로 예측된다. 많은 소비자들은 물가 상승 부담 때문에 가성비를 따지는 소비를 추구할 것이다. 이러한 소비 현상에 발맞춰 서비스 분야뿐 아니라 식품 쪽에서도 판매 가격을 낮추거나 가성비 좋은 제품을 판매하기 위한 전략을 취하는 모습을 보인다. 닛신제분 웰나(日清製粉 Welna)는 소용량 파스타를 출시하는 등 구매 단가를 낮추고 싶은 소비자들을 위해 선택지를 늘리고 있다. 묘조식품(明星食品株式会社)은 재료를 줄여 면과 국물만 있는 즉석 컵라면을 2022년 9월에 발매했다. 희망 소매가격은 118엔(1,000원, 세금 별도)으로 이 회사 컵라면 가격의 중앙값인 210엔(1,800원) 정도에 비해 40퍼센트가량 저렴하다. 또 이토햄(伊藤ハム)은 육아 가구를 겨냥한 저렴한 신제품 '실크 비엔나'를 2022년 9월에 발매했다. 돼지고기와 닭고기를 함께 사용해 아이들도 먹기 좋은 식감으로 바꾸면서 단가를 낮추었다. 돼지고기만 사용한 이 회사의 주력 소시지 브랜드 '알트베이에른'은 한 봉지 120그램에 희망 소매가는 330엔(2,900원)

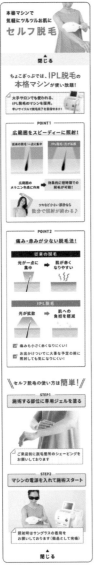

제모기기와 같은 뷰티
서비스 제공

인 반면에, 실크 비엔나는 한 봉지 180그램에 310엔(2,700원)으로 1그램당 40퍼센트 정도가 저렴한 것이다. 이러한 전략들은 약간의 변화를 통해 가격은 낮추고 어느 정도 퀄리티는 보장하여 고객들이 만족감을 느낄 수 있도록 한다.

우리나라에서도 할인상품, 리퍼 상품 등이 인기를 끄는 등 절약을 위해 가성비 좋은 상품으로 눈을 돌리는 소비자들이 늘고 있다. NHN 데이터가 2023년 5월 16일 발표한 「2023 상반기 앱 트렌드 리포트」에 따르면, 저렴하게 공동구매 등을 할 수 있는 앱 설치가 급증한 것으로 밝혀졌다.

우리나라를 포함해 전 세계적으로 고물가 현상이 지속된다면, 소비자들은 삶의 질을 위해서라도 가성비 아이템에 주목할 가능성이 크다. 인공지능 등의 기술을 이용해 지금까지와는 다른 접근방식으로 저렴한 가격에 어느 정도 퀄리티가 보장되는 상품이나 서비스를 제공할 수 있다면, 국내뿐 아니라 같은 문제로 고민하는 해외 소비자들에게도 주목받을 가능성이 있다. 구조의 변화를 통한 금액 절감은 진출 시장 확대를 용이하게 해주는 요인이 될 수 있다. 물가 상승이라는 위기가 해외 시장 진출이라는 기회로 바뀔 수 있길 기대한다.

민현정, 야마자키 메구미(나고야무역관)

4

PART

City & Human

도시와 인간

뉴 모빌리티

진화하는 이동수단

앞으로 모빌리티 산업은 어떤 형태로 진화할까? 하늘을 달리는 자동차로 가득한 공상과학 영화 속 장면은 더 이상 허황된 이야기가 아니다. 낮 시간 동안 저장된 에너지로 밤에도 비행이 가능한 태양광 비행기도 이미 성공적으로 시험 비행을 완수했다. 항공택시와 항공버스 등이 등장할 날도 머지않은 것이다. 물론 해결해야 할 현실적인 문제도 여전히 산적해 있다. 현재 기술이 어느 수준까지 발전하였는지, 또 이러한 기술을 실제 활용하기 위해 해결해야 할 지점은 무엇인지, 뉴 모빌리티 시장의 오늘과 미래를 다각도로 바라보려 한다.

태양 빛으로 하늘을 나는
비행기가 만들 미래

애틀랜타

광활한 옥수수밭 위로 트럭에 실릴만한 크기의 소형 비행기가 빠르게 날아간다. 무인비행기다. 엔지니어이자 우주선 조종사였던 쿠퍼는 옥수수밭을 거칠게 가로지르며 비행기를 쫓는다. 운전대를 아들에게 넘긴 그는 재빨리 안테나와 랩톱을 꺼내 비행기와 무선으로 연결하는 데 성공한다. 그의 손가락이 마우스패드를 움직여 비행기 방향을 조정하고 부드럽게 지상에 착륙시킨다.

2014년 개봉한 영화 〈인터스텔라〉 도입부 장면이다. 영화에는 무려 10년 넘게 조종사도 없이 태양광을 연료 삼아 정찰 임무를 수행해 온 무인비행기가 등장한다. 영화 개봉 이후 10년이 채 지나지 않은

솔라임펄스2의 주야간 비행 모습

출처 | 솔라임펄스

지금, 태양광을 이용한 무인비행기가 현실에서 개발되고 있다.

◆

조종사가 없는 비행기, 스카이드웰러

미국 오클라호마에 본사를 두고 있는 스카이드웰러Skydweller Aero Inc.는 미국·스페인 합작으로 설립된 최첨단 항공우주 스타트업이다. 이 회사가 개발하고 있는 태양광 무인비행기 스카이드웰러가 2023년 2월 7일 자율 비행에 성공했다. 스카이드웰러의 전신에 해당하는 솔라임펄스2 Solar Impulse 2를 인수한 후 12번의 시험비행 끝에 얻어낸 성공이었다.

솔라임펄스2는 화석연료를 사용하지 않고 태양광만을 이용해 세계 일주에 성공한 비행기로, 스위스에서 청정에너지 활용을 목표로 10년에 걸쳐 개발했다. 탄소 섬유 소재를 이용해 기체를 최대한 가볍게 제작했기 때문에 소형 오토바이를 움직일 수 있는 정도인 15마력으로도 비행할 수 있다. 전체 비행기 무게의 4분의 1에 해당하는 태양광 배터리를 장착하고, 2015년 3월부터 2016년 7월까지 1년 4개월 동안 세계 17개 도시를 비행하는 데 성공했다. 1인승으로 제작된 솔라임펄스2는 개발자 베르트랑 피카르Bertrand Piccard와 또 한 명의 조종사 앙드레 보르슈베르그André Borschberg가 5일마다 번갈아 운행하며 미국 하와이에서부터 아랍에미리트 두바이까지 총 4만 3,000킬로미터

비행을 마친 후 두바이에서 조종사 베르트랑 피카르(우)와 앙드레 보르슈베르그(좌)　　출처 | 솔라임펄스

를 날았다. 스카이드웰러는 2019년 솔라임펄스2를 인수했고, 영원히 하늘을 날 수 있는 비행기를 완성하기 위한 프로젝트가 본격적으로 시작됐다.

　스카이드웰러가 꿈꾸는 비행기를 완성하기 위해서는 두 가지 문제가 해결돼야 한다. 첫째는 지상으로 내려오지 않고도 비행기에 연료가 계속 공급될 수 있어야 하며, 둘째는 조종사 없이 자율적으로 비행할 수 있어야 한다. 스카이드웰러는 우선 연료의 문제를 태양광 활용으로 해결했다. 솔라임펄스2에서 이미 태양광을 이용한 영구 비행의 가능성을 충분히 확인했다. 스카이드웰러는 태양광의 활용도를 한층 더 업그레이드한 비행기를 선보였다. 보잉 747 제트기 날개보다도 더 긴 71미터의 날개에 1만 7,000개가 넘는 태양광 패널을 설치했고, 하늘을 향해 있는 동체 부분에도 태양광 패널을 설치했다. 이 패널들은 태양광 발전소의 역할을 하며 친환경 연료를 생성하는데, 낮 동안 저장된 태양광 에너지로 배터리 전원을 충전시켜 해가 없는 밤에도 비행할 수 있다.

영구 비행을 위한 두 번째 필수조건을 위해 스카이드웰러는 여러 단계 발전을 거듭했다. 처음에는 조종사가 탑승해 모든 것을 통제하는 유인 조종 모드에서 시작해 조종사와 지상의 이중 자율 비행 통제 시스템을 활용하는 모드로 발전했고, 마침내 이륙에서 착륙까지 조종사의 개입 없이 자율적으로 비행하는 데 성공했다. 2023년 2월에 성공한 자율 비행 테스트에는 안전의 목적으로 조종사가 탑승했으나 비행에는 아무런 역할을 하지 않았다. 영화 〈인터스텔라〉에서처럼 스카이드웰러의 비행과 관련된 모든 작동은 지상에서 원격 조종으로 이루어졌다.

완전 자율 비행 성공 후 스카이드웰러의 CEO 로버트 밀러Robert Miller는 항공전문지 에이비에이션위크Aviation Week와의 인터뷰에서 미국 마이애미에서 브라질 리우데자네이루까지 1년 365일 비행하는 것이 스카이드웰러의 목표라고 밝혔다. "기체가 입증한 역사와 조종사가 있는 항공기에서 자율 플랫폼으로의 성공적인 전환을 바탕으로 스카이드웰러는 항공기 운영 효용성을 입증할 준비가 되었다"라고 말했다.

스카이드웰러의 날개와 하늘 쪽 선체에 장착된 태양광 패널   출처 | 스카이드웰러 에어로

스카이드웰러 비행 모습   출처 | 스카이드웰러 에어로

스카이드웰러의 다음 행보는 아마도 조종사가 탑승하지 않은 완전 무인비행 테스트일 것이다. 조종사가 없는 무인비행기는 더 많은 장비를 탑재할 수 있다. 스카이드웰러는 이미 360킬로그램에 해당하는 레이저와 카메라 등의 장비를 싣고 시속 185킬로미터로 순항한다. 자체 무게를 줄이기 위해 현재 스카이드웰러는 소재를 변경하고 내구성을 높이기 위해 새로운 태양 전지를 도입하는 등 항공기 성능을 개선하고 있으며 2024년 양산을 계획 중이다.

◆

무한한 잠재력을 갖춘, 영원히 나는 비행기

스카이드웰러가 꿈꾸고 도전하는 '영구 비행기'는 왜 필요할까? 하늘에서 계속 날아다니는 비행기가 할 수 있는 역할은 매우 다양하다. 큰 범주에서 위성을 대신하는 역할과 위성은 하지 못하는 역할, 두 가지로 구분할 수 있다. 첫 번째 위성을 대체하는 역할은 인공위성처럼 지상을 관측하고, 원격 통신을 중계하고, 과학적 관측을 수행하는 능력이다. 특히 통신중계기로서의 능력이 주목받고 있다. 스카이드웰러는 위성통신보다 저렴한 비용으로 5G 통신 서비스를 제공할 수 있으며, 위성에 비해 60배나 더 가까워서 공중 플랫폼을 작동할 수 있기 때문에 대형 위성 안테나 없이도 우수한 대역폭을 제공할 것이다.

인구밀도가 낮거나 지형 조건이 까다로워 위성통신 서비스가 제공되지 않는 곳에서 스카이드웰러는 중계기 역할을 할 수 있어 비용 대비 효율성이 높다. 실제로 스페인의 글로벌 이동통신 사업자 가운데 하나인 텔레포니카Telefonica와 스카이드웰러는 2021년에 파트너십을 체결하고, 인터넷 서비스가 제공되지 않거나 신호가 약한 지역에 셀룰러 커버리지cellular coverage를 제공하는 솔루션을 개발 중이다.

스카이드웰러는 이처럼 위성의 역할을 대체하지만, 더 좋은 점도 있다. 인공위성은 제작 비용이 비싸고, 로켓을 통해 궤도에 발사해야 하기 때문에 실패율도 높다. 특히 최근에는 수명이 다한 인공위성이 우주 쓰레기로 남아 심각한 환경 문제로 대두되고 있다. 대규모 인공위성은 지구 대기권에 재진입할 때 오존층을 손상시키는 화학물질을 방출해 지구온난화에도 위협적이다. 반면 스카이드웰러는 태양광을 사용하기에 탄소 배출도 쓰레기 배출도 없는 친환경 기지국의 역할을 할 수 있다.

스카이드웰러는 위성을 대체할 수 있을 뿐만 아니라 '위성은 할 수 없는 작업'에도 활용할 수 있다. 예를 들어 스카이드웰러에 센서를 장착해서 해상에서의 불법 어업을 감시하거나, 야간에 심해에서 불법으로 시행되는 시추 작업을 추적해 석유 누출을 감시할 수도 있다. 인공위성으로는 이러한 감시 역할이 쉽지 않지만, 스카이드웰러의 모니터링 기능으로는 가능하다.

업무 특성에 맞는 다양한 센서 장착이 가능하고, 얼마든지 새로운 센서로 교체할 수 있기 때문에 특정한 업무 요청에 맞추어 활용할 수도 있다. 또한 탄소 배출 없이 수개월 동안 공중에 머물 수 있기 때문에 자연재해 감시나 화학물질 누출, 해상의 기름 유출과 같은 인위적 재난을 빠르게 알아낼 수 있으며, 산불 등의 재해로 장기간 수색이나 구조가 필요한 작업에도 지원할 수 있다.

스카이드웰러는 센서가 수집한 복잡한 데이터를 처리하고 융합하기 위해서 팔란티어 테크놀로지스Palantir Technologies와 협력체계를 갖추었다. 이 회사는 빅데이터 분석 및 처리 전문 회사로 오사마 빈 라덴을 찾는 데 기여한 업체로 이름을 알렸다. 팔란티어 테크놀로지스는 스카이드웰러가 수집한 대량의 데이터를 가져다가 데이터의 '실체'를 분석하는 작업을 맡는다. 예를 들어 스카이드웰러의 센서가 바다에 떠 있는 신박을 모니터링하면 그 물체가 어느 국적의 무슨 신박인지까지 분석해서 가치 있는 정보로 재탄생시키는 것이다.

무한한 잠재력을 갖춘 스카이드웰러가 어느 분야에서 활약할지 관심이 쏠린 가운데, 초기 활용은 정부와 군사용 안전을 위한 장치로 쓰일 것이 유력하다고 알려졌다. 미 해군은 스카이드웰러 초기 개발 단계에서부터 500만 달러(65억 원)를 투자했다. 미국 함정이 운항되는 바다의 상공에서 연속적으로 가동되는 지원기지를 띄우기 위한 목적으로 참여했다고 한다. 지속적으로 비행하는 스카이드웰러는 초고공 감시탑으로서 적국의 함정을 탐지할 수 있고, 통신중계소 역할도 할 수 있기 때문에 어느 해상에서도 원활한 통신을 할 수 있을 것으로 기대한다.

현재 해상순찰에 사용하고 있는 드론은 최대 30시간까지만 비행할 수 있기 때문에 더 오랜 시간 비행이 가능한 장치에 대한 수요가 있었다. 미국에서부터 카리브해 상공을 비행하는 연합기술시범JCTD, Joint Concept Technology Demonstration을 위해 현재 해군남부사령부Southern Command 및 아프리카사령부Africa Command와 계약 체결을 진행 중이다. 이외에도 미군의 새로운 기술을 모색하는 국방부 기관인 국방혁신부 DIU, Defense Innovation Unit도 스카이드웰러와 1,200만 달러(156억 원) 규모의 계약을 체결했다.

◆

군사 및 상업용 위성을 대체할 태양광 드론

스카이드웰러가 유인 비행기에서 시작해서 무인비행기로 전환하는 시도를 통해 태양광 비행기를 개발하는 한편, 애초에 드론 형식의 무인비행기에서 시작한 태양광 드론의 개발도 세계적으로 활발히 진행되고 있다. 대표적인 성공사례는 유럽 에어버스Airbus에서 개발한 제퍼Zephyr 시리즈다. 2001년 비행 조종사 크리스 켈러허Chris Kelleher가 처음 제안한 제퍼 드론은 영국 방위산업체 키네티큐QinetiQ와 영국 국방부가 합작 투자해 제퍼 7을 제작했고, 2010년에는 세계 최초로 14일 22시간 8초 동안 쉬지 않고 비행하는 기록을 세웠다. 이후 에어버스에 인수된 제퍼는 2018년에는 26일간의 연속 비행에 성공했고, 2022년

8월에는 64일 연속 비행까지 성공했다.

　제퍼의 날개 길이는 25미터이고, 초경량 탄소 섬유로 제작되어 무게는 고작 75킬로그램밖에 되지 않는다. 스카이드웰러와 마찬가지로 날개와 꼬리에 설치된 태양전지 패널을 활용해 비행하고, 낮 동안 생산된 전력을 배터리에 저장해두었다가 야간비행에 사용한다. 제퍼의 고공 높이는 평균 6만 피트(약 18킬로미터)이지만 2018년 비행에서는 7만 피트(약 21킬로미터), 그리고 2021년 비행에서는 최대 7만 6,000피트(약 23킬로미터) 상공에서도 비행에 성공했다. 제퍼는 성층권을 비행하며 위성과 유사한 역할을 하는 무인비행체인 고고도 의사 위성HAPS, High-Altitude Pseudo-Satellite을 표방하고 있기 때문에 비행 높이는 매우 중요한 의미가 있다.

　성층권은 고도 10~50킬로미터(약 3만 3,000~16만 4,000피트) 사이 대기권에 해당하며, 일반적으로 민간 여객기가 비행하는 대류권보다 조금 더 높은 고도에 위치한다. 성층권에서는 적의 레이더 추적을 피할 수 있기 때문에 현재는 군사용 정찰기만 다닐 수 있는 독점 공간이다. 성층권은 구름이 없어 급변하는 기상 상황에 영향을 받지 않을 뿐 아니라 태양광을 에너지원으로 사용하기에 매우 좋은 조건을 갖추고 있어 미래의 산업 무대로 주목받고 있다. 또한 대류권보다 공기 밀도가 낮아 더 적은 에너지를 사용해서 더 빠르게 먼 곳까지 비행할 수 있고, 공기의 상하 이동도 적기 때문에 한곳에 오래 머물 수 있어 가벼운 태양광 드론에 매우 적합한 환경이다.

제퍼의 비행 모습

제퍼를 정비하는 모습

성층권에서 비행하는 제퍼는 스카이드웰러와 똑같이 지상 감시, 원격 통신, 과학 관측 등의 목적으로 군사 및 상업용 위성을 대신할 수 있다. 특히 제퍼의 통신 서비스 영역은 7,500제곱킬로미터까지 커버할 수 있는데, 이는 지상에 있는 250개 타워와 맞먹는 규모다. 제퍼와 같은 태양광 드론은 필요할 때 바로 띄울 수 있고, 원하는 곳으로 이동할 수 있으며, 지상에서도 모든 조작을 쉽게 할 수 있다. 이렇게 뛰어난 유동성은 모바일 플랫폼과 연결하기에 적합하기 때문에 자동차, 기차, 유람선, 비행기, 에어택시 등 모든 교통수단에 충분한 인터넷을 제공할 수 있다. 위성을 제작하고 발사하는 데 드는 비용의 80분의 1정도 밖에 되지 않는 500만 달러(65억 원)로 위성을 대신할 수 있어 태양광 드론은 향후 군사 및 상업위성을 대체할 것으로 높은 기대를 받고 있다. 게다가 위성은 계속해서 지구를 돌기 때문에 같은 장소를 하루에 두 번만 모니터링할 수 있지만, 제퍼는 특정 지역을 24시간 연속해서 감시할 수 있다. 에어버스의 지구 관측 시스템인 오파즈OPAZ, Optical Advanced Earth Observation system for Zephyr 를 활용해 위성 수준의 고해상도이면서 동시에 위성과 달리 지속적인 이미지와 비디오를 제공하는 서비스가 가능하다. 이러한 기능은 산불 관리나 재난구호 작전, 국경 통제 등 다양한 곳에서 활용할 수 있는 잠재력을 보여준다.

하지만 인공위성에 비해 취약한 점도 있다. 위성은 크고 무거운 각종 첨단장비를 탑재할 수 있지만, 제퍼의 탑재 능력은 현재까지 5킬로그램에 불과하다. 드론 자체의 무게가 75킬로그램밖에 되지 않아 탑재 능력을 향상시키는 것이 쉽지 않다. 또한 너무 가벼운 제퍼의 몸체는 높은 고도로 올라가는 과정에서 강한 바람을 맞아 추락할 위험도 있다. 제퍼가 성층권까지 도착하는 데는 약 8시간이 걸리는데, 그동안 기상악화를 견뎌내야 고고도 의사 위성의 역할을 성공적으로 수행할 수 있다. 실제로 수많은 태양광 무인비행기가 비행 중 파손되는 실패를 경험했다. 2001년 미국 항공우주국NASA에서 개발한 원격 조종 항공기 헬리오스 프로토타입Helios Prototype은 9만 피트 상공까지 비행하는 데 성공했으나 2007년 비행 중 파손됐다. 2015년에는 구글의 태양광 무인기 솔라라50Solara 50이, 2016년에는 페이스북의 아퀼라Aquila가 비행 중 파손돼 현재는 개발이 중단된 상황이다.

이 부분에서 앞서 소개한 스카이드웰러와 제퍼의 차이가 드러난다. 제퍼를 비롯한 태양광 드론들과 달리 스카이드웰러는 유인 비행기에서 시작해 무인비행기로 전환했기 때문에 애초에 조종사의 무게를 감당해야 하는 유인 항공기 안전기준에 맞춰 훨씬 더 견고하게 제작됐다. 따라서 스카이드웰러는 비행기 무게 자체가 2,000킬로그램이 넘으며 360킬로그램 이상의 레이다와 카메라 등 여러 장비를 탑재하고 비행할 수 있다. 대신에 개발 단계가 훨씬 복잡하고 아직 제퍼와 같은 태양광 드론만큼 장시간 비행할 수 있는 능력이 없다.

스카이드웰러와 제퍼는 서로 다른 출발점에서 시작했지만, 결국에는 태양광을 이용해 장기간 하늘을 나는 비행기라는 같은 목표를 향해 나아가고 있다. 스카이드웰러는 완전 무인비행 성공 후 비행시간을 늘려나가는 데 주력하고 있으며, 제퍼는 64일 연속 비행에 성공한 후 탑재력을 증가시키기 위한 개발에 힘쓰고 있다. 지금보다 더 긴 날개 길이 33미터에 무게도 거의 두 배에 가까운 140킬로그램의 새로운 제퍼 모델을 계획 중인 것으로 알려졌다. 이 새로운 모델은 탑재 중량이 20킬로그램까지일 것으로 기대된다.

◆

인류에도 지구에도 도움 되는 비행기

시장분석 전문업체 얼라이드마켓리서치 Allied Market Research 의 2022년 보고서에 따르면, 전 세계 태양광 무인항공기 Solar-Powered UAV 시장은 2025년 약 3억 7,820만 달러(4,916억 6,000만 원)가 될 것이며, 2035년에는 8억 8,170만 달러(1조 1,462억 1,000만 원)까지 성장할 것으로 예상된다. 보고서는 2026년부터 2035년까지 연평균성장률이 8.6퍼센트를 기록할 것으로 전망한다. 또 투자 전문지 마켓워치 MarketWatch 의 2023년 자료를 보면, 전 세계 고고도 의사 위성의 시장 규모는 2022년 2억 8,851만 달러(3,750억 6,300만 원)로 평가되며, 2028년까지 연평균 9.7퍼센트로 성장해 5억 2,666만 달러(6,846억 5,800만 원)에 달할 것으로 예상된다. 분석 업체마다 구체적인 전망치는 다소 차이가 있지만, 앞으로 태양광을 활용한 무인기 시장이 성장할 것이라는 데는 이견이 없다.

기술의 발달로 태양광 배터리 무게가 크게 줄었고 태양광 패널의 에너지 생산 효율성도 증가하고 있어 태양광 무인기 개발에 더욱 힘이 실리고 있다. 우리나라에서도 2013년부터 한국항공우주연구원과 성우엔지니어링 등 5개 중소기업 공동참여로 태양광 무인비행기 EAV-3 Electric Aerial Vehicle 3을 개발해왔다. 2015년에는 성층권에 해당하는 14킬로미터 비행에 성공했고, 2016년에는 고도 18킬로미터에서 90분 비행에 성공했다. 2020년에는 전라남도 고흥에 위치한 항공센터에서 태양 에너지로만 연속 53시간 비행에도 성공했다. 과학기술정보통신부는 2022년부터 2025년까지 성층권 드론 기술개발사업을 위해 한국항공우주연구원을 주관사업단으로 선정했고, 한층 더 발전된 EAV-3를 개발 중이다.

EAV-3는 20미터의 긴 날개에 동체가 10미터 길이로 비행기 자체의 무게는 21킬로그램의 초경량이다. 그럼에도 22킬로그램 무게의 배터리 외에도 추가로 23킬로그램을 탑재할 수 있는 능력을 갖출 예정이다. 에어버스사 제퍼의 탑재 무게 한도가 5킬로그램인 것에 비해 훨씬 더 많은 장비를 싣고 비행할 수 있어 다양한 임무를 수행할 것으로 기대된다.

하늘이라는 무대는 기회가 널려있다. 태양 에너지도 충분하다. 태양 빛으로 영원히 하늘을 나는 비행기는 아마도 우리에게 유용한 정보를 제공하고, 자연재해를 감시하고, 전파가 닿지 않던 곳까지 통신 서비스를 제공해줄 것이다. 탄소 배출도 하지 않으니 환경에도 도움이 될 것이다. 에어버스의 자회사이자 제퍼를 비롯한 고고도 의사 위

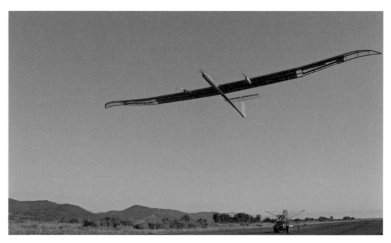

한국항공우주연구원에서 개발한 EAV-3의 비행 모습

성 기술을 담당하고 있는 AALTO Haps의 홈페이지에는 이런 문구가 쓰여 있다. "인류에게 좋은 동시에 지구에도 좋은good for humanity, while being good for our planet". 태양광 무인기는 인류에도, 그리고 지구에도 도움이 되는 기술로 나아가고 있다.

이상미(애틀랜타무역관)

이동형 수소발전기가 만드는 새로운 세상

프라하

붉은 조명이 쏟아지는 무대, 현란한 기타 연주와 함께 미국 유명 록 밴드 그린데이Green Day가 등장한다. 목청껏 소리 지르는 메인 보컬의 얼굴이 무대 양옆과 뒤편의 스크린을 가득 메운다. 친환경과 지속가능성을 모토로 한 체코의 대표 록 페스티벌 '록 포 피플Rock for People'의 한 장면이다. 놀라운 사실은 무대 운영에 필요한 전기를 화석연료를 사용하는 내연 발전기가 아닌 에이치투베이스H2Base라는 이름의 수소발전기로 공급했다는 것이다. 체코의 애플이라 불리는 데빈DEVINN은 에이치투베이스에 적용된 기술을 활용해 전기차 충전은 물론 수소 트럭 개발까지 사업 영역을 확장하고 있다.

거스를 수 없는 대세가 된 클린 모빌리티

EU 집행위원회는 2023년 3월, 친환경 산업에 대한 규제를 간소화하고 기술 개발을 지원하는 '탄소중립산업법NZIA, Net-Zero Insurance Alliance'의 초안을 발표했다. 러시아·우크라이나 사태로 유럽연합은 화석연료 의존적 에너지 수급 방식의 한계를 체감하고 이를 탈피하기 위한 방안을 마련한 것이다. 이 법안으로 2050년까지 전기차 생산량이 15배 증가할 것으로 전망하고 있다. 최근 '2035년 내연기관 신차 판매 금지법'이 유럽연합 이사회를 통과하며 전기차 전환은 유럽의 자동차산업 지형을 바꾸는 패러다임이 되었다.

체코는 유럽연합의 그린 딜 전환에 발맞추어 2020년 '국가 친환경 모빌리티 정책NAPCM, National Action Plan for Clean Mobility'을 발표했다. 2030년까지 최대 50만 대의 전기차를 보급하고, 전기 충전소 최대 3만 5,000곳을 운영하는 것이 법안의 주요 목표다. 5만 대의 수소연료전지 차량 공급과 함께 저공해 전기버스 도입, 충전 인프라 구축 등에 유럽연합 경제회복기금의 약 15퍼센트인 11억 유로(약 1조 5,400억 원)를 투자할 예정이다. 이듬해인 2021년 체코 산업부가 발표한 '체코수소전략The Czech Republic's Hydrogen Strategy'에 따르면, 수소발전은 이러한 전기차 보급 확대에 크게 기여할 것으로 평가받는다.

수소발전의 첫 삽, 에이치투베이스

사실 데빈이 수소발전에 관심을 갖게 된 것은 최근의 일이다. 데빈은 자동차 제조사들의 신기술 개발을 주로 담당했고, 스코다ŠKODA Auto 의 헤드램프 개발이 이들의 대표 프로젝트였다. 그러나 2017년부터 유럽 전역에 걸쳐 전기차에 대한 논의가 본격화되며 설립자인 루보스Luboš는 수소발전에 관심을 가지게 된다. 전기차 충전에 적합한 방안을 연구하던 중 1킬로그램의 수소가 33킬로와트의 에너지를 만든다는 사실을 알게 된 것이다. 전기차 시장의 성장성을 내다본 루보

수소발전기 에이치투베이스   출처 | 데빈

스는 친환경 수소발전기를 개발하기로 결심한다.

2020년, 3년여의 개발 끝에 수소발전기 에이치투베이스가 탄생한다. 100킬로와트의 전기를 탄소 배출과 큰 소음 없이 수소 연료만으로 만들어내는 에이치투베이스는 경쟁력을 가진 혁신 제품이었다. 미니밴에 수납될 정도로 휴대성이 우수해 장소에 구애받지 않고 전기차 충전에 쓰일 수 있을뿐더러, 야외 행사 및 일반 건물의 전기 공급에까지 활용될 수 있기 때문이다. 실제로 2021년 체코 모라비아Moravia 지방에 토네이도가 강타해 전력난이 발생하자, 에이치투베이스는 학교와 가정집의 전기 공급원으로 사용되기도 했다.

◆

찾아가는 전기차 충전소 에이치투봇

데빈은 에이치투베이스의 개발에 안주하지 않았다. 체코에는 여전히 설계 구조상 전기차 충전소가 설치되기 어려운 건물들이 많았고, 산간 지방처럼 도심과 멀고 햇빛이 잘 들지 않아 여건상 재생에너지를 활용하기 힘든 지역도 상당수였다. 이를 해결하기 위해 개발된 제품이 찾아가는 전기차 충전소인 '에이치투봇H2Bot'이다. 에이치투베이스의 친환경 수소발전 방식을 따르면서도 모바일 앱 설정만으로도 수소발전기를 실은 카트가 전기차에 다가가 로봇 팔을 이용해 전기를 충전하는 편리함이 에이치투봇의 특징이다.

이동형 수소발전기 에이치투베이스(위)와 이동형 전기차 충전소 에이치투봇(아래)   출처 | 데빈

에이치투봇은 225킬로와트 상당의 전기를 공급할 수 있는 수소팩을 싣고 시속 20킬로미터의 속도로 움직여 배터리 20퍼센트 수준의 전기차 대여섯 대를 80퍼센트까지 충전시킬 수 있다. 다만 현 교통법상 일반도로 주행이 불가하기 때문에 주로 임시 주차장, 쇼핑센터, 기업 주차장 등에서 사용될 전망이다. 아울러 주행 중 타이어의 압력이 낮아지거나 도로 노면이 울퉁불퉁할 경우 운행에 변수가 있고 아직 완전한 자율 작동이 불가해 조작 인원이 필요한 점 등은 에이치투봇이 앞으로 해결해야 할 과제들이다.

◆

충전을 넘어 중장비 수소 트럭 개발까지, 에이치투 타트라 프로젝트

에이치투베이스가 출시된 2020년, 데빈은 또 한 번의 출사표를 던진다. 체코 대표 트럭 제조회사 타트라Tatra의 세계 최초 중장비 수소 트럭 프로토타입 프로젝트 '에이치투 타트라H2 Tatra'에 참여하게 된 것이다. 데빈의 설립자 루보스는 현지 매체와의 인터뷰를 통해 "시장에 존재하는 수소 트럭과 달리 경쟁자가 없는 중장비 분야에서 기회를 찾았다"라고 밝혔다. '수송'에 방점을 둔 수소 트럭은 현대차 등 기성 기업이 이미 선도하고 있지만, 중장비 현장은 이들이 관심 두지 않았던 블루오션인 것이다.

이로써 데빈은 자사의 수소 발전 기술을 시험대에 올리는 한편, 수소차 제작까지 사업의 지평을 넓힐 수 있게 되었다. 이 트럭은 타트라가 디자인하고 생산한 자동차 차대에 수소 연료 셀 등 발전 부품을 얹는 방식으로 설계되었다. 관계자들은 차량의 특성상 척박한 환경에 강해 탄광 산업 등에 주로 사용될 수 있을 것으로 평가하고 있다. 실제로 일부 광산업계 기업들은 수소 트럭의 상용화 및 구매 가능 일정 등을 문의하고 있다고 한다. 이 프로젝트의 주관기관인 체코 국영 원자력연구소는 프로젝트에 대한 정보를 제한적으로 공유하고 있으나, 업계는 2023년 하반기경 프로토타입이 출시될 것으로 전망하고 있다.

◆

수소가 대중적 친환경 에너지원으로 가기 위해 넘어야 할 산들

6년이란 시간 동안 데빈은 수소발전 분야에서 괄목할 만한 성장을 이루었지만, 수소가 대중성 있는 친환경 에너지원으로 쓰이기 위해서는 앞으로 몇 가지 한계점을 극복해야 한다. 첫 번째는 생산 가격이다. 현재까지 생산된 대다수의 수소는 천연가스를 쪼개 이산화탄소를 만들어내는 개질수소가 주를 이뤘다. 물론 데빈은 그린수소라 불리는 풍력 등의 재생에너지를 활용해 생산된 수소를 연료로 사용하지만, 현재까지는 그 생산 규모가 크지 않아 비싼 비용을 지불해야 한다. 그 결과 데빈의 대표 제품인 에이치투베이스의 가격은 수만 유로에 달하는 상황이다.

아울러 수소 연료 자체의 부피가 큰 점 또한 데빈이 풀어야 할 과제다. 수소의 밀도가 낮아 아직 업계에서는 1킬로그램의 수소를 10킬로그램 미만의 프로판-부탄가스 용기에 저장하는 기술이 개발되지 못한 상황이다. 결국 더 많은 연료를 담기 위해서는 저장 공간이 커질수밖에 없다. 데빈이 승용차가 아닌 중장비 전기 트럭에 집중하게 된 이유 중 하나이기도 하다. 물론 에이치투베이스와 에이치투봇은 그 기동성을 인정받았지만, 수소 연료 저장 방식이 더욱 경량화된다면 대중의 접근성이 더 높아질 것이다.

◆

한국과 체코의 수소 모빌리티 산업 제휴

한국은 2019년에 '수소경제 활성화 로드맵'을 발표했다. 2040년까지 수소차 620만 대 생산, 수소 충전소 1,200개소 구축을 목표로 수소 모빌리티 생태계 조성을 위한 세부 과제들을 실천 중이다. 또한 우리나라는 2022년 수소차 1만 3,166대를 판매, 세계 수소차 시장 점유율 57퍼센트를 기록해 4년 연속 세계 1위를 달성하는 등 수소 모빌리티 분야에 강점을 갖고 있다. 이에 힘입어 지난 2022년 11월에 정부는 '제5차 수소경제 위원회'를 통해 한국형 수소 충전소 표준모델을 개발하여 수소차 수출과 연계해 수소 산업을 수출산업화하겠다는 계획을 밝힌 바 있다.

아울러 체코는 2022년 자국 최초 수소 충전소 개소에 이어 2023년 3월 2호 충전소 개소, 7월 수소 버스 노선 시범 개통 등 수소 모빌리티 도입에 박차를 가하고 있다. 마르틴 쿱카Martin Kupka 교통부 장관은 체코 정부가 2025년까지 12개, 2030년까지 40개의 수소 충전소 개소를 계획하고 있으며, 현재는 60억 코루나(3,600억 원) 상당의 대체 연료 인프라 투자 재원을 2030년까지 대폭 확대할 예정이라고 밝혔다. 한국과 체코 모두 수소 모빌리티에 대한 국가적 관심이 큰 만큼 양국의 상호협력 논의는 2020년 주한체코 대사와 수소융합얼라이언스(H2KOREA, 한국 수소 보급 활성화 민관협의체) 간 협의를 시작으로 4년 이상 지속되었다. 2021년 6월 한국과 체코의 산업부 장관급 수소 기술 협력 면담이 이뤄지고, 같은 해 6월 체코 국영 인증기관인 SZU와 H2KOREA, 우석대학교 간 MOU를 통해 국내 수소연료전지 기업의 유럽시장 진출에 필수적인 CE 인증 지원 방안이 마련되어 2022년 실제로 국내 연료전지 기업이 CE 인증을 획득한 사례가 있다.

최근 가장 주목할 만한 협업 사례는 2022년 6월 28일 현대차가 체코수소협회HYTEP, Czech Hydrogen Technology Platform와 H2KOREA를 비롯 현대글로비스, 체코 지브라그룹ZEBRA GROUP 등 13개 기관 및 기업과 함께 체코 내 수소 모빌리티 생태계 조성을 위해 추진한 다자간 업무협약이다.

현대차가 수소 연료 전지 시스템을 체코 자동차 기업에 공급하며 수소융합얼라이언스 및 현대글로비스와 함께 수소 충전소를 구축하고 운영 노하우와 기술을 전수하는 것이 그 골자였다. 이 업무협약은 지난 2021년 11월 체코 산업통상부 페트로 메르바르_{Petr Mervart} 수소 특임 대사의 방한을 계기로 추진된 만큼 업무협약을 통해 수소 모빌리티 산업에 대한 체코의 국가적 관심은 물론 한국과의 협력 의지 또한 확인되었다고 볼 수 있다. 특히나 데빈과 타트라를 비롯한 수소 모빌리티 업계는 여전히 체코 내에서 전기 및 수소차가 상용화되기에는 아직 충전 인프라가 부족하다고 말한다. 따라서 본격적인 충전소 확충 작업이 시작될 경우 기술 개발 및 부품 조달, 운송까지 양국 간의 다양한 협업 모멘텀이 생길 것으로 기대된다.

장석범(프라하무역관)

◆

| 뉴 모빌리티 |

마지막 산업 프론티어,
하늘을 나는 자동차

◆

도쿄

오래된 고전 영화나 산업 다큐멘터리에서는 종종 하늘을 날고자 하는 인간이 등장한다. 가짜 날개를 팔에 붙인 뒤 양팔을 휘저으며 뛰어내린 인간은 잠시 공중에 체류하다 이내 고꾸라진다. 날고 싶다는 인간의 욕망이 쉽게 이루어지지 않았다는 걸 상징적으로 보여주는 듯하다. 그러나 인간은 쉽게 포기하지 않았고 기어이 꿈을 실현했다.

1903년, 라이트 형제가 세계 최초로 동력 비행기를 만들어 비행에 성공한 지도 100년이 훌쩍 넘었다. 최초의 동력 비행기가 약 12초 동안 36미터를 비행한 뒤로 인류는 미지의 영역이었던 하늘까지 넘보게 되었다. 오늘날 인류는 땅과 하늘을 나누던 이동 수단의 경계조차 뛰어넘으려 하고 있다. 차세대 이동 수단으로 전기 항공기, 이른바 '하늘을 나는 자동차'가 등장하고 있다.

도심항공교통 UAM, Urban Air Mobility 이라는 말은 더는 낯선 용어가 아니다. 헬리콥터처럼 도심에서 수직으로 이착륙을 하는 비행체 VTOL, Vertical Take-Off and Landing 에 대한 연구가 활발하게 이루어지면서 하늘을 나는 자동차의 상용화도 머지않은 듯하다.

일본에서는 '하늘을 나는 자동차'라는 다소 동화적인 표현을 사용하지만 유럽이나 미국에선 'eVTOL Electric Vertical Take-Off and Landing'이란 표현이 일반적이다. 참고로 한국에선 '비행 자동차' 외에도 eVTOL을 직역해 '전동 수직이착륙기'라 부르기도 한다. eVTOL의 특징으로는 '전동 electric', '수직 이착륙 VTOL', '고도의 자동제어' 등을 꼽을 수 있다. 고도의 자동제어라는 측면에서 자율주행을 지향한다는 사실을 알 수 있다. 이러한 특징들 덕분에 활주로가 불필요하고, 소음이 적으며, 구동 시 온실가스 등을 배출하지 않기 때문에 도심부에서도 이착륙과 운행이 가능한 미래형 모빌리티로 한껏 기대 받고 있다.

벚꽃이 피기 시작한 2023년 3월, 일본 오사카성 공원에서는 사람들의 이목이 쏠린 가운데 '하늘을 나는 자동차'의 시험 유인 비행이 진행됐다. 실험 주체는 대형 종합상사인 마루베니 Marubeni 였고 사용 기체는 미국의 리프트에어크래프트 LIFT Aircraft Inc. 의 1인승 비행 모빌리티 헥사 HEXA 였다. 조종사 한 명이 기체에 탑승해 약 8미터 높이까지 부상한 다음 상하 및 수평 선회를 하며 약 10분간의 시험 비행이 이루어

스카이드라이브의 SD-05 비행 이미지   출처 | 스카이드라이브

마루베니의 헥사 시험 비행   출처 | GMO 인터넷 그룹

졌다. 모터 소리가 들리긴 했으나 항공기 엔진의 굉음 같은 건 없었다. 테스트를 지켜보던 관계자와 보도진들도 이에 비하면 대형 트럭이 훨씬 시끄러울 정도라고 말했다. 이번 실증 실험은 공공 공간에서 파일럿이 탑승해 조종하는 '하늘을 나는 자동차'의 일본 첫 비행이었다.

　NHK 아침 일일 드라마는 일본 아침 방송의 상징과도 같은데 마침 〈날아올라라〉라는 드라마가 2023년 3월 말 종영한 상황이었다. 오사카를 무대로 비행 자동차 개발을 꿈꾸는 여성 공학도와 파일럿의 이야기를 다뤘는데 덕분에 하늘을 나는 자동차가 대중에게 가깝게 다가설 수 있었다. 하늘을 나는 자동차가 오사카에서 많은 관심을 받는 이유는 무엇보다 2025년 4월에 개최될 예정인 '오사카·간사이 엑스포'에 있다. 엑스포의 핵심 테마는 '비행 자동차의 상업용 운행'이다.

비행 자동차 거점으로 부상 중인 오사카·간사이 엑스포　　　　　출처 | 스카이드라이브

뉴 모빌리티

엑스포를 대비한 eVTOL 운행사업자 및 항로 선정 등 세부적인 사항도 차근차근 결정되고 있다. 운행사업자는 일본 항공사 ANA와 미국의 조비에이비에이션Joby Aviation 컨소시엄, JAL, 마루베니, 스카이드라이브SkyDrive 총 4개 주체다. 운행 항로는 엑스포가 열리는 곳과 간사이 국제공항, 오사카 해안 지역 2곳, 오사카 도심부 등 4곳을 연결하는 형태가 될 예정이다.

◆

비행 자동차가 하늘을 메울 날이 다가온다

관심이 가장 집중되는 것은 실제로 오사카·간사이 엑스포에서 어떤 기체가 비행하게 될 것인가이다. ANA와 조비에이비에이션 컨소시엄은 토요타 자동차가 출자하고 미국 조비에이비에이션이 개발한 조비S4Joby S4를, JAL은 독일 볼로콥터Volocopter 의 볼로시티VoloCity를, 마루베니는 영국 버티컬에어로스페이스Vertical Aerospace 의 VX4를 운용하고, 유일하게 일본 국산 기체를 사용하는 스카이드라이브는 자사의 SD-05를 운용한다.

각 기체는 항속거리 및 속도, 탑승 인원, 기동성 등이 상이하다. 조비 S4와 VX4는 고정 날개가 달린 벡터 추진인 벡터트러스트Vectored Thrust 타입인데, 볼로시티와 SD-05는 고정 날개가 없는 멀티콥터Multicopter 타입이다. 상대적으로 전자는 큰 기체에 탑승 인원이 많고 고속 장거리 비행이 가능한 기존 비행기에 가까운 유형이다. 후자는 소음이 적고 세밀한 기동이 가능하며 기체 구도도 단순한데 드론에 사람이 타고 있는 것을 연상하면 된다.

조비S4는 정원 5명에 최고시속 240킬로미터로 토요타가 개발 및 생산에 있어 협업을 진행한다. 볼로콥터는 정원 2명에 최고시속 110킬로미터로 2024년 유럽항공안전청 TC^{Type Certificate} 취득을 목표로 하고 있다. VX4는 정원 5명에 최고시속 320킬로미터이며, SD-5는 정원 2명에 최고시속 100킬로미터로 기체 가격은 약 150만 달러(19억 5,000만

좌측 상단부터 시계 방향으로 조비S4, 볼로시티, VX4, SD-05 　　　출처 | 조비에이비에이션, 볼로콥터,
　　　　　　　　　　　　　　　　　　　　　　　　　　　　　　스카이드라이브, 버티컬에어로스페이스

원)다. 개인과 법인을 대상으로 예약판매를 개시했고 베트남의 퍼시픽그룹이 최대 100기 규모의 사전 주문에 합의한 상황이다.

일본에서 실제 하늘을 비행하기 위해서는 형식증명TC, Type Certificate 취득이 필수인데, 일본 국토교통부항공국JCAB의 발표에 따르면 앞에서 말한 4종은 이미 신청을 수리한 상태로 시험 비행 등의 절차를 거쳐 조만간 오사카의 하늘을 날게 될 전망이다.

◆

비행 자동차의 대중화를 위해 넘어야 할 산

새로운 시대의 모빌리티 운행이 코앞이라는 기대가 높지만, 본격적인 보급을 위해선 해결해야 할 과제도 많다. 기술적인 부분만 해도 자율주행, 이착륙 지원, 백업, IT 보안 등 안전 관련 이슈들도 있고 배터리나 경량화 등 에너지 성능 향상에 관련된 이슈들도 있다. 그리고 제도적인 측면을 정비하는 것도 과제다. 비행 자동차에 대한 연구개발 지원, 기존 항공법과 새로운 법안 사이의 절충, 안전기준 마련, 조종자격 기준 마련, 교통법규, 보험 등을 들 수 있다.

비행 자동차 시장이 떠오르면서 인프라 분야에 참여하려는 기업들도 늘고 있다. 필수 불가결한 인프라로는 비행 자동차 전용 설비 베리포트Veriport인 이착륙장, 항공관제 시스템, 통신 관련 설비, 충전설비, 에어맵 등을 꼽을 수 있다. 하지만 아직 구체적으로 시장을 전망하긴 어려운 것이 현실이다. 예를 들어 베리포트의 경우, 미국 연방항공국FAA이 2022년에 베리포트 건설 가이드라인(가안)을 발표하긴 했으나 아직 확정되지 않았고, 유럽과 일본의 경우에는 가이드라인 확정판은 수년 후에나 발표될 전망이다.

먼저 기존의 헬리포트와 베리포트는 설비 요건 및 용도가 상이하다는 사실에 대한 이해가 필요하다. 고층 빌딩 옥상의 헬리포트는 차량으로 치면 버스 정류장이나 택시 승강장에 해당한다. 착륙은 일시적 행위이고 탑승자가 다 타고 내리면 바로 이륙하는 것을 전제로 한다. 하지만 베리포트는 이착륙 공간 이외에도 복수의 기체가 대기하는 공간, 배터리를 충전하고 교환하는 설비, 바람막이, 탑승자 대기 공간 등도 필요하다. 한편 헬리콥터 이착륙 시 비행 특성상 헬리포트는 주변 여유 공간을 넓게 확보할 필요가 있어서 설치 가능한 건물이 한정적이었지만, 수직 이착륙이 가능한 비행 자동차용 베리포트라면 설치 가능한 건물 범위가 넓어지기 때문에 보급이 용이한 측면도 있다. 아무리 고성능 기체가 확보되더라도 저비용과 안전한 베리포트가 도심 내에 충분히 확보되지 못한다면 거의 쓸모가 없어진다. 운전 초행길에 주차할 만한 곳을 전혀 찾을 수 없을 때 맛보는 절망감을 떠올려본다면 이해하기 쉬울 것이다. 이러한 관점에서도 베리포트 설치 니즈가 향후 급증하게 될 것임을 어렵지 않게 예상할 수 있다.

앞서 언급한 2023년 3월 오사카성 공원에서 실시된 헥사 테스트 비행에서 파일럿을 맡은 사람은 연 매출 2,400억 엔(2조 1,600억 원) 규모의 GMO 인터넷 그룹 창업자인 구마가이 마사토시다. 예전부터 하늘에 대한 꿈을 갖고 있어서 헬리콥터와 비행기 조종 면허를 보유한 그는 '일본에서 가장 하늘에 정통한 사업가'로 꼽힌다. 그는 "현시점에서 하늘은 마지막 산업 프론티어"라고 말하며 GMO 그룹을 비행 자동차 사업의 정보 및 사이버 보안 분야에 진출시켰다.

◆

신성장 동력의 미래 산업을 위한 과감한 지원

베리포트 사례 하나만 놓고 보아도 비행 자동차 부문은 아직 불확실한 부분이 많은 사업 영역이다. 하지만 그 이상의 커다란 비즈니스 기회가 펼쳐져 있고, 이 각축장의 출발신호가 울려 퍼지려 하는 시점이기에 더더욱 눈을 뗄 수가 없는 상황이다.

이미 이 시장은 주목받고 있다. 두바이는 2017년에 자율 비행 에어택시 계획을 발표했다. 여러 업체가 시범 비행을 했고, 2026년에 eVTOL 비행을 본격적으로 시작하겠다고 선언했다. 사우디아라비아의 네옴시티도 미래도시라는 이름에 걸맞게 비행 자동차 도입을 서두르고 있다. 독일의 볼로콥터는 네옴시티에서 첫 비행에 성공했고, 네옴시티는 100퍼센트 재생에너지로 가동할 eVTOL을 운영하겠다고 밝히면서 이미 볼로콥터의 에어택시를 여러 대 주문했다.

한국 기업들도 연구개발에 속도를 내고 있다. 다소 뒤늦게 이 시장에 뛰어든 한국 기업들은 현대자동차가 eVTOL 개발을 발표한 데 이어 여러 기업과 기관이 참여하고 있다. 현대자동차는 2028년에 도심 운영에 최적화된 eVTOL을 상용화하겠다는 계획이다. 한화시스템과 한국항공우주연구원 등에서도 상용화를 위한 연구개발을 한창 진행 중이다.

전기 수직이착륙 항공기 등 도심 항공 교통수단을 비롯한 자율주행 모빌리티 시장 규모는 새로운 산업 분야로 주목받을 만큼 커질 전망이다. 미국 투자은행 모건스탠리는 2040년까지 관련 시장 규모가 1조 5,000억 달러(1,950조 원)에 달할 것으로 예측했다. 한국에서도 관련 시장의 성장을 긍정적으로 평가한다. 국토교통부는 2023년 8월부터 2024년 12월까지 전라남도 고흥에서 1단계 실증사업을 추진하고 이후 2024년 7월부터 2025년 6월까지 수도권에서 2단계 실증사업을 완료한 후 2025년부터 UAM을 상용화한다는 계획을 세우고 있다. 또한 대중교통의 패러다임이 항공택시와 항공버스 등으로 확 바뀔 것으로 기대한다. 심지어 부동산, 특히 고층 빌딩의 자산 가치도 이착륙장이 들어설 수 있느냐에 따라 달라질 것이라는 전망도 나온다. 구마가이 마사토시의 말처럼 '마지막' 산업 프론티어일지는 알 수 없지만, 새로운 산업 프론티어임은 틀림없어 보인다.

한국은 아직 UAM 기체를 개발하는 기업의 수가 적다. 미국은 130개 기업에서, 영국과 독일, 프랑스, 일본의 경우 각각 10여 개 이상의 기업에서 개발하고 있다는 것을 감안하면 그 차이는 명확해보인다.

포화상태인 도심의 교통 문제를 해결하는 신성장 동력에 대한 관심이 확대되길 기대한다.

하세가와 요시유키(도쿄무역관)

공간의 재정의

플렉서블 워커와 도시 재생

가치관의 변화와 기술 발달의 결합은 우리가 사는 도시 공간에도 많은 변화를 일으켰다. 점점 더 많은 사람들이 경직된 근무방식을 지양하고 자유롭게 일하길 원하게 되면서, 도심 곳곳에선 고정관념을 깨트린 사무실이 등장하고 있다. 한편 친환경적이고 효율적인 자원 활용이 중요해지면서 기존의 건축물을 부수지 않고 리노베이션하여 새로운 용도로 활용하는 '적응형 재사용'도 주목받고 있다. 이러한 경향은 현재와 과거가 공존하는 오래된 동네들이 인기를 끌고 있는 우리나라에도 많은 시사점을 준다. 앞으로 우리가 살아가는 공간이 어떤 모습으로 진화해나갈지 알아보자.

적응형 재사용을 통해
지속 가능한 건축을 실현하다

◆

암스테르담

네덜란드의 마스트리흐트Maastricht에 가면 부칸들 도미니카넌 Boekhandel Dominicanen 서점이 있다. 그런데 이 서점의 모습이 범상치 않다. 높은 천장과 널따란 내부 공간에선 사람들이 층층 계단으로 올라가고, 길게 이어진 서가는 유서 깊은 도서관을 방불케 한다. 사람들은 서점의 규모에 놀라고, 오래된 건물의 역사와 이야깃거리에 또 한 번 놀란다.

부칸들 도미니카넌은 13세기에 지어진 중세시대 교회를 리모델링한 서점이다. 이 서점은 나폴레옹이 보급 창고로 사용하던 1794년 전까지는 예배당이었다. 그러다가 나폴레옹이 물러난 뒤에도 한참을 창고로 쓰이다가 2005년에 서점으로 재탄생했다. 오랜 역사의 교회가 서점으로 탈바꿈한 것도 화제였지만, 3층 높이의 검은 강철로 된 서가는 인테리어 상을 받을 만큼 그 미적 완성도를 인정받았다. 네덜란드에서는 이처럼 오래된 교회를 재탄생시킨 서점이나 오래된 수영장을 개조한 사무실과 같은 이색적인 공간을 곳곳에서 찾을 수 있다. 이런 공간은 건설과 철거 폐기물의 88퍼센트를 재활용하고 재사용하는 과정에서 탄생한다. 네덜란드가 적응형 재사용 분야에서 선두 주자임을 보여주는 예시들은 많다.

네덜란드 건축과 건설 부문에는 지속 가능성과 순환 경제 창출에 중점을 둔 다양한 이니셔티브와 프로젝트가 있다. 소위 '적응형 재사용-adaptive reuse'으로도 알려진 '헤르브스테밍 Herbestemming'은 최근 네덜란드에서 일어나고 있는 주목할 만한 현상이다. 적응형 재사용은 건물을 기존에 설계된 용도가 아닌 다른 용도로 재사용하는 것을 말한다. 네덜란드의 건축물은 적응형 재사용의 잠재력이 높다. 따라서 네덜란드 민관은 이런 적응형 재사용을 통해 건물의 수명을 연장하고, 가능한 건물의 특성을 살려 지속 가능성과 순환 경제를 창출할 수 있는 기회를 제공한다. 적응형 재사용 관행은 민간 부문의 이니셔티브로도 시작할 수 있지만, 정부가 보조금을 지원하는 형태로 시작되기도 한다. 이 보조금 시스템은 교육문화과학부에서 관리하고, 2023년에는 문화 역사적 가치가 있는 기념물의 용도 변경을 장려하기 위해 300만 유로(42억 원)의 예산이 편성되었다.

100년 된 우체국에서 탈바꿈한
위트레흐트 중앙 도서관

위트레흐트 노이데Neude 광장에 있는 위트레흐트 중앙도서관
Utrecht Central Library Neude은 100년 된 네덜란드 중앙 우체국 건물을 공공
도서관으로 탈바꿈한 대표적인 적응형 재사용의 예다. 우체국 역할을
했던 포스트 위트레흐트는 2011년에 폐쇄되었고, 건물은 2015년 말
까지 네덜란드 통신사KPN에 임대되었다.

이 프로젝트는 2016년부터 두 건축회사, 제그 아르지테크튼Zecc
Architecten과 라인바우트Rijnbout가 공동으로 수행했고, 2020년 5월에 공
공도서관으로 오픈하게 되었다. 특히 기존 구조물의 용도 변경에 대
한 혁신적인 접근 방식으로 인정을 받았다. 라인바우트가 중앙 홀과
건물의 전체 레이아웃을 만드는 데 집중했다면, 제그 아르지테크튼은
도서관의 내부 디자인을 담당하여 시각적으로 매력적이고 기능적인
공간을 만들었다.

위트레흐트 중앙도서관은 도서 열람실뿐만 아니라 식당과 카페,
200명의 관람객을 수용할 수 있는 강당 등을 갖춘 약 9,000제곱미터
규모의 다목적 건물이다. 5,500제곱미터의 공간을 여러 소매점, 예를
들면 알버트 하이인Albert Heijn, 에이맥A-mac Store, 쇠스트레그렌Søstrene
Grene, 브로즈 북셀러스Broese Booksellers, 아웃도어 스포츠용품점인 베이

위트레흐트 중앙도서관의 다양한 모습 　　　　　출처 | ArchDaily

로크할 도서관의 외관과 내부

출처 | ArchDaily

공간의 재정의

버 Bever 등이 채우고 있으며, 1,000제곱미터는 자전거 주차장으로 이용되고 있다.

이 프로젝트는 적응형 재사용의 대표적인 예시 중 하나다. 건물을 철거하고 새로 짓는 것이 아니라 기존 구조물의 용도를 변경하는 것으로 시작했다. 위트레흐트 중앙도서관의 적응형 재사용은 역사적인 건물에 창의적인 변화로 새 생명을 불어넣어 지역사회에 영감을 주는 공간을 제공한 좋은 사례다.

이런 프로젝트는 위트레흐트 중앙도서관이 끝이 아니다. 유사한 사례로 하우다 Gouda 의 스틸랜드 초콜릿 공장이 쇼콜라데파브리크 도서관 Chocoladefabriek Gouda 으로, 암스테르담의 버처숍과 슈퍼마켓이 오바 반데르피크도서관 OBA van der Pek 으로, 네덜란드 철도의 유지보수 시설이 틸부르크의 로크할 도서관 LocHal Library Tilburg 으로 탈바꿈했다. 적응형 재사용으로 변형된 오래된 건물은 독특한 아름다움을 가지고 있을 뿐만 아니라 공익성이 있으면서도 흥미로운 장소가 되었다.

◆

쓸모없는 건물을 가치 있는 공간으로, 루 파레 커뮤니티

암스테르담의 루 파레 커뮤니티 Ru Paré Community 는 원래 초등학교였다. 이 건물은 '하우스반더와이크 부르트자아크 Huis van de Wijk 'De Buurtzaak'' 와 같은 다양한 활동을 기획하는 커뮤니티 센터로 탈바꿈했다. 여기서는 토론, 문학모임, 구어 연극, 음악 행사 등이 열린다. 루파레 커뮤니티는 '이웃의 거실'로도 묘사되며, 지역민을 환영하고 누구나 편히 올 수 있는 문화 예술 공간의 역할을 한다.

2000년대 초반만 해도 루 파레 초등학교는 암스테르담의 스로오트르바아르트Slotervaart 자치구가 직면한 사회 문제의 상징과도 같았다. 인근에선 병원 등의 인프라가 사라지고 범죄로 인한 불안, 이슬람급진주의, 소수자들에 대한 적대적 태도 등 다양한 문제들이 나타났다. 이런 상황에서 루 파레 초등학교는 시험 점수가 가장 낮고 교사의수준도 낮다는 평가를 받으며 최하위 수준을 면치 못하다가 급기야폐교되고 말았다. 당시 정부는 그렇게 폐쇄된 건물을 재사용하는 조치를 원했다.

사회적 기업가 그레그 반 키르크Greg Van Kirk가 이를 해결하고자 나섰다. 그는 2013년 말에 건축 및 도시 사무소 베타BETA와 건축가인 엘리자베스 보어스마Elisabeth Boersma에게 초등학교 건물을 개조해 동네커뮤니티가 연대할 수 있는 공간을 만들어달라고 의뢰했고, 2016년에 건물의 개조가 완료되었다.

이 건물에서는 유용한 정보를 제공하는 다양한 이벤트가 조직되고 이웃 주민들을 위한 다양한 교육도 제공되었다. 주민들은 이곳에서 세금과 관련된 조언이나 컴퓨터 또는 언어 교육을 받을 수 있었다. 루 파레는 이웃의 거실이 되었고, 공공 시설물에 대한 혁신적인 접근방식으로 인정받았다. 공간을 변화시키는 것으로 사회 문제를 해결하

공간의 재정의

새로 태어난 루 파레 커뮤니티

출처 | ArchDaily

고 공동체의 자산을 만들 수 있다는 사실을 증명한 것이다.

◆

오래된 수영장이 순환 경제 허브로 전환한
블루시티 로테르담

블루시티Blue City 로테르담은 도시 지역 순환 경제의 선구자다. 즉, 자원을 재사용 및 재활용하며 자원의 낭비를 최소화하고자 했다. 원래 버려진 수영장이었던 블루시티는 2015년부터 순환 경제의 중심지로 탈바꿈했다. 1989년 도시 중심부에 아열대 수영장tropicana subtropical swimming paradise으로 지어진 건물이었다. 아이디어는 좋았으나 사업은 기대보다 수익을 내지 못했고, 5년 만에 매각되고 말았다. 그 후로 이 장소는 사우나와 댄스 클럽 등으로 사용되었지만 번번이 실패했고 2010년에 문을 닫았다. 연달아 실패하며 오명을 얻은 건물은 2015년이 되어서야 새로운 쓰임새를 얻었다. 2017년에 개조를 마치고 문을 연 이곳은 '블루시티'라고 불리는 순환 경제 중심지로 변신했다.

블루시티 로테르담은 1만 2,500제곱미터의 면적으로 이곳에서 기업가와 스타트업 사업가들이 만나 순환 경제를 실현하기 위한 구체적이고 다양한 프로젝트를 계획하고 수행했다. 버려진 공간에 새로운 생명을 불어넣고, 미래에도 지속 가능한 자원 및 방법을 강구하는 프로젝트들은 도시의 지속 가능한 발전과 활성화에 기여할 수 있었다.

즉, 이들에게 혁신 허브 및 비즈니스 센터로 자리 잡았다. 블루시티의 사명은 기업가 정신을 통해 자원 채취와 대량생산에 이어 폐기로 끝나고 마는 선형linear 경제에서 순환circular 경제로의 빠른 전환을 실현하는 것이다.

이 아이디어는 벨기에의 비전가 군터르 파울리Gunter Pauli가 쓴, 쓰레기가 전혀 없는 완전히 순환된 경제를 상상하는 책《더 블루 이코노미The Blue Economy》에서 비롯되었다. '한 사람의 쓰레기는 항상 다른 사람의 상품이 될 것이다'라는 책의 주제에서 아이디어를 얻어 블루시티가 탄생했다. 재사용된 재료를 이용해 오래된 수영장을 탈바꿈시킨

블루시티 로테르담 출처 | 블루시티

이 공간에 책 제목에서 따온 '블루시티'라는 이름을 붙인 것이다.

블루시티 오피스Blue City Office의 경우, 먼저 창틀을 재사용하여 칸막이벽을 만들고 강철 역시 재사용하였다. 유럽은 표준 시스템에 따라 등급을 부여하는데 주로 목재의 강도에 의해 구분한다. 블루시티 오피스는 목재 또한 재생 가능한 유럽 구조 목재를 사용하였다. 예를 들어 오래된 창문으로 유리 내부 벽을 형성하고, 불필요한 콘크리트 벽을 톱으로 잘라 구조물을 다른 곳으로 옮겨 새로운 벽을 만들었다. 그리고 기존의 경첩과 잠금장치를 사용하였으며 깨진 유리는 교체했다. 결과적으로 이 건물은 순환 경제를 실현하는 '블루시티 허브'가 되었다. 이러한 방식으로 블루시티는 기업이 지속 가능하고 혁신적인 방식으로 운영되는 방법을 보여주는 순환 경제의 모범 사례가 되었다.

◆

나일론공장이 사무 공간으로 탈바꿈한 아넴의 KB 빌딩

아넴Arnhem의 KB 빌딩은 비즈니스 파크인 산업단지 인더스트리 파크 크레이프스 와아르드IPKW, Industriepark Kleefse Waard의 클린테크 캠퍼스 안에 있는 공간이며 적응형 재사용 프로젝트의 또 다른 예시다. 인더스트리 파크 크레이프스 와아르드IPKW는 청정에너지, 순환 경제 및 환경 기술에 관련된 기업을 유치하고 지원하는 데 초점을 맞추고 있다. 이 비즈니스 파크의 클린테크 캠퍼스에 위치한 KB 빌딩은 부동산 개발 및 투자 회사 스키퍼 보쉬 Schipper Bosch 가 건축회사 호프만 두자르댕 Hofman Dujardin 과 공동으로 개발했다. 이 건물은 1940년대에는 나일론 공장이었으며, 사무실 공간을 만들기 위해 생산 홀에 강철 프레임을 삽입한 것이 특징이다.

KB 빌딩은 기존 구조물의 역사적, 건축적 가치를 보존하면서 새로운 기능을 위한 용도 변경을 시도했다. 옛 생산관에는 거대한 산업용 보일러가 놓여 있었다. 보일러를 철거하고 나니 밝고 널찍한 홀이 드러났다. 1층에는 여러 개의 회의실과 식당이 있는데, 웅장한 스탠드 계단이 있는 크고 새로운 공간은 반지하 안으로 햇빛이 들어올 수 있게 해준다.

이 빌딩의 특징은 협업을 위한 공용 공간과 혼자 집중할 수 있는 공간을 세심하게 분리하여, 작업자가 되도록 방해를 받지 않고 일할 수 있도록 한 것이다. 팬트리와 라운지는 중앙 계단에 가장 가깝지만, 책상이나 의자 등 사무실 공간은 플랫폼 끝에 집중되어 있다. 1층의 식물이 가득한 공간 사이사이에서 일할 수도 있다. 색상은 회색 베이스톤에 베이지나 갈색을 사용해 전반적으로 따뜻한 분위기를 연출했다.

이 프로젝트는 향후 쉽게 적응하거나 되돌릴 수 있는 유연한 공간을 만드는 것을 목표로 한다. 즉 나중에 다른 용도로 다시 개조할 수 있도록 했다. 전반적으로 KB 빌딩은 역사적 요소와 현대적 디자인을 결합하여 오래된 공장을 사무공간으로 전환하는 데 성공했다.

KB 빌딩의 다양한 공간들

공간의 재정의

KB 빌딩의 다양한 공간들

출처 | ArchDaily

◆

적응형 재사용을 통한 지속 가능한 건축물

앞서 언급한 프로젝트는 네덜란드의 적응형 재사용 프로젝트 중 일부에 불과하다. 적응형 재사용을 선택하는 이유는 문화유산 관리뿐만 아니라 지속 가능한 환경을 만들기 위해서다. 네덜란드에서는 '적응형 재사용'이라는 용어를 정부 정책 프레임워크에서도 명확히 사용함으로써 건설 기획, 문화, 디자인 등 다양한 분야에서 적용한다. 다양한 분야에서 이니셔티브를 지원할 수 있는 탄탄한 기반을 제공하고, 적응형 재사용의 실천을 장려할 수 있다. 관련 기관들은 적응형 재사용 이니셔티브의 이해관계자들에게 자원을 제공하고 지식을 공유하여 이를 촉진하는 마중물의 역할을 한다. 네덜란드가 적응형 재사용에 집중하는 또 다른 이유는 폐업된 산업 현장을 활기찬 도시 공간으로 전환하기 위함이다. 주요 도시의 대규모 프로젝트는 창의적인 재사용 가능성을 보여주었고, 네덜란드의 다른 도시들을 비롯한 전 세계 도시들에게 영감을 주고 있다.

건축물의 기능과 용도를 변경하는 적응형 재사용은 건축 유산을 보존하는 동시에 지역사회의 변화하는 요구를 수용한다. 또한 과거와 현재의 공존을 보여주면서 도시 환경에 지속 가능성을 더해준다. 한국도 적응형 재사용을 적극적으로 활용할 필요가 있다. 적응형 재사용은 도시 환경에 생명력을 불어넣고, 국가의 소프트파워 강화를 위한 브랜드로도 활용할 수 있는 기회다. 그 기회를 통해 순환 경제의 경제적, 사회적 긍정 효과를 창출해야 할 것이다.

베툴 부룻, 김소은(암스테르담무역관)

◆

| 공간의 재정의 |

유연하게 일할 곳을 찾아주는
리크루팅 플랫폼

◆

런던

최근 기업의 근로 조건과 관련해 유연근무 여부가 고용 계약의 딜 브레이커deal breaker로 떠올랐다. 영국 소머셋과 런던에서 자란 몰리 존슨-존스Molly Johnson-Jones는 18살 때부터 만성 자가면역질환을 앓기 시작해 늘 팔다리가 붓고 불편감을 느꼈다. 성인이 된 몰리는 질환으로 통근이 어려워 일주일 중 하루는 재택근무를 할 수 있도록 직장에 유연근무를 요청했으나 그로부터 얼마 뒤 해고되었다. 해고가 과연 정당했느냐 하는 판단을 하기에 앞서 분명한 것은 유연근무를 두고 몰리와 회사의 입장에 간극이 있었다는 것이다. 이런 상황이 비단 몰리에게만 국한되진 않을 것이다.

코로나19 팬데믹을 계기로 유연근무는 전 세계적인 트렌드가 되었다. 전자상거래가 더욱 활성화되고, 대면으로만 가능하다고 여겨졌던 일들이 점차 디지털 환경으로 옮겨갔다. 아날로그가 디지털에 더 많은 자리를 내어주게 된 현상을 전 세계 사람들이 함께 목격했다고 해도 과언이 아닐 것이다. 이는 조직문화에서도 예외가 아니었다. 물리적으로 같은 장소에서 정해진 시간, 이를테면 오전 9시부터 오후 6시까지 근무하는 게 당연했던 회사들이 팬데믹의 확산과 정부 방침에 따라 재택근무를 시행하게 된 것이다.

그동안 경험하지 못했던 근무 환경의 변화에 놓이게 되면서 오히려 많은 사람이 재택근무의 장점을 알게 됐다. 2022년 5월에 영국 통계청 ONS, Office for National Statistics에서 발표한 설문조사에 따르면, 영국 근로자들이 재택근무의 가장 큰 이점으로 꼽은 것은 소위 워라밸(일과 삶의 균형)이었고(78퍼센트), 적은 업무 방해 요소(53퍼센트), 업무 소요 시간 단축(52퍼센트)도 과반이 넘었다. 그 외에도 복지가 향상되고 새로운 아이디어 구상과 협업이 오히려 더 쉽다는 장점도 언급되었다.

단순히 사무실 출근의 노고와 비교해 재택근무를 선호하는 사람들도 있겠지만 어떤 이들은 재택근무를 필수 근로조건으로 여기기도 한다. 엔데믹으로 다시 대면 근무가 가능해진 이후에도 재택근무가 가능한 직장을 찾아 이직하는 현상이 일어났다. 유연근무 제도가 근로 협상의 딜브레이커가 된 것이다. 유연근무가 더 이상 종속변수가 아니라 새로운 독립변수로 떠오른 지금, 영국에서는 한 스타트업의 리크루팅 플랫폼이 주목받고 있다.

◆

유연근무가 가능한 회사 정보를 제공하는 플랫폼

영국에서는 노동법상 26주 이상 동일 직장에서 근무한 근로자라면 고용주에게 유연근무를 신청할 수 있다. 이때 고용주는 합리적으로 고려해서 통상 3개월 이내 결정을 내려야 하는데, 유연근무에 대한 비용으로 무리하게 영업손실이 발생하거나 업무 수행에 차질이 생기는 등 타당한 이유가 있는 경우에는 유연근무 신청을 거절할 수 있다. 그러나 유연근무를 신청했다고 해서 그 직원을 해고하는 것은 전형적인 부당해고에 해당한다. 앞서 소개한 몰리가 유연근무를 신청했다는 이유만으로 해고된 것이라면 이는 명백한 부당해고다.

몰리는 자신이 겪은 해고를 경험으로만 두는 대신 창업의 계기로 삼았다. '유연근무가 가능한 기업의 정보를 모아 구직자에게 투명하게 제공하는 플랫폼'이라는 사업 아이템을 구상한 것이다. 팬데믹으로 유연근무가 본격적으로 확산하기 전인 2019년, 몰리는 자신처럼 유연근무의 이점을 충분히 알고 있었던 모리스 오브라이언Maurice O'Brien과 팀 레파드Tim Leppard와 팀을 꾸렸다. 그리고 플렉사Flexa를 공동 창업하고 구상했던 사업을 시작했다. 2023년 5월 현재 17명의 직원과 두 마리의 강아지 직원으로 구성된, 주목받는 스타트업의 시작이었다.

플렉사는 유연근무가 가능한 기업이나 일자리의 정보를 조회할 수 있는 웹 서비스다. 구직자인 사용자가 기업의 구인 공고에 곧바로 지원할 수 있는 기능까지 연결해 둔 '유연근무 전문 리크루팅 플랫폼'으로 정의할 수 있다. 웹사이트에서 구직자는 어느 기업이 어떤 형태의 유연성을 제공하는지 쉽게 조회해 볼 수 있고, 자신이 원하는 조건으로 검색하여 나와 맞는 기업을 추려 볼 수 있다. 기업이 플랫폼에 등록되기 위해서는 근무 장소, 시간, 글로벌 인재 채용 능력 등을 포함한 여러 기준에 대해 얼마나 유연한지 엄격한 평가를 거쳐야만 하는데, 이러한 까다로운 인증 절차 덕분에 플랫폼 서비스의 본질이 유지된다. 구직자 입장에서는 플렉사에 의해 이미 유연성이 검증된 기

플렉사 공동창업주 팀 레파드, 몰리 존슨-존스, 모리스 오브라이언 　　　　出처 | 스타트업스

업 중 골라 지원할 수 있으니 기업의 허위 또는 과장 공고에 '낚일' 우려 없이 효율적인 구직활동을 할 수 있다.

◆

당신이 꿈꿔왔던 일자리를 찾아보세요

"유연근무가 당신의 삶을 변화시킬 수 있을까요?Could flexible work change your life?" "플렉사의 강력한 필터 기능을 이용해서 당신이 꿈꿔왔던 직무를 찾아보세요 Find your dream role with our powerful filters."

플렉사의 광고는 이렇게 다소 거창한 단어들로 눈길을 끄는데, 유연근무 일자리를 찾고 있는 구직자만을 정확하게 겨냥한 점이 인상적이다.

플렉사의 웹사이트는 구직자 Candidate를 위한 메뉴와 기업 Employer을 위한 메뉴로 구분되어 있는데, 구직자의 경우 회사나 일자리를 조회할 수 있다. 회사를 기준으로 조회하는 경우, 플렉사가 인증한 '유연한 기업'들의 정보가 일목요연하게 대열을 맞춰 나타난다. 기업별 기본 정보와 근무조건뿐만 아니라 얼마나 유연한지의 척도로 삼는 플렉스 스코어 Flex Score 점수도 함께 표시된다. 이들 기업이 채용을 진행하고 있는 포지션이 있다면 공고의 상세 내용을 살펴보고 지원할 수 있으며, 현재 채용을 하지 않는 경우 알림 설정을 해놓고 향후 공고가 올라올 때 알림을 받을 수 있다. 일자리를 기준으로 조회하는 경우,

원하는 유연근무 조건을 선택하여 확인하는 방식이다.

플랫폼의 콘셉트는 간단하지만, 검색조건으로 설정할 수 있는 유연근무 형태는 비교적 세세하게 분류되어 있다. 전면 재택, 재택 우선, 일주일 중 며칠 재택 등으로 조건 검색할 수 있고, 주 4일 근무제도, 동물 친화적인 근무 환경, 세계 어느 곳에서든 일할 수 있는WFA, Work From Anywhere 제도, 육아휴직 복지 특화, 안식 휴가 제공 등 여러 조건 중 자신이 원하는 조건을 중복 선택해 검색할 수 있다. 다른 리크루팅 플랫폼에서도 재택근무가 가능한 회사의 구인 공고를 찾을 수는 있지만, 플렉사 수준의 맞춤형 유연근무 일자리를 찾기는 어려울 것

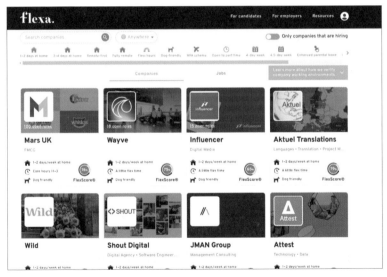

기업들의 다양한 정보를 소개하는 플렉사 출처 | 플렉사

이다.

2023년 5월 기준 지난 1년간 플렉사의 사용자는 3배 이상 확대되었다. 현재 100여 개국에서 백만 명 이상의 구직자가 플랫폼을 통해 유연한 직장과 일자리를 찾고 있다. 최근 영국 통계청에서 발표한 통계치에 따르면, 2022년 5월부터 2023년 4월까지 영국 내 일자리는 계속해서 감소했다. 2022년 초부터 시작된 인플레이션과 경기 침체로 기업의 고용 수요가 줄어든 것이다. 그러나 같은 기간에 플렉사를 통해 구인하고자 하는 기업은 늘어났고, 2022년 1분기에만 플랫폼에 등록된 유연근무 일자리는 20퍼센트 이상 증가했다고 한다.

◆

기업의 인재 유치 전략으로 떠오른 유연근무

플렉사의 또 다른 고객인 기업의 관점에서 살펴보자. 플렉사는 영국에 기반을 두고 있는 스타트업이지만 영국 기업만을 대상으로 서비스하지는 않는다. 웹사이트에서 찾을 수 있는 기업 중에는 해외 기업 혹은 여러 국가에 오피스를 두고 있는 다국적 기업도 상당히 많다. 애초에 유연근무는 특정 장소나 시간에 구애받지 않는 형태가 많으므로 어느 국가에 속한 기업이더라도 플렉사의 인증기업이 될 수 있는 건 당연한 이야기다. 플렉사는 사업의 지속적인 성장을 위해서 가능한 많은 해외 기업을 인증기업으로 등록하려 한다고 말한다. 구직자에게 보여줄 수 있는 선택지의 양과 질이 곧 플렉사 서비스의 핵심이기 때문이다.

그렇다면 반대로 기업들이 플렉사 플랫폼을 이용하게 하는 유인은 무엇일까? 플렉사 서비스를 이용하고 있는 한 기업의 시니어 채용 마케팅 매니저는 '유연근무를 원하는 구직자들은 기업의 규모를 크게 따지지 않는다'는 점을 꼽는다. 다시 말해 꼭 유명하거나 큰 기업만을 고려하지 않는다는 것이고, 유연근무라는 조건 자체가 근로 결정에 있어 가장 핵심 요소라는 것이다.

좋은 인재의 채용이 곧 기업의 성장으로 이어진다는 사실은 누구나 알고 있을 것이다. 일하고 싶은 회사로 고려하도록 만들기 위해서는 플렉사처럼 특화된 채널을 통해 회사를 노출하고 홍보하는 게 도움이 된다. 그래서인지 플렉사 인증기업이라는 의미인 '플렉시파이드Flexified 기업'들은 자사 SNS나 홈페이지에 그 사실을 자랑스럽게 홍보한다. 2년에 한 번 플렉사가 선정한 유연한 기업 리스트를 일컫는 '플렉사 100Flexa100'을 해시태그로 함께 올리기도 한다. 기업의 유연성을 홍보하는 것이 곧 요즘 기업들의 인재 유치 전략 중 하나임을 알 수 있다.

◆

한국의 유연근무 리쿠르팅 플랫폼은 가능할까

팬데믹으로 생긴 몇몇 변화들은 뉴노멀이 되어 남았지만, 시간이

지나며 사람들의 일상도 조직문화도 이전으로 돌아갔다. 대부분의 상점과 사무실 운영이 재개되고 사람들은 일터로 돌아갔다. 그러나 팬데믹 기간의 경험을 통해 기업과 근로자 모두 유연근무에 대한 인식이 바뀐 것을 경험했을 터다. 생각했던 것만큼 시간과 장소가 그들이 하는 일에 중요한 요소는 아니라는 것을 알게 된 것이다.

영국에서는 2021년 7월부터 록다운이 공식적으로 해제되며 사람들의 생활 반경과 대면 교류가 회복되었고, 오미크론 변이 확산이 사람들의 입에 오르내리지 않게 된 때부터는 마치 '비포-코비드before-COVID'로 돌아간 것처럼 거리와 상점이 북적였다. 그리고 엔데믹의 과도기적 성격 때문인지 또 다른 뉴노멀인지 아직은 알 수 없지만, 혼합근무Hybrid Work가 보편화되었다. 오프라인 비즈니스가 재개되었음에도 사무실 출근과 재택근무를 병행하는 혼합근무, 또는 여전히 전면 재택근무를 하는 사람들이 있으며 그동안 화상 미팅에 익숙해진 사람들은 "Nice to e-meet you"라는 색다른 인사를 건네며 비즈니스의 물꼬를 트고는 한다.

2023년 5월, 우리 정부는 3년 4개월 만에 엔데믹을 선언했다. 영국과 마찬가지로 원격근무와 비대면 근무에 익숙해진 한국의 근로자들도 재택근무의 이점을 알게 되었다. 한국노동연구원에서 발표한 「비대면 시대 일하는 방식의 변화와 일·생활균형」에 나온 설문조사에 따르면, 코로나19 후에도 재택근무제 지속 의사가 있는 근로자는 응답자의 72.8퍼센트였다. 업무 생산성을 떨어트릴 거라는 우려와 달리 재택근무를 직접 경험한 근로자들은 비대면 근무가 오히려 협업과 소통을 향상시켰다고 말한다. 이런 영향 때문인지 한국의 채용시장에서도 재택근무가 주요 근로조건으로 떠오른 건 마찬가지다. 유연근무에 대한 긍정적인 인식이 확산되고, 이를 근로조건으로 따지는 사람이 많아졌다. 그런데 '유연근무 특화 구직 플랫폼'은 아직 등장하지 않은 것으로 보인다. 서구권보다는 다소 보수적인 한국의 근로문화 속에서 플렉사 같은 서비스가 자리잡을 수 있을까?

앞서 언급된 한국노동연구원의 설문조사에서 사업체의 응답을 살

구직 플랫폼의 새로운 형태로 주목받는 플렉사 　　　　　　　　　　　출처 | 플렉사

퍼보자. 현재 수준의 재택근무를 지속 시행할 의사가 있다고 응답한 사업체는 전체 응답자의 26.8퍼센트에 불과하다. 하지만 재택근무를 중단하겠다는 사업체는 단 11.3퍼센트에 불과하고, 축소 시행하겠다고 응답한 사업체는 48.4퍼센트 정도다. 다시 말하면 2개 중 1개 기업은 일부 재택근무를 시행할 의사가 있다는 것이다. 또한 재택근무로 인한 업무 생산성이 높아졌다고 응답한 비율은 근로자(31.2퍼센트)보다 사업체(45.5퍼센트) 조사에서 오히려 더 높았다는 점이 인상적이다.

확실히 유연근무 시행에 대한 기업의 인식은 근로자보다 보수적이지만, 설문 응답 결과를 보면 유연근무의 지속과 확산과 관련해 어느 정도 희망이 보인다. 플렉사와 같이 유연 근로자를 위한 다양한 비즈니스의 확산에 무엇보다 중요한 것은 결국 유연근무 제도에 대한 기업의 인식 변화와 제도의 시행일 것이다. 보다 많은 우리 기업이 유연성을 하나의 중요한 마케팅 요소로 인식하고, 엔데믹 시대 인재 유치의 전략으로서 유연근무의 가치를 수용한다면 새로운 비즈니스 기회가 창출될 수 있다. 플렉사와 같은 서비스, 혹은 그 이상의 또 다른 비즈니스도 얼마든지 좋은 출발점에 설 수 있다.

장윤지(런던무역관)

공간의 재정의

일상과 근무 환경의 질을 높여줄
미래형 사무공간

시드니

호주에 사는 그렉은 휴가지로 떠나기 위해 공항으로 가는 동안 급한 업무 연락을 받게 되었다. 그렉이 직접 처리해야 하는 일이고 한시가 급한 일이었다. 함께 공항으로 가던 가족이 휴가를 취소해야 하지 않겠냐고 걱정스레 물었지만 그렉은 괜찮다고 말했다. 공항에 도착한 그렉은 이동형 업무공간인 '태스크포드TaskPod'로 향했다. 외부는 방문객들로 시끄러웠지만 태스크포드 안은 어느 정도 소음이 차단되어 준비해 간 노트북을 통해 협력사와 화상회의를 진행하는 데 큰 문제가 없었다. 쾌적한 공간에서 급한 업무를 마친 그렉은 문제없이 휴가를 떠날 수 있었다.

코로나19 팬데믹을 거치며 재택, 원격, 하이브리드 근무는 이제 호주에서 평범한 일상이 되었다. 하이브리드 근무제란 주 5일 근무 중 2~3일은 집이나 사무실 외 공간에서 근무하고 나머지만 사무실에 출근하는 제도로 기업마다 빠르게 확산되며 많은 근로자들이 개인 시간을 더욱 유용하게 사용할 수 있게 되었다. 호주의 많은 기업들은 하이브리드 근무제를 시행하고 있으며, 재택근무 가능 여부가 회사 입사 여부를 좌우할 만큼 구직자들에게도 중요한 척도로 자리 잡았다.

시간과 공간에 대한 제약에서 자유로운 근무 환경이 만들어지자 주거 환경을 바꾸고자 하는 바람도 차츰 늘어났다. 가뜩이나 높은 주거비와 생활비, 도시 소음과 회사들이 밀집해 있는 대도시를 벗어나 아예 다른 지역으로 이주하는 인구가 늘고 있다. 특히 대중교통 및 생활 인프라가 잘 갖춰져 있으면서도 여가 활동이 용이하고 자연 경관이 뛰어난 외곽지역으로 많은 사람들이 이동하고 있다.

커먼웰스은행 Commonwealth Bank 과 호주지역연구소 Regional Australia Institute 가 공동 연구를 통해 분석한 호주 국내 이주 통계에 따르면, 2022년 4분기 호주 내 전국적 지방 이주 수준은 팬데믹 이전과 대비하여 45퍼센트가량 증가한 것으로 나타났다. 또한 코로나19 초기에는 편의시설이 잘 갖춰진 지방으로의 이동이 일반적이었으나 최근에는 점차 도심 지역에서 멀리 떨어진 해안 도시나 내륙 지방으로 이주하는 인구가 빠르게 늘고 있는 추세라고 밝혔다.

근무 환경 변화는 단순히 직장인들의 출퇴근 방식에만 영향을 준

것이 아니라 개인과 가정의 거주 환경 그리고 삶의 방향까지도 바꾸어 버린 하나의 계기가 되었다. 빠르게 변화하는 근무 환경과 함께 이에 적합한 이동식 사무공간에 대한 니즈도 부상하고 있다. 전통적인 사무실 환경에서 벗어난 사람들은 집에서뿐만 아니라 동네 백화점, 기차역, 공항에서도 급하게 업무를 처리할 수 있는 개인 사무공간이 필요해졌다. 카페나 공원에서 노트북을 통해 간단한 업무를 볼 수도 있지만 점차 화상 회의와 인터뷰 등의 비디오 커뮤니케이션 시스템을 통한 의사소통이 늘어나며 외부 소음 등에 방해받지 않고 대화할 수 있는 공간이 필요하게 되었다. 특히 카페 같은 곳은 대화 내용이나 자료가 불특정 다수에게 유출될 위험이 있기 때문에 보안 문제가 중

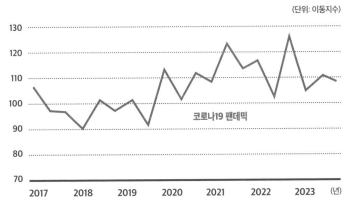

도심에서 이탈하는 인구가 꾸준히 증가 중인 호주

(단위: 이동지수)

코로나19 팬데믹

출처 | 커먼웰스

요한 비즈니스 실무자들에겐 이동식 사무공간에 대한 필요성이 더욱 컸다.

◆

최적의 업무 환경을 제공하는 태스크포드

런던에 있는 한 컨설팅 회사에 근무하던 평범한 직장인 아담 모건 Adam Morgan 과 타이슨 건더슨Tyson Gundersen 은 근무 형태 변화에 따른 생활 변화, 새로운 니즈에 주목했다. 그들 역시 이동 중에 기차역이나 공항, 편의점 등에서 급하게 업무를 처리해야 하는 상황이 많았다. 그럴 때마다 카페나 레스토랑, 또는 한적한 벤치 같은 공간을 찾아 나서야 했고, 외부 소음과 씨름해가며 업무를 처리하고 또 화상 회의를 마무리해야 했다. 점차 이런 상황이 매우 불편하게 느껴진 모건과 건더슨은 그들의 경험을 바탕으로 공공장소에서도 외부 소음이나 주변 환경에 크게 방해받지 않고 업무를 처리할 수 있는 간이 사무공간 '태스크포드'를 고안했다.

태스크포드는 큐브 형태의 이동형 사무실로 휴대전화 앱 또는 웹사이트를 통해 쉽게 예약하고 사용할 수 있다. 만약 사용자가 태스크포드 설치 장소 근처에 있다면 그 자리에서 바로 예약하고 사용할 수도 있다. 예약은 15분 단위로 가능하며, 비용은 일반적으로 15분당 3.75호주달러(3,200원) 정도로 저렴하다.

태스크포드는 2022년 3월에 처음으로 출시되어 현재 남호주주 South Australia 에 위치한 애들레이드 공항, 뉴사우스웨일즈주 New South Wales 의 시드니 도심 지역 등 사람들의 이동이 많은 지역을 중심으로 설치 및 운영 중이다. 태스크포드 큐브는 개인을 위한 1인실과 소그룹 모임이 가능한 4인실이 있다. 모든 큐브는 외부 소음으로부터 자유로울 수 있도록 32데시벨까지 소음이 감소되게 방음 처리되어 있으며, 책상과 의자, 와이파이, USB 충전 포트, 전원 콘센트 등 업무를 보는 데 필요한 대부분의 필수 장비와 장치가 마련되어 있다. 몇몇 큐브에는 AV 스크린도 설비되어 있는데 이러한 설비 여부는 예약 시 확

이동형 사무공간으로 주목받고 있는 태스크포드　　　　　　출처 | 태스크포드

인이 가능하다.

태스크포드는 무엇보다 사용이 쉽다는 게 장점이다. 예약 페이지에서는 현재 사용 가능한 큐브의 위치, 가격, 시설 등에 대해 상세히 안내하고 있다. 또한 사용료는 개인 또는 회사 계정으로 지불할 수 있어 소속된 회사가 회원사라면 연동이 되어 지불도 간편하다. 그리고 고성능 환풍기가 장착되어 있어 사용하는 동안 실내 공기를 신선하게 유지하도록 도와주며, 사용 중에는 내부에서만 문을 여닫을 수 있는 잠금장치가 설치돼 있어 사용자의 안전을 지켜준다.

출시 초기에 집계된 태스크포드의 통계 자료에 따르면 주 사용자는 대학생, 영업사원, 일반 사무직 근로자 등으로 매우 다양하다. 태스크포드의 대표 모건은 "코로나19 이후 늘어난 비대면 및 하이브리드 근로자들이 보다 효율적으로 근무할 수 있도록 태스크포드가 돕고 싶다"고 말하며 다양한 직종에 종사하는 이들이 최대한 편리하고 쉽게 업무를 처리하고 남은 에너지와 시간을 개인과 가족에게 할애하길 바란다고 덧붙이기도 했다.

◆

기업과 개인 모두에게 적합한 사무공간, 뷰로 부스

태스크포드 개발 전, 모건과 건더슨은 이미 유사한 형태의 사무공간인 뷰로 부스Bureau Booths를 운영해 오고 있었다. 뷰로 부스는 태스크포드와 유사한 기능의 사무공간으로 공공장소보다는 사무실 내부나 개인의 작업 공간 안에 설치되고 있다. 뷰로 부스의 사용자는 크게 기업과 개인으로 나뉘는데 사무실 내에서는 직원의 개인 업무공간 또는 소형 회의실로 활용할 수 있고, 개인의 경우 크리에이터creator로서 조용한 작업 공간이 필요하거나 재택근무를 시행하고 있지만 사무공간이 여의치 않은 사람들이 선호하고 있다.

뷰로 부스의 최대 장점은 간단한 설비로 언제 어느 곳이든 설치가 가능하다는 것이다. 그리고 조립과 분리가 쉬워 이동도 편리하다. 또한 커스터마이즈 제작이 가능해 6개의 기본 사이즈와 아홉 가지의 부스 색상 중 선택이 가능하며, 개인 니즈에 부합한 인테리어를 제공하고 있어 기업 또는 개인의 성향에 맞게 제작할 수 있다. 더불어 플러그, 스마트 스피커, 비디오 컨퍼런스 장비, LCD 스크린, 인공지능 음성 지원과 전등 센서 등 첨단 시설 설치가 가능해 어떤 종류의 업무를 하든 적합한 환경이다. 부스라는 특성상 환기시설에 신경을 썼으며 항공우주수준aerospace-grade의 알루미늄 프레임과 유리로 제작해 내구성에도 상당한 신경을 썼다. 태스크포드와 동일하게 소음은 32데시벨까지 낮출 수 있으며, 부스의 자동 소독이나 휠체어의 접근성을 높일 수 있는 배리어 프리 등 필요에 따른 추가 설비 요청이 가능하다.

기본적으로 뷰로 부스는 개인이 사용하는 소형, 2~4명가량이 사용 가능한 중형 및 중대형, 그리고 6명까지 사용 가능한 대형으로 구분되어 있다. 기업 또는 개인의 사용 목적에 맞게 선택할 수 있다. 홈

다양한 목적의 개인 사무공간으로 활용하는 뷰로 부스

출처 | 뷰로 부스

공간의 재정의

페이지를 통해 부스별 상세 스펙과 용도, 활용 사례를 소개하고 있어 비교해 구매할 수 있다.

뷰로 부스의 소형 사무공간은 우리가 흔히 아는 구글, 아마존 등 호주 내 다양한 글로벌 기업에서 사용되고 있다. 특히 전화 업무가 많은 대형 부동산 체인이나 컨설팅 업체, 상담 업무가 많은 디자인 사무실에 설치되어 유용하게 사용되고 있다. 또한 유튜버나 작가 등 장소에 구애받지 않으나 소음에 민감한 업무를 하는 이들에게도 수요가 높은 편으로 개인 사무실은 필요하지만 별도의 사무실을 얻기에는 부담스러운 사람들에게 인기가 높은 편이다.

뷰로 부스와 유사한 형태의 소형 사무공간은 이미 많은 관심과 인기를 끌고 있다. 이러한 공간은 호주 내 다양한 기업에서 출시 및 판매하고 있으며 일반적으로 1인 사무공간 기준 약 1만 호주달러(860만 원) 전후의 가격으로 판매되고 있는 것으로 파악된다.

◆

새로운 근무 환경의 시대가 열린다

호주의 최신 비즈니스 뉴스를 제공하는 온라인 언론사 스마트 컴퍼니는 2022년 12월, 향후 호주 직장을 구성할 것으로 기대되는 '10가지 최신 트렌드Ten trends that will shape Aussie workplaces in 2023'를 선정했다. 이중 첫 번째는 주 4일 근무제의 확대였다. 그리고 두 번째로 재택근무

가능 여부를 꼽았다. 해당 언론사에 따르면 코로나19 이후 재택근무에 대한 수요가 빠르게 확대되었으며 이제는 직장을 찾는 많은 이들의 첫 번째 고려사항이 되었다고 밝혔다. 실제로 호주의 대표 구인구직 사이트인 식닷컴Seek.com에서 발간한 「호주인의 스물다섯 가지 업무 트렌드25 trends that defined the way Australians work」 보고서에 따르면, 최근 해당 사이트에서 가장 많이 검색되는 용어는 '재택근무'로 이는 꽤 오랜 기간 검색어 1위를 유지하고 있다고 밝혔다.

재택근무의 수요 증대는 일시적인 현상으로 그치지 않을 듯하다. 일자리와 근무 환경에 대한 호주 사회의 인식 변화는 새로운 트렌드로 자리잡았다. 기업들도 이러한 변화에 대처하기 위해 고심하고 있다. 호주 내 구인난 심화가 지속되며 보다 많은 기업에서 다양한 조치를 통해 기업에 적격한 인재를 유치하기 위해 노력하고 있다. 한편, 시대의 변화와 함께 회사에 젊음을 헌신하고 쉼 없이 업무에 매진하는 삶의 방식은 점차 사라지고 삶과 직장생활의 균형을 유지하며 개인과 가정을 돌보는 일상을 희망하는 구직자들이 늘고 있다.

많은 선진 기업들은 꽤 오래전 이를 간파하고 직원들의 복지를 위한 다양한 형태의 휴가 및 복지를 제공해오고 있으며 원격, 재택 및 하이브리드 근무제와 같이 개개인의 니즈에 부합한 형태의 근무제를 도입해 시행하고 있다. 이러한 시도는 구직자들에게 매력적인 조건일뿐 아니라 현재 근무하고 있는 직원들의 업무 효율을 증진하는 데 큰 몫을 한다. 근로자 중심의 업무 환경은 점차 글로벌 트렌드의 한 형태

다양한 크기로 마련된 뷰로 부스

로 자리를 잡고 있다. 한국도 예외는 아니다. 재택근무나 주 4일 근무제는 한국에서도 큰 화두다. 워라밸을 중요하게 여기는 젊은 세대의 요구에 발맞춰 삼성전자, SK하이닉스, 카카오게임즈, CJ ENM 등 여러 기업에서 부분적으로 주 4일제를 시험 중이다.

다양한 공간에서 다양한 형태로 활용 가능한 뷰로 부스   출처 | 뷰로 부스

공간의 재정의

시대의 변화와 함께 근무 환경과 여건, 니즈가 빠르게 바뀌고 있는 상황에서 태스크포드 또는 뷰로 부스와 같은 이동형 개인 사무공간에 대한 수요는 지속적으로 확대될 전망이다. 언제 어디서든 자유롭게 업무가 가능하며, 필요시 화상 업무도 무리 없이 진행할 수 있는 첨단 시설의 사무공간이 내가 가는 곳마다 자리 잡고 있다면 진정으로 글로벌한 자유 근무의 시대가 도래한 것이나 다름없기 때문이다.

한국에서도 사무실이 아닌 공간에서 업무나 공부를 하는 사람들이 많다. 특히 카페에서 장시간 개인 업무를 보는 풍경은 매우 흔한 일상이 되었고, 한편으로는 이러한 사례들이 사회적 이슈로 떠오르기도 했다. 분명한 건 시간과 장소에 구애받지 않고 일할 수 있는 공간에 대한 니즈가 있다는 것이다. 언제 어디를 가더라도 개인이 프라이빗private하게 사용 가능한 공간이 있다면? 도서관만큼 조용하게 과제를 마무리할 수 있는 공간이 집 근처에 자리 잡고 있다면, 나만의 공간에서 조용히 내 시간에 집중할 수 있지 않을까? 우리나라에서도 다양한 근무 형태를 지원하는 공유 오피스 플랫폼이나 자유롭게 이동이 가능한 차량형 모바일 오피스 등이 속속 발표되고 있다. 이러한 업무 공간은 앞으로도 다양한 형태로 등장할 전망이다.

전희정(시드니무역관)

로보틱스

도시의 구성원이 된 로봇

AI와 통신 등 다양한 기술이 집약되는 로봇은 빠르게 발전하고 있는 산업 분야 중 하나다. 주목할 만한 지점은 최근 로봇이 인간의 일손을 덜어주는 것을 넘어 적극적으로 인간과 소통하기 시작했다는 것이다. 사람과 협동하여 일을 하기도 하며, 심지어 감정적으로 교감하는 활동이 필요한 교육 분야로도 진출하고 있다. 다가올 미래 도시에서 로봇은 어떤 모습으로 우리 곁에 있을까? 진정한 의미의 사회 구성원이 되어가고 있는 로봇들을 만나보자.

| 로보틱스 |

자폐 스펙트럼 아동들의
친구이자 선생님이 된 로봇

달라스

2022년 방영되어 우리 사회에 큰 반향을 일으켰던 드라마 〈이상한 변호사 우영우〉는 자폐 스펙트럼 장애를 지닌 변호사 이야기를 그린 작품이다. 주인공은 각종 감각과 자극에 유달리 예민한 바람에 식사를 제대로 하지 못한다. 유일하게 잘 먹는 음식이 김밥인데 속 재료가 훤히 들여다보여 예상 밖의 식감에 놀랄 필요가 없기 때문이다. 길을 걸을 때는 항상 외부 소음을 차단하는 노이즈캔슬링 헤드폰과 함께해야 하며, 자기만의 관심사에 집중하여 간혹 주변인들이 이해하기 쉽지 않은 주제에 혼자서 열을 올리기 일쑤다. 그러나 누구보다 법을 사랑하고, 그녀 자신만이 가진 탁월한 능력과 때 묻지 않은 순수함으로 멋지게 사건을 해결해가는 특별한 인물이다. 주인공 우영우 변호사의 이야기는 우리가 가진 '자폐'에 대한 모호한 인식으로 인해 그들이 마주해야 하는 편견을 조금이나마 돌아볼 수 있는 계기가 되었다.

하지만 드라마의 성공과는 별개로 현실에서 존재하는 수많은 실제 '우영우'들의 삶은 여전히 녹록지 않다. 자폐 스펙트럼 장애 환우에게서는 경중을 막론하고 대표적인 임상적 특징이라 할 수 있는 사회적 의사소통 및 상호작용에 대한 지속적 결함이 나타나곤 한다. 예를 들어 상대와 소통할 때 입술을 뾰로통하게 내밀어 서운함을 표현하거나, 모르겠다는 의미로 어깨를 으쓱하는 것과 같은 언어 외적인 부분을 이해하고 스스로 사용하는 데 큰 어려움을 느낀다. 관심사를 나누며 관계를 발전시키는 방법에 대한 이해가 부족한 경우도 많아 타인과 정서적 유대감을 쌓기도 쉽지 않다. 또한 자폐 스펙트럼 범주 안에서도 증상 및 발달 정도는 천차만별이기 때문에 개별화된 발달 교육 및 치료 접근법이 필요한 상황이다. 하지만 갈수록 심해지는 교사 부족 상황과 더불어 늘어가는 특수교육 수요로 인해 개별 환우들에게 맞춤화된 지원과 심층 교육은 점점 어려워지고 있다.

◆

부족한 교사 수로 어려움을 겪는 미국의 특수교육 현장

미국 질병통제예방센터 CDC, Centers for Disease Control and Prevention 연구에

따르면, 2020년 기준 미국 8세 아동의 자폐 스펙트럼 유병률은 36명당 1명으로 2.8퍼센트 수준이며, 이는 2018년의 44명당 1명(2.3퍼센트)보다 0.5퍼센트 증가한 수치다. 또한 이들 중 37.9퍼센트는 지적장애를 수반하고 있으며, 약 25~30퍼센트는 비언어적이거나 30단어 미만의 최소한의 언어로 의사소통을 하는 것으로 나타났다. 또한 개별 학급 편성 또는 학급 내 보조 교사를 통한 특수교육 수요는 점차 늘어나고 있는 상황이다.

문제는 재택근무에 대한 수요 증가, 교사 처우에 대한 불만, 특수교육 대상 아동 증가 등 복합적인 원인으로 인해 미국 전역에서 특수교사를 포함한 전반적인 교사 확보에 어려움을 겪고 있다는 점이다. 2023년 5월 11일 미국 ABC 방송국에서 발표한 미국 교사 부족 사태 관련 보도에 따르면 상황의 심각성을 자세히 알 수 있다. 취재기자가 미국 50개 주, 워싱턴DC, 푸에르토리코, 미국령 버진아일랜드를 포함한 53개 교육청을 대상으로 실시한 교사 채용 현황 문의 결과, 조사 대상 교육청 중 42곳이 현재 교사 부족 사태에 직면했다고 답했다. 미국 교육통계청 NCES, National Center for Education Statistics 의 공립학교 교장을 대상으로 한 설문조사에서도 78퍼센트의 응답자가 정식 자격을 취득한 특수교육 교사를 채용하는 것이 다소 또는 매우 어렵다고 답했다.

미국교육통계청의 또 다른 조사에 따르면, 2022년 1월 기준으로 미국 공립학교의 44퍼센트에서 최소 1명 이상의 교사 결원이 있는 것으로 확인되었으며, 교사 결원이 있다고 응답한 학교 중 45퍼센트는

로보틱스

특수교육 교사직에 결원이 있다고 보고했다. 설상가상으로 전미주의 회의원연맹NCSL, National Conference of State Legislatures에 따르면, 전국적인 교사와 교직원 부족 현상으로 인해 2022년 12월 기준 미국 25개 주 550개 교육청 산하 약 1,600개 학교가 '주 4일 수업제'를 시행 중인 것으로 조사되었다. 주 4일제 채택 비율이 2퍼센트 미만에 불과했던 텍사스주의 경우에도 2023년에만 18개 교육청이 추가로 주 4일제 전환을 한 점 등을 감안하면 앞으로 미국 교육계에서 주 4일 수업제 도입은 점점 더 보편화될 전망이다.

이처럼 특수교육의 필요성과 수요는 날로 증가하는 추세임에 반해 일선 교육 현장 인력 충원 문제는 좀처럼 해결되지 않고 있다. 특수교육 대상 아동들은 개별화 교육IEP, Individualized Education Program을 통해 각자의 특성과 능력치에 맞추어 발전하고 성장할 기회마저 박탈당하고 있는 상황이다. 하지만 때로는 위기가 기회로 탈바꿈하기도 한다. 사상 초유의 교사 부족 사태와 그로 인해 파생된 특수교육 공백과 같은 문제를 해결하고자 미국 교육계는 각종 실험적인 시도를 해왔다. 그중에서도 자폐 스펙트럼 아동들의 사회성 및 상호작용 교육을 목적으로 하는 특수교육용 로봇 마일로Milo의 탄생이 두드러진다. 이 로봇의 개발은 특수교사와의 개별화 교육이 반드시 필요하지만, 역설적으로 사람과의 상호작용을 어려워하는 자폐 스펙트럼 아동들에게 어떻게 하면 학생 각자의 눈높이에 맞는 발달 교육을 진행할 수 있을 수 있을까 하는 고민에서 시작됐다.

내 마음을 알아주는 로봇 친구 마일로

신경과학과 기계공학을 전공하고 휴머노이드 로봇 개발 스타트업 로보카인드RoboKind를 창업한 젊은 엔지니어 리차드 마골린Richard Margolin은 한 연구소로부터 받은 특별한 로봇 개발 아이디어를 접하고 흥미로운 사실을 발견하게 된다. 여태 그가 개발한 상당수의 로봇은 사람이 가진 노동 생산성의 한계를 보조하는 게 주목적이었다. 만약 숙련된 기술자가 충분하다면 굳이 로봇으로 대체해야만 하는 당위성은 그리 크지 않다. 그런데 그가 새롭게 의뢰받은 로봇은 '로봇이기에 그 효과가 극대화될 수 있는 로봇'이었다. 이것이 바로 자폐 스펙트럼 아이들의 사회성 개발을 위한 특수교육용 로봇 마일로의 시작이다.

자폐 스펙트럼 아동들은 타인과의 상호작용 및 감정교류에 대한 어려움을 겪고 있는 것 외에도 상당수가 외부 자극이나 변화에 예민하다. 갑작스럽게 교사가 바뀌거나 예상치 못하게 부재중인 상황에 적응하기 어려워한다. 심지어 발달 교육을 진행하는 특수교사의 목소리 톤이나 옷차림 등의 사소한 변화에도 불편함을 느낀다. 이런 점에서 마일로는 부품 교체나 정기 점검을 제외하고는 인간 교사들과 같은 '일신상의 사유'가 애초에 존재하지 않을뿐더러 피교육자의 대답을 듣기 위해 장시간 기다리거나 같은 내용의 교육을 반복하더라도 짜증을 내거나 힘들어하지도 않는다.

470   로보틱스

또한 마일로는 친근하고 귀여운 외모를 갖고 자폐 스펙트럼 아동들과의 상호작용을 능숙하게 수행한다. 마일로의 개발자인 리차드 마골린은 마일로를 눈코입이 있는 사람 모습의 휴머노이드 로봇 형태로 만들게 된 계기에 대해 이렇게 말했다. 자폐 스펙트럼 아동에게 사람의 표정을 통해 감정을 이해하는 활동을 학습하는 것은 매우 중요한 교육 과정 중 하나이기 때문이라고 말이다. 가령 행복한 감정에 대한 교육을 수행할 때는 정지된 사진이나 녹음된 웃음소리만을 들려주지 않고 로봇의 눈코입을 통해 사람의 표정 변화를 직접 구현하는 방식으로 시각적 교육 효과를 극대화했다. 마일로의 얼굴과 몸에는 각각

로보카인드 공동 창업자이자 CEO인 리차드 마골린　　　　　　출처 | 로보카인드

8개와 21개의 모터가 있어 세 가지의 각기 다른 속도로 말하기 속도를 조절할 수 있다. 가령 보통 사람보다 20퍼센트 천천히 말하면서 더 큰 표정과 리액션으로 아동들의 긴장감과 불안감을 낮춰준다.

마일로는 다른 사람과 눈을 잘 마주치지 못하는 자폐 스펙트럼 학생들의 교육 참여도에 놀라운 발전을 가져다주었다. 특수교사와 단독으로 특수교육을 진행할 때 2.5퍼센트 수준에 불과했던 학생들의 수업 참여도가 마일로와 함께한 수업에서 무려 87.5퍼센트로 대폭 상승한 것이다. 마일로는 안정적이고 예측이 가능한 환경을 제공하는 동시에 친근한 외모와 표정으로 자폐 스펙트럼 아동들과의 상호작용을 촉진하고, 적극적인 참여와 소통을 끌어내고 있다.

◆

개별화 교육에 효과적인 로봇 교사

현재 마일로는 자폐 스펙트럼 특수교육 관련 의사소통, 행동 코칭, 정서 이해 등 16개 주제를 망라하는 142개 발달 교육 커리큘럼을 탑재하고 있다. 학생들은 마일로가 알려주는 구체적인 예시를 통해 사회적 상황에 참여하는 방법, 의사소통 기술, 감정 및 표정을 통한 비언어적 표현 등에 대해 학습할 수 있다. 일반적으로 특수교사와 학생, 마일로가 함께하는 개별화 수업에서 마일로는 자체 내장된 모니터를 통해 시청각 교육을 진행하는 한편, 교육 말미에는 학생과의 직접적

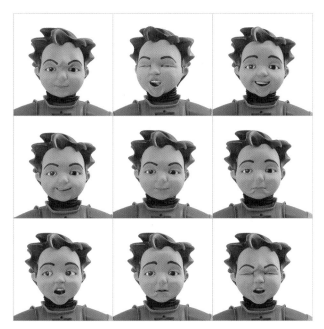

사람처럼 다양한 표정을 재현하는 마일로 출처 | Frisco STYLE

로보카인드의 로봇. 왼쪽부터 마일로, 로본, 제트 출처 | Frisco STYLE

인 상호작용과 여러 가지 테스트를 통해 학습 내용을 자연스럽게 복습하게 한다. 또한 특수교사는 태블릿 PC를 통해 학생의 교육 수행여부를 체크하며 제대로 대답했는지, 특정 지시를 수행했는지 등을 평가한다. 이는 학생의 개별화 학습 경험 데이터로 축적되고 분석되어 특수교사가 자료를 통해 그 학생의 수준에 맞는 다음 교육 과정을 결정할 수 있게 도와준다.

마일로를 개발한 로보카인드는 자폐 스펙트럼 학생을 포함한 모든 학습자들의 과학, 기술, 공학, 수학의 융합 교육인 스템STEM 학습에 사용 가능한 제트Jett와 로본Robon을 추가 개발했다. 이들은 코딩과 프로그래밍 언어 학습 보조 로봇으로 프로그래밍 전문 교사와 함께하지 않더라도 내장된 커리큘럼에 따라 학생 스스로 학습을 주도할 수 있다. 교사나 친구 등 다른 사람과의 상호작용이 필요하지 않을뿐더러 귀여운 외모와 표정 변화로 흥미를 유발하여 학생들이 스템 교육에 쉽게 접근할 수 있도록 도와주고 있다.

◆

로봇 선생님과 함께 그려갈 따뜻한 미래

로보카인드에 따르면 이미 미국 전역의 400개 이상 학군에서 마일로와 그 커리큘럼을 자폐 스펙트럼 학생들을 위한 특수교육 보조 수단으로 채택하여 사용하고 있다. 이 밖에도 영어를 모국어로 하지 않는 이민자 가정 아이들의 영어교육을 보조하는 ESL English as a Second Language 학습 로봇, 글을 잘 읽지 못하거나 문자를 이해하는 데 어려움을 겪는 난독증 아동의 문자 해독 학습 보조 로봇, 주의력 결핍 및 과잉 행동 장애를 가진 ADHD 아동의 주의력 증진을 돕는 학습 도우미 로봇과 같이 다수의 학생들과 동등한 교육을 받기 위해서는 도움이 필요한 사회적 약자들의 교육격차와 불평등 해소를 위한 '따뜻한' 로봇들이 연이어 개발되며 교육 현장에서 활용되기를 기다리고 있다.

이러한 로봇들이 개발된 배경에는 미국 정부가 로봇 산업 육성을 위해 2011년 7월 발표한 '국가로봇계획 NRI, National Robotics Initiative'이 있다. NRI는 2016년과 2021년 각 NRI 2.0, NRI 3.0으로 발전을 거듭해왔다. 특히 가장 최근에 발표된 NRI 3.0에서는 기존 계획에서 중시한 산업용 협동 로봇 연구를 포함하는 동시에 사회적 약자들을 고려한 돌봄, 치료, 재활, 이동 등을 수행하는 보조 로봇 기술 Assistive Robotic Technology 부문 등의 연구 개발을 지원하는 것으로 그 영역을 확장했다. 이는 2023년 1월 10일 미국 바이든 대통령이 캐나다, 멕시코와의 정상회담 중 발표한 북미 선언 Declaration of North America 에서도 최우선으로 언급한 '다양성, 형평성 및 포용성 DEI, Diversity, Equity, and Inclusion'의 가치와도 일맥상통한다. 즉 모든 사회 구성원이 각자의 문화, 언어, 장애에서 비롯된 다양성을 존중받으며 정보와 기회에 동등하게 접근하고, 다름 때문에 소외되지 않도록 포용하는 사회를 실현하기 위한 미국 사회 전반의 노력이 정책으로 실현된 것이라 볼 수 있다. 이와 같은 정책적 지원은 전 사회 구성원이 로봇 기술 혁신의 혜택을 함께 누릴 수 있게 하는 동시에, 앞으로 취약 계층이 사회적 활동을 수행하는 데 접근성과 편의성을 높이는 중요한 발판이 될 것으로 보인다.

한편 시장조사 기관 마켓츠앤드마켓츠에 따르면, 전 세계 교육용 로봇 시장은 2022년 14억 3,900만 달러(1조 8,700억 7만 원)에서 2027년 31억 9,100만 달러(4조 1,483억 원)로 연평균 12.2퍼센트 성장할 전망이다. 그중에서도 특수교육 수업에서 교사를 보조하거나 개별화 교육 교구로 사용되는 특수교육용 로봇 시장은 같은 기간 중 연평균 21퍼센트 성장하여 전반적인 교육용 로봇 산업 확대를 견인할 것으로 예측된다. 인공지능, 머신 러닝 등 최신 기술을 접목하여 사용자와의 양방향 소통을 통해 정서적으로 교감하고, 자체 분석을 통해 수준에 맞는 다양한 교육 콘텐츠 제공이 가능한 지능형 교육용 로봇의 수요가 일반 로봇에 비해 한층 더 높아질 것으로 기대된다.

우리나라의 경우 로봇 개발 비중이 초기에는 제조업에서 인력을 대체할 수 있는 산업용 로봇이 대부분을 차지했다. 그러나 2023년 들어 인공지능이 실생활에 본격적으로 활용됨에 따라 사용자의 의도를 파악하여 상호작용이 가능한 로봇 개발이 점차 본격화되고 있다. 교육 분야에서도 그러한 로봇이 연이어 출시되고 있다. 전통적으로 높은 교육열을 바탕으로 탄생한 다양한 교육 콘텐츠가 접목된 교육용 로봇들이다. 또한 반려동물의 형상을 한 어린이 코딩 교육용 스마트 로봇에서부터 원어민 없이도 회화 연습, 발음, 문법 교정이 가능한 양방향 영어 회화 로봇, 맞벌이 가정을 위해 가정에서 활용 가능한 어린이 생활 지도 로봇 등 각종 교육용 로봇이 이미 출시되었거나 머지않은 미래에 상용화될 전망이다.

기술의 진보는 우리 사회에 무한한 편리함과 혜택을 가져다주고 있다. 하지만 그 이면에는 최신 기술과 넘쳐나는 정보에 접근조차 어려운 소외계층도 분명히 존재한다. 이른바 디지털 사각지대에 놓인 사람들이다. 한국 사회의 다문화 가구나 노인과 같은 디지털 소외계층, 전 세계적으로 늘어나는 추세인 자폐 스펙트럼 장애 인구 등이 대표적인 사례라 할 수 있다. 로봇은 디지털 사각지대의 해소와 소외계층에 대한 지원의 훌륭한 방편이 될 수 있다. 특히 학습 장애를 가진 학생들에게 맞춤형 수업을 준비해 주고, 모국어가 달라 수업을 알아듣기 어려운 학생들의 언어 교육 선생님이 되어주기도 하는 따뜻한 로봇 기술이야말로 차별 없는 사회로 나아가는 데 있어 획기적인 수단이 될 수 있지 않을까?

이재인 (달라스무역관)

미국 건설업계 구인난을
극복할 로봇

디트로이트

누구나 미국을 생각하면 고층의 신축 빌딩들로 가득한 맨해튼을 어렵지 않게 떠올린다. 그러나 이런 뉴욕 맨해튼 한복판에서도 다양한 양식의 아름답고 오래된 건축물들을 많이 찾아볼 수 있다. 이들은 세계 각지에서 이주한 이주민들의 유산이라고도 볼 수 있는데, 특히 록펠러 센터 건너편에 있는 세인트 패트릭 대성당의 웅장함은 주변의 현대적인 양식의 건축물들에 뒤지지 않는다.

1858년에 착공하여 1878년에 완공된 세인트 패트릭 대성당은 높이만 무려 100미터에 다다라 당시에는 뉴욕에서 가장 높은 건물 중 하나였다고 한다. 지금처럼 건축 기술이 발달하지 않았을 텐데 어떻게 이런 높이의 건축물을 지은 것일까?

당연하게도 정답은 많은 노동력과 건축 장비의 투입이다. 당시에는 이민의 물결이 일어나 값싼 노동력이 미국에 많이 유입되어 건축 현장에서 일할 인력이 풍부했고, 무거운 재료들을 들어 올리는 기중기 같은 발명품들이 건설 과정을 원활하게 해주었다. 이는 산업혁명과 맞물려 자연스레 건설시장의 호황으로 이어졌다. 약 150년이 흐른 지금은 어떨까? 기술의 발달로 이전보다 많은 건설장비가 등장했지만, 미국 건설시장은 약한 성장세를 보이고 있다. 미국 4대 은행 중 하나

세인트 패트릭 대성당의 전경   출처 | 세인트 패트릭 대성당

인 웰스파고Wells Fargo 은행에서 최근 발간한 보고서에 따르면, 2023년 미국 건설산업 낙관지수OQ, Optimism Quotient 는 86으로 전년도 지수 112에 비해 감소한 수치를 보였다. 즉 건설업계 관계자들은 건설시장을 부정적으로 전망하고 있음을 알 수 있는데, 배경에는 인플레이션과 원부자재 공급난, 노동력 부족 등이 있다. 이 중에서도 미국이 가장 골머리를 앓고 있는 부분은 노동력 부족, 바로 숙련된 노동자가 부족하다는 점이다. 건설업계에서는 이런 문제를 로봇으로 해결하려 한다.

2023년 미국 건설산업 낙관지수 도표

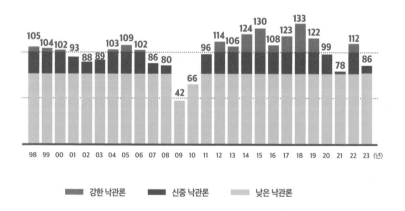

로보틱스

가장 위험하고 고된 작업을 대신해줄 로봇의 등장

건설 현장에서 '용접과정'은 가장 위험하고 고된 작업으로 알려져 있으며 숙련된 노동자를 필요로 한다. 미국용접협회American Welding Society의 연구 결과에 따르면, 2024년까지 미국에서만 40만 명 정도의 용접 작업 인력이 부족할 것으로 전망되는 등 일할 사람을 찾기 어려운 분야이기도 하다.

미국 오하이오주에 본사를 둔 스타트업 패스 로보틱스Path Robotics 는 '숙련된 용접공 부족' 문제를 일찌감치 파악하고 자율 용접로봇을 개발했다. 이 로봇은 사람의 도움 없이 스스로 사물을 보고 이해하며

인간을 대신해 위험한 용접을 하는 로봇   출처 | 패스 로보틱스

용접이 필요한 위치를 찾을 수 있도록 인공지능 시스템이 탑재되어 있다. 센서를 통해 반사 표면을 인식하고 분석할 수 있기 때문에 용접 기술자나 프로그래머 없이도 작업을 계획하고 완벽히 실행에 옮길 수 있다.

물론 자율 용접로봇이 개발되기 전에도 용접로봇이 존재했지만, 사람이 사전에 프로그래밍을 해서 용접 조건과 작업 경로를 설정해야 하는 등 일정 부분 사람의 도움이 필요할 수밖에 없었다. 이러한 제약 과 한계로 인해 노동자들은 위험한 작업 환경을 완전히 벗어나기가 어려웠다. 하지만 패스 로보틱스의 자율 용접로봇의 등장으로 이제는 사람의 도움 없이 로봇이 용접의 전 과정을 수행해낼 수 있다.

건설업계 입장에서도 자율 용접로봇은 반길 만한 일이었다. 가뜩이나 용접공은 채용하기 어렵고 새로 용접을 배우겠다는 사람도 없는 상황이다. 로봇을 도입하게 되면서 구인난을 해소함과 동시에 사고 발생 위험률 감소, 비용 절감 등의 긍정적인 효과를 톡톡히 보고 있다.

◆

나와 함께 일하며 작업 효율을 높여주는 로봇

혼자서 완벽히 작업을 수행해내는 용접로봇도 있지만, 사람과 협동하며 작업 효율을 높여주는 로봇도 있다. 미국 기업인 컨스트럭션 로보틱스Construction Robotics가 개발한 반자동 벽돌쌓기 로봇 샘100SAM100

은 로봇 팔을 이용하여 벽돌을 집어 들고 적절한 위치에 배치하는 로봇이다.

샘100은 로봇 팔로 벽돌을 들고, 주변에 있는 접착제를 바른 뒤에 내장된 센서를 이용하여 정확한 설계를 인식하고 정렬을 보강하며 벽돌을 쌓는다. 다만 구조물의 설계에 따라 벽돌을 놓을 위치와 배치 등이 달라져야 하기 때문에 아직 사람의 도움이 필요하다. 즉, 사람이 벽돌을 쌓을 위치와 배치에 대해 계속해서 명령을 내려줘야 로봇이 이를 기반으로 작업을 수행할 수 있다. 사람과 함께해야 하는 반자동 로봇이라 하더라도 수작업으로 벽돌을 쌓는 것에 비해 작업시간이 3~5배 빨라졌으며, 정확도도 높아 작업 효율이 개선되었다.

컨스트럭션 로보틱스의 또 다른 협동 로봇인 뮬150MULE 150은 건설 현장에서 벽돌, 철근 등의 재료 운반을 도와주는 로봇이다. 건설 현장은 넓고, 많은 작업자와 기계들로 복잡하기 때문에 뮬150 또한 혼자서 스스로 재료 운반을 할 수 없다. 작업자가 함께하며 로봇이 이동할 경로와 목적지를 설정해줘야 한다.

벽돌쌓기 로봇 샘100과 재료 운반 로봇 뮬150은 사람을 대체하는 기술이라기보다 사람이 하기 어렵거나 노동집약적인 작업 일부분을 담당하여 업무 효율을 높이는 데 도움을 주는 협동 로봇이다. 그렇기 때문에 건설업계의 협동 로봇 도입은 구인난을 완벽히 해결하는 방법이라고 볼 수는 없지만, 작업 효율이 향상되므로 필요인력 감축과 비용 절감 측면에서 도움이 되고 있다.

◆

스마트한 방법으로 작업을 도와주는 로봇

건물 평면도는 수백 년간 줄자와 분필 선을 이용해 그려졌다. 기술의 발달로 캐드CAD, Computer Aided Design를 활용해 건물을 설계하는 날이 오긴 했지만, 놀랍게도 설계도를 지면에 마킹marking하는 작업은 여전히 사람이 손으로 해야 한다. 수작업에는 실수가 있기 마련이고, 또 설계도가 바뀌기라도 하면 마킹 작업을 계속해서 다시 해야 한다. 상상만 해도 끔찍한 이 과정을 스마트하게 해결할 방안을 고민하던 더스티 로보틱스Dusty Robotics의 창업자 테사 라우Tessa Lau는 캐드 파일로 만들어진 설계도를 지면에 출력해주는 로봇을 개발했다. 필드프린터FieldPrinter로 불리는 이 로봇은 캐드 파일에 있는 점, 선, 텍스트 등 그 어떤 기호도 지면에 출력해낼 수 있고, 사람이 작업했을 때보다 약 5배 빠르게 완성해낸다. 그리고 실수도 하지 않기 때문에 평면도를 지면에 다시 옮겨야 하는 수고가 발생하지 않는다.

프린터 제조기업으로 잘 알려진 HP도 2022년에 건설 현장용 프린팅 로봇인 사이트프린트SitePrint를 출시했다. HP의 사이트프린트는 더스티 로보틱스의 필드프린터와 유사하나 '완전 자율형 로봇'이라는 점에서 차이가 있다. 건설 현장에 있는 장애물들을 알아서 피하면서 설계도를 지면에 출력해내는 사이트프린트는 현재 뉴욕 펜 스테이션Penn Station의 롱아일랜드 철도LIRR, Long Island Rail Road 트레인 홀 보수 프

로보틱스

인간과 소통하며 벽돌을 쌓는 로봇 샘100　　HP의 건설 현장용 프린팅 로봇 사이트프린터
출처 | 컨스트럭션 로보틱스　　　　　　　　　　　　　출처 | HP

로젝트를 맡아 작업을 수행하고 있는데, 작업시간이 사람보다 약 10배 정도 빠르다고 한다.

　　이러한 스마트한 로봇의 등장은 노동집약적 업무를 벗어나게 해주며 꼭 사람을 필요로 하는 기술집약적인 작업에만 인력이 배치될 수 있도록 도와준다. 또 공사 기간이 단축되기 때문에 인력자원이 빠르게 순환되는 효과도 있어, 노동력 부족의 해소 방안으로 제시된다.

◆

로봇 도입, 저출산·고령화 시대에 필연적

　　구인난은 미국만의 문제가 아니다. 경제협력개발기구OECD 데이터에 따르면, 2021년 OECD 회원국 출산율은 1.58명으로 인구수가 안정적으로 유지되는 수치인 2.1명 수준에서 크게 떨어졌다. 반면 고령화 속도는 가파르게 증가하고 있어 전 세계적으로 노동력 부재가 심화될 전망이다. 이러한 환경의 변화 때문에 건설업계뿐만 아니라 각 산업에서는 로봇 및 자동화기술에 대한 기술개발 투자가 활발하게 이루어지고 있다.

이러한 분위기는 2023년 5월, 미국 디트로이트에서 열린 '자동화 기술 박람회Automate Show 2023'를 통해서도 느낄 수 있었다. 원래 이 전시회는 2년마다 한 번 개최되었는데, 빠르게 변화하는 시장 흐름에 맞추어 2022년부터 매년 개최하는 것으로 바뀌었다. 2023년도 전시회 참가 기업 수만 약 750개 사였으며, 전시 제품들은 물류창고용 자율주행 로봇, 경비 로봇, 자동화 컨베이션 솔루션, 자동차 부품 드릴링 로봇팔 등으로 다양했다. 참관객 또한 2만 5,000명 이상 몰려 뜨거워지는 시장의 열기를 느낄 수 있었다.

한국 기업들도 로봇 개발에 과감한 투자 행보를 보여주고 있다. 현대건설은 인공지능을 장착한 4족 보행 안전 로봇 스팟을 개발해 건설 현장에 투입했다. 스팟은 센서와 통신 장비 등을 이용하여 현장 사진을 촬영하고 공유하며, 사무실에서 실시간으로 현장 상황을 모니터링할 수 있도록 도와준다. 또한 작업자의 숙련도에 영향을 받지 않기 때문에 현장 점검 시 균일한 데이터를 송부할 수 있다.

포스코이앤씨는 국내 건설사 최초로 수중 드론을 도입하여 해상 공사의 안전과 품질관리에 활용하고 있다. 초음파, GPS, 고성능 카메라 등의 장비가 탑재된 수중 드론은 잠수사가 직접 물속에서 확인하

자동화 기술 박람회 2023 전시회 현장

출처 | KOTRA 디트로이트무역관

던 시공상태 점검을 대신해준다. 조류가 심하거나 수심이 깊은 환경에서도 안전사고 우려 없이 실시간으로 교량 건설 현장을 확인할 수 있다. 이 밖에도 무인 배송 로봇, 수술 로봇, 서빙 로봇 등 다양한 분야에 적용되는 로봇들이 개발되는 중이거나 출시되었다.

한국경제연구원의 「저출산·고령화가 경제성장률에 미치는 영향 분석 결과」에 따르면, 합산 출산율이 0.25명 떨어질 때마다 경제성장률은 0.9퍼센트 포인트 떨어지고, 고령인구 비율이 1퍼센트 포인트 상승하면 경제성장률은 0.5퍼센트 포인트 하락하는 것으로 나타났다. 이러한 경제잠재력 감소요인을 보강하기 위해 부족한 노동력을 로봇으로 대체하려는 움직임은 필연적일 수밖에 없다. 향후 로봇 및 관련 기술 수요가 대폭 늘어날 것으로 보이는 만큼 한국에서도 관련 기술에 대한 개발 투자를 아끼지 않아야 할 것이다.

장효선(디트로이트무역관)